Schräder-Naef · Lerntraining in der Schule

Regula Schräder-Naef

Lerntraining in der Schule

Voraussetzungen – Erfahrungen – Beispiele

Beltz Verlag · Weinheim und Basel

Über die Autorin:

Dr. Regula Schräder-Naef, Dipl.-Psych., leitete viele Jahre die Abteilung Erwachsenenbildung in der Bildungsdirektion des Kantons Zürich und arbeitet jetzt als selbstständige Bildungsforscherin, Kursleiterin und Autorin in den Bereichen Erwachsenenbildung und Lernmethodik.

Diese Kopiervorlagen stehen für die Vervielfältigung im Rahmen von Veranstaltungen in Schulen, Seminaren und in der Lehrerfortbildung zur Verfügung. Die Weitergabe der Vorlagen oder von Kopien in Gruppenstärke an Dritte und die gewerbliche Verwendung oder Nutzung sind untersagt.

Alle Rechte, insbesondere das Recht der Vervielfältigung und Verbreitung sowie der Übersetzung, vorbehalten. Kein Teil des Werkes darf in irgendeiner Form (durch Fotokopie, Mikrofilm oder ein anderes Verfahren) ohne schriftliche Genehmigung des Verlages reproduziert oder unter Verwendung elektronischer Systeme verarbeitet, vervielfältigt oder verbreitet werden.

Lektorat: Peter E. Kalb

© 2002 Beltz Verlag · Weinheim und Basel
www.beltz.de
Herstellung: Ute Jöst Publikations-Service, Birkenau
Satz: Mediapartner Satz und Repro GmbH, Hemsbach
Druck: Druckhaus Beltz, Hemsbach
Umschlaggestaltung: Federico Luci, Köln
Umschlagfoto: Bielefelder Fotobüro: Veit Mette
Printed in Germany

ISBN 3-407-62494-8

Inhaltsverzeichnis

Vorwort 7

Einleitung 9

1. Voraussetzungen 11

    1.1 Erwartungen an die Schulen 13
    1.2 Ziele eines Lerntrainings 15
    1.3 Hirn- und Gedächtnisforschung 17
    1.4 Folgerungen aus der Lernpsychologie 23
    1.5 Lernbiografien und Lernkonzeptionen 29
    1.6 Lern- und Denkstile 32
    1.7 Selbstwertgefühl, Selbstreflexion und metakognitive Kompetenzen 34
    1.8 Lernmotivation 37
    1.9 Lernstrategien 43
    1.10 Soziale Kompetenzen und Zusammenarbeit 48
    1.11 Informationsprobleme und Informationsmanagement 52

2. Erfahrungen 55

    2.1 Lernschwierigkeiten aus der Sicht von Lernenden, Lehrenden und Eltern ... 57
    2.2 Schulkonzepte 63
    2.3 Erfahrungen und Probleme bei der Einführung von Lerntraining in der Schule ... 66
    2.4 Rolle der Schülerinnen und Schüler 70
    2.5 Rolle der Lehrerinnen und Lehrer 73
    2.6 Sensibilisierung der Lehrkräfte durch Auseinandersetzung mit der eigenen Lernbiografie ... 77
    2.7 Erfahrungen mit verschiedenen Vermittlungsformen 79
    2.8 Erweiterte Lernformen: Projekte und Projektunterricht, Wochenplanarbeit, Lerntagebücher, Werkstatt ... 84

3. Beispiele 89

Erläuterungen zu den Materialien 91
    A. Diagnose Probleme 91
    B. Motivation 91
    C. Lernstile 92
    D. Lern- und Diskussionsgruppen, Zusammenarbeit 92
    E. Lernorganisation, Lernrhythmus, Umgang mit der Zeit 92
    F. Konzentration und Entspannung 93
    G. Lernen, Erarbeiten und Aufbereiten 93
    H. Lesen 94
    J. Eigene Aktivität, eigene Fragen 94
    K. Mitschreiben, Markieren, Mind-Maps 95
    L. Umgang mit Informationen 96

- M. Prüfungen 96
- N. Vorbereiten einer größeren schriftlichen Arbeit 97
- O. Vorbereiten eines Vortrages 97

Materialien und Kopiervorlagen 98

- Fragebogen Lernprobleme für Lehrkräfte 99
- Fragebogen für Schülerinnen und Schüler 101
- Motivations-Fragebogen 103
- Meine heutige Situation 105
- Checkliste zur Selbstmotivation 107
- Fragebogen Lernstil 109
- 10 Spielregeln für Diskussionen 111
- Checkliste für Lerngruppen (Zwischenbilanz) 113
- Checkliste für Gruppendiskussionen 115
- Checkliste Zeiteinteilung 117
- Tipps für die Zeiteinteilung 119
- Tagesrapport 121
- Konzentrationsverlauf 123
- Kontrollfragen zum Konzentrationsverlauf 125
- Checkliste Konzentration 127
- Anwenden von Lernstrategien 129
- Acht Folgerungen aus der Lernpsychologie 131
- Lernspiel – Lerntipps 133
- Lerntagebuch 135
- Tipps für das Lernen aus Fachbüchern 137
- 5 Lernregeln 139
- 5 Lernregeln 141
- Tipps für die eigene Aktivität im Unterricht 143
- Fragebogen zur Notizentechnik 145
- Acht Folgerungen aus der Lernpsychologie 147
- Tipps zum Erstellen eines Mind-Maps 149
- Tipps zum Markieren mit Textmarkern 149
- Übersicht Informationsquellen 151
- Tipps für die Informationssuche 153
- Checkliste 155
- Tipps für Prüfungen 157
- Checkliste für die Prüfungsvorbereitung 161
- Merkblatt für größere schriftliche Arbeiten 165
- Zeitplan für größere Arbeiten 167
- Tipps für das Halten eines Vortrages 169
- Checkliste für die Vorbereitung eines Vortrages 171

Literaturverzeichnis 175

Vorwort

Während der nunmehr 30 Jahre, in denen ich mich mit dem Lernen lernen und dessen Vermittlung in Schulen befasse, hat das Thema laufend an Aktualität gewonnen. An zahlreichen Veranstaltungen und in Gesprächen mit Lehrerinnen und Lehrern sowie mit Schulverantwortlichen habe ich festgestellt, dass die Bereitschaft, diesen Bereich als wichtige Aufgabe der Schule anzuerkennen, gestiegen ist. Dennoch werden nach wie vor die wenigsten Lehrpersonen während ihrer Ausbildung auf die Vermittlung von Lernstrategien an ihre späteren Schülerinnen und Schüler vorbereitet. Es besteht deshalb ein Bedürfnis nach einem Überblick über das vorhandene Grundwissen, über die gesammelten Erfahrungen sowie nach Ideen und Materialien zum Einbezug dieser Themen in die Schule. Mit dem Buch möchte ich auf diese Anliegen eingehen.

Bei der Vorbereitung habe ich mit vielen Schulen, Lehrerinnen und Lehrern Kontakt aufgenommen und bin überall auf Interesse gestoßen. Ich danke allen, die mit mir diskutierten, mir Auskünfte und Einblicke in ihre Schul- und Unterrichtspraxis und ihre Erfahrungen vermittelten, für ihre Offenheit und ihre Zeit.

Ganz besonders danke ich Corinne Boppart, lic. phil. und ehemalige Volksschullehrerin, Dr. Ruedi Jörg, Berufsschullehrer, meinem Bruder Dr. Rudolf Naef, Gymnasiallehrer, sowie meinem Mann, Bernd Schräder, für das Durchlesen des Manuskripts und ihre zahlreichen Anmerkungen und Ergänzungen.

Zürich, August 2001 *Regula Schräder-Naef*

Einleitung

Die Diskussion um das Lernen lernen hat in den letzten Jahren in Deutschland und in der Schweiz stark zugenommen. An den Universitäten und Pädagogischen Hochschulen werden theoretische Überlegungen zum selbstständigen Lernen der Schülerinnen und Schüler angestellt und Untersuchungen zu neuen Lernformen durchgeführt.

Viele Schulen und oft einzelne initiative Lehrkräfte unternehmen Anstrengungen zur Vermittlung von Lernstrategien und zur Unterstützung der Schülerinnen und Schüler beim selbstständigen Lernen.

Die Verbindungen und der Informationsaustausch zum Lerntraining sowohl zwischen den Hochschulen und der Schulpraxis als auch zwischen den Schulen verschiedener Regionen und verschiedener Stufen sind jedoch gering. Für interessierte Lehrpersonen und Schulleitungen ist es deshalb nur schwer möglich, einen Überblick über relevante Forschungsergebnisse oder eine Übersicht über verschiedene mögliche Vorgehensweisen bei der Vermittlung von Lernstrategien und deren Vor- und Nachteile zu gewinnen und dabei ihre eigenen Erfahrungen mit jenen anderer Schulen zu vergleichen.

Zur gezielten Vermittlung und zum Einüben von Lernstrategien sind Materialien wie Arbeitsblätter, Fragebogen, Checklisten und Vorlagen erforderlich. Deren Herstellung ist aufwändig und müsste von den Lehrpersonen neben ihren sonstigen Unterrichtsvorbereitungen erfolgen. Es besteht somit ein Bedarf an direkt anwendbaren und erprobten Unterlagen für die Auseinandersetzung mit den verschiedenen Themenbereichen in der Schule.

Das Buch richtet sich an Lehrerinnen und Lehrer aller Schulstufen und geht auf diese drei Problemkreise ein. Dabei entsprechen die drei Teile der dreifachen Zielsetzung:

1. Es fasst das Grundwissen sowie neue und für das Lerntraining relevante Forschungsergebnisse in allgemein verständlicher Form zusammen.
2. Es stellt unterschiedliche Vorgehensweisen und praktische Erfahrungen von Schulen verschiedener Stufen bei der Einführung von Lernstrategie-Trainings und bei der Durchführung entsprechender Projekte oder Kurse dar.
3. Es enthält Anregungen in Form von Unterrichtsbeispielen, Lerntipps zu den verschiedenen Bereichen, Materialien und Checklisten.

1. Voraussetzungen

In den letzten Jahren wurden viele neue Erkenntnisse zu Wissensgebieten, die für das schulische Lernen von Bedeutung sind (beispielsweise zur Funktionsweise des Gehirns, zum Lernen und zur Motivation) gewonnen. Viele Lehrkräfte haben jedoch nach Abschluss ihrer Ausbildung wenig Kontakt zu den Hochschulen und damit zu neuen Forschungsergebnissen und theoretischen Überlegungen zur Lernpsychologie, zu didaktischen Modellen oder zu anderen für das Lernen relevanten Fachbereichen.

Auf der anderen Seite haben Hochschulprofessoren und Forschungsteams im Bereich der Pädagogik und Psychologie oft wenig Einblicke in und Beziehungen zum Schulalltag. Die Forschungen und theoretischen Überlegungen an den Universitäten und Pädagogischen Hochschulen finden deshalb teilweise wenig Nachhall an den Schulen.

Viele wichtige Forschungsfragen können nur interdisziplinär angegangen werden; oft kommen jedoch die Fachleute der verschiedenen Disziplinen wie Neurologie, Psychologie, Physiologie, Motivationsforschung ihrerseits kaum miteinander ins Gespräch.

Wissenschaftliche Publikationen richten sich in der Regel an die Forschenden des entsprechenden Spezialgebietes und sind deshalb in der Fachsprache abgefasst; als Grundlage für die Praxis oder Orientierung für Lehrkräfte aus anderen Fachgebieten sind sie wenig geeignet.

In den nachfolgenden Grundlagenkapiteln werden deshalb wichtige Informationen aus den verschiedenen für das Lerntraining relevanten Fachbereichen in allgemein verständlicher Form zusammengefasst; auf diese Weise soll eine Brücke zwischen Hochschulen und Schulpraxis geschlagen werden. Es handelt sich dabei natürlich nur um Übersichten und Zusammenfassungen. Zur weiteren Vertiefung wird auf die angegebene Literatur verwiesen.

1.1 Erwartungen an die Schulen

Grundsätzlich sind sich alle einig: In der heutigen Zeit ist es mit einer Erstausbildung nicht getan, wir müssen während des ganzen Lebens weiter und wieder lernen. Die Fähigkeiten, eigene Lernziele zu setzen, selbstständig zu lernen, effiziente Lernstrategien anzuwenden und selbst Lernkontrollen durchzuführen, werden damit zu wichtigen Schlüsselqualifikationen für Berufstätige jeden Alters.

Bildungsverantwortliche fordern deshalb, dass die Schulen aller Stufen nicht nur Wissen vermitteln, sondern die Lernenden auch zum selbstständigen Lernen befähigen und auf das autonome Lernen während des ganzen Lebens vorbereiten. Die Heranwachsenden sollen während der Erstausbildung methodisch und motivational auf das lebenslange Lernen vorbereitet werden, damit sie in der Lage und bereit sind, als Erwachsene ihre eigenen Lernziele zu verfolgen und selbstständig weiter zu lernen. Dazu ist vor allem die Fähigkeit erforderlich, den eigenen Lernprozess selbst zu steuern und zu kontrollieren.

Allerdings wird immer wieder geklagt, dass die Schulentlassenen oder die erwachsenen Berufstätigen gerade dies nicht gelernt hätten. Nicht alle Kinder und Jugendliche lernen »das Lernen« in der wünschbaren Qualität und Effizienz und nur ein Teil der Erwachsenen bildet sich regelmäßig und systematisch weiter.

> Im Auftrag des Bundesbildungsministeriums wurden 1998 rund 1.000 Experten und Expertinnen zu den Perspektiven des bundesdeutschen Bildungswesens befragt. Die meisten Befragten sahen einen dringenden Reformbedarf hinsichtlich der eingesetzten Lernarrangements und Lernmethoden. Vor allem fünf Faktoren wurden als fördernd für den Erwerb zukunftsgerechter Kompetenzen bewertet: Interdisziplinarität, projektbezogenes Lernen, selbst gesteuerte Lernformen, mediengestütztes Lernen und Lernen in Teams. »Die Aufgabe der Lehrenden könne es von daher nicht mehr in erster Linie sein, schnell veraltendes Fachwissen zu vermitteln; vielmehr müssten sie sich verstärkt darum bemühen, die jeweiligen Lernenden zum selbst gesteuerten und selbstverantwortlichen Lernen anzuleiten und ihnen Methoden zu vermitteln, die ihnen bei dieser Art des Selbstmanagements helfen und die nötige Sicherheit und Zielstrebigkeit vermitteln.« (Nach Klippert 2000a, S. 298)

Die Zeitschrift »*Psychologie heute*« führte 1999 eine Umfrage bei den Kultusministern der deutschen Bundesländer durch zum Thema, was an den Schulen, Hochschulen und in der Weiterbildung im 21. Jahrhundert abweichend vom oder ergänzend zum bisherigen Bildungskanon gelehrt werden soll. Sowohl von der Bundesministerin als auch von den Ministern der Länder wurde betont, dass Bildung und Ausbildung die Kernkompetenzen vermitteln und die jungen Menschen, aber auch Erwachsene für eine in hohem Maß offene Zukunft bestmöglich vorbereiten müssen. Die Wichtigkeit des »Lernen Lernens« wurde von vielen hervorgehoben, ergänzt beispielsweise durch Anleitung zum Umgang mit der Informationsflut sowie zum Lernen, sich zeitökonomisch Wissen zu beschaffen und dieses zu vernetzen.

> Das Leitbild der Volksschule des Kantons Zürich hält als erste Grundhaltung fest: »Die Schule ist daher ein Ort, an dem Fragen ernst genommen werden. In ihr wird Lernen gelernt, wird das Kind dazu ermutigt, das Lernen als seine eigene Sache in die Hand zu nehmen. Die Schule lässt erfahren, dass Wissenschaft Suchen, Finden und Weiterfragen ist.« (S. 3)
> Bei den »Didaktischen Grundsätzen für die Planung und Gestaltung des Unterrichts« des Leitbilds wird erklärt: »Es gehört zum Auftrag der Schule, lebenslange Lernbereitschaft und damit auch Offenheit Neuem gegenüber anzuregen und entsprechende individuelle Lernfähigkeiten zu fördern. Dazu müssen Arbeitsweisen und Lerntechniken erworben und geübt werden, die es ermöglichen, sich selbstständig Informationen zu beschaffen, sie zu beurteilen und auszuwerten sowie Alltagssituationen und -probleme zu deuten und zu bewältigen.« (S. 17)

Im neuen gesamtschweizerischen Rahmenlehrplan für die Allgemeinbildung an den Berufsschulen wird die Methodenkompetenz als einer der zentralen Bereiche genannt. Ein wichtiges Bildungsziel ist »die Verantwortung für das eigene Lernen übernehmen«. Dabei wird darauf hingewiesen, dass die Lernenden sich die berufs- und lebensrelevanten Kompetenzen, sowie die dafür erforderliche Handlungs- und Kommunikationsfähigkeit im schulischen Kontext erwerben sollen. Das Konzept der Handlungsorientierung entspricht einer Entwicklung, die von den Berufsverbänden unter dem Stichwort *Erwerb von Schlüsselqualifikationen* in die Lehrlingsausbildung hineingetragen wurde.

Für den Lehrabschluss in der Allgemeinbildung müssen die Lernenden deshalb eine »selbstständige Vertiefungsarbeit« (SVA) durchführen, deren Ergebnis sie teils in schriftlicher Form, teils aber auch in anderen Formen, wie beispielsweise als Video oder Ausstellung, präsentieren.

Dennoch wird die Förderung des selbstständigen Lernens und die schrittweise begleitete Übergabe der Verantwortung nicht von allen Schulen als eine ihrer Aufgaben angesehen. Manche Verantwortliche an Gymnasien und vor allem an Universitäten erklären, dass Lernende, die nicht über selbstständige Lernstrategien verfügen, nicht an ihre Schule gehören und dass sie selbst während ihrer Ausbildung auch keine entsprechende Anleitung erhalten hätten; andere erklären, dass die Vermittlung entsprechender Methoden eine Aufgabe der vorangehenden Stufe sei.

Lehtinen (in Reusser/Reusser-Weyeneth 1994) weist darauf hin, dass Lehrpläne normalerweise den Lehrstoff als Listen von Fakten darstellen, ohne eine relevante Beschreibung der Struktur der zu lernenden Ganzheit zu vermitteln. Dies führe dazu, dass die Lehrpersonen den Lernenden eine große Menge von einzelnen Wissenselementen vermitteln und die Leistungen in den Klausuren danach beurteilen, wie weit die Schüler in der Lage sind, diese Wissenselemente wiederzugeben.

Seit langem findet eine Diskussion statt, ob »das Lernen« losgelöst von konkreten Inhalten und von Fächern gelernt werden kann. Viele sind der Meinung, dass Denkschulung und Lernen lernen nur über den Erwerb inhaltsspezifischen Wissens stattfinde und allgemeine Strategien, losgelöst von ihrer fachlichen Einbettung, kaum bei der Lösung anspruchsvoller Probleme helfen. Zur Lösung fachspezifischer Probleme braucht es zuvor erworbenes Fachwissen. Auf der andern Seite ist aber auch die Annahme widerlegt, dass bestimmte Fächer einen herausragenden formalen Bildungswert haben und die Schüler mit ihnen besonders gut denken lernen und auf ein Hochschulstudium und das Lösen anspruchsvoller Aufgaben in unserer Gesellschaft vorbereitet werden.

Auch aus der Tatsache, dass Wissen oft schnell veraltet und neue Informationen jederzeit aus dem Internet beschafft werden können, darf nicht abgeleitet werden, dass die Schulen an Stelle der Vermittlung von Fachwissen nur noch in den Umgang mit dem Internet einführen sollen. Eine solide Wissensbasis (Grundwissen und Grundstrukturen verschiedener Fächer) ist Voraussetzung dafür, um erfolgreich aus einer Informationsflut die richtigen Informationen abrufen, verarbeiten und anwenden zu können. Zur Wissensbasis gehört auch fachbezogenes Methoden- und Lernwissen, zu dem heute auch der erfolgreiche Umgang mit dem Internet gehört. Das Internet macht die Erarbeitung einer breit gefächerten Wissensbasis somit noch wichtiger.

Klarzustellen ist somit, dass es nicht um die Frage geht, ob in der Schule Wissen oder Methoden vermittelt werden sollen, ob Lehrer auch in Zukunft noch gebraucht werden oder ob die Schülerinnen und Schüler stattdessen alles selbstständig lernen. Für schulisches, berufliches und alltägliches Lernen sind sowohl inhaltliche Kenntnisse und Fertigkeiten erforderlich als auch effektive Lern- und Denkstrategien, ebenso wie Vertrauen in die eigene Lernfähigkeit, Neugier und Teamfähigkeit.

Selbstverständlich müssen auch in Zukunft Inhalte vermittelt werden, und zwar nicht nur Bruchstücke und isolierte Fakten, sondern gut aufgebautes, verstandenes, vernetztes Wissen und Kritikfähigkeit. Es braucht sowohl fundiertes Wissen als auch gute Lernstrategien. Lernstrategien sind somit kein Ersatz für Wissen, sondern eine notwendige Ergänzung. Zu diskutieren ist, welche Inhalte dies sind und auf welche Weise die Lernenden aller Altersstufen diese am besten erwerben, ihre Wissensbasis aufbauen und organisieren. Die Forderung, dass Heranwachsende am Ende der obligatorischen Schulzeit das Lernen gelernt haben sollen, richtet sich somit nicht gegen den Wissenserwerb, sondern auf die Befähigung zum weiteren Lernen im Lebenslauf.

Fazit

→ Zu den wichtigen Zielen der Schulen gehört auch die Vermittlung von Lernstrategien und Arbeitstechniken.
→ Die Verantwortung für das eigene Lernen muss schrittweise auf die Heranwachsenden übertragen werden.
→ Ebenso wichtig ist die Entwicklung der Lernmotivation und Förderung der Lernbereitschaft über die Schule hinaus.
→ Es geht nicht darum, Strategien an Stelle von Wissen zu vermitteln, sondern um die Befähigung zur selbstständigen Auseinandersetzung mit Wissen.

1.2 Ziele eines Lerntrainings

Die Schlagworte vom Lernen lernen und die Forderungen nach dessen Vermittlung durch die Schulen aller Stufen sind allgegenwärtig. Selten wird jedoch definiert, was darunter zu verstehen ist und welche Ziele damit erreicht werden sollen. Nur wenn diese Ziele ausgesprochen werden, lässt sich auch der Erfolg eines entsprechenden Trainings abschätzen. Mindestens drei unterschiedliche Erwartungshaltungen sind erkennbar:

- Verlangt werden Methoden und Techniken, die beim Lernen des Schulstoffes und der Erledigung der Hausaufgaben helfen. Ziele sind dabei gute Noten, ein kurzfristiger Erfolg, das Bestehen von bevorstehenden Prüfungen. Kinder, Jugendliche und vor allem deren Eltern erwarten von Lernmethoden Rezepte, »Abkürzungen«, Tipps und Tricks, um mit möglichst wenig Anstrengung den Lernalltag zu bewältigen. Im Vordergrund stehen der Erwerb, die Speicherung und Wiedergabe von Wissen.
- Zu vermitteln sind Techniken und Strategien, die die Lernenden für die nachfolgende Schulstufe (weiterführende Schule, Berufsausbildung) benötigen, auf deren Anforderungen sie vorbereitet werden sollen. Dabei werden die Anforderungen vor allem von den »abnehmenden« Schulen definiert, die erwarten, dass die neu eintretenden Schülerinnen und Schüler selbstständig arbeiten, ihre Zeit einteilen, Informationen suchen, größere Arbeiten schreiben können. Verantwortliche an Mittel-, Berufs- und Hochschulen beklagen, dass die vorbereitenden Stufen diese Strategien nicht vermittelt haben.
- Gefordert werden Techniken, Gewohnheiten und Einstellungen, die ein selbstständiges Lernen und Arbeiten im Erwachsenenalter ermöglichen. Hier geht es um die Befähigung und Motivierung der Heranwachsenden zum »lebenslangen Lernen«. Dazu gehört die Übernahme von Verantwortung für das eigene Lernen, die Selbststeuerung, das Setzen eigener Lernziele und Verfügen über Strategien zu deren Erreichung.

Obwohl es stets um Lern- und Arbeitsmethoden geht, werden unterschiedliche Schwerpunkte gesetzt und andere Vorgehensweisen gewählt, je nachdem, welcher der drei Ansatzpunkte im Vordergrund steht, ob Lernen in erster Linie als Gedächtnisleistung angesehen wird oder ob es um die Selbstständigkeit geht.

Vor allem bei Diskussionen um den Erfolg von Lerntrainings zeigt sich, dass diese unterschiedlichen Erwartungen bestehen. Weil sie nicht ausgesprochen werden, werden die Differenzen jedoch nicht wahrgenommen. Eltern sind enttäuscht, wenn sich Anleitungen zum selbstständigen Lernen nicht unmittelbar in besseren Noten für ihre Kinder niederschlagen, Lehrerinnen und Lehrer verstehen nicht, dass ihre Bemühungen nicht anerkannt werden.

Der Lernprozess kann in verschiedene Schritte aufgeteilt werden (vgl. Simons 1992; Gasser 1999):

1. Lernbedürfnis erkennen, Lernziel klären und auswählen, Motivation aufbauen, Vorwissen aktivieren.

2. Vorbereiten des Lernens, Planen, Ressourcen ermitteln, Lernstrategien auswählen.

3. Ausführen von Lernhandlungen mit dem Ziel des Verstehens, Behaltens, Integrierens und Anwenden des Gelernten.

4. Regulieren der Lernhandlungen (überwachen, überprüfen, wenn notwendig korrigieren, auswerten, rückbesinnen), Motivation und Konzentration erhalten.

5. Evaluieren, Bewerten der Leistungen (bewerten von Lernprozess und -ergebnis, realistisch einschätzen).

In unterschiedlichem Ausmaß können sowohl die Lehrperson als auch die Lernenden ganz oder teilweise die Verantwortung für die einzelnen Schritte übernehmen. Nur der dritte Schritt, das eigentliche Lernen, können Lernende nur selbst ausführen.

Auf dem Weg zum selbstständigen Lernen benötigen Heranwachsende Unterstützung und Gelegenheiten zur zunehmend selbstständigen Ausführung auch der anderen Schritte, während die Lehrpersonen ihre Steuerung und Kontrolle immer mehr abgeben.

Die Forschungen von Simons (1992) deuten darauf hin, dass viele Lernende auf der Sekundarstufe, der Universität oder in der Erwachsenenbildung nicht fähig sind, diese Lernaktivitäten selbstständig adäquat auszuführen: Viele bereiten das Lernen gar nicht vor, denken nicht über die Art und Weise des Lernens nach, wählen immer dieselben Lernaktivitäten, überwachen und kontrollieren das Lernen nur oberflächlich, stimmen die Arten der Lernaktivitäten nicht auf die Lernziele ab, setzen sich selbst keine Ziele und lernen nur, wenn eine andere Instanz sie motiviert. Oft wird das selbstständige Lernen von der Neigung behindert, beim Lernen reproduktiv, passiv und lehrerabhängig zu bleiben.

Ein wichtiger Faktor ist nach Meinung von Simons die subjektive Lernkonzeption: Viele Lernende verstehen Lernen vor allem als das Aneignen von Wissensstoff. Neben vielen anderen Faktoren nennt Simons zudem die Neigung vieler Lehrpersonen, das Lernen der Schülerinnen und Schüler ausschließlich extern zu steuern. Dadurch haben diese wenig Gelegenheit, das selbstständige Lernen zu entwickeln.

Mandl/Friedrich (1992) grenzen Lernen und Denken wie folgt voneinander ab: Lernen bezeichnet den Erwerb und die Veränderung von Wissen und Fertigkeiten in Interaktion mit externen Instanzen (Lehrenden, Medien). Denken ist dagegen eine Tätigkeit, bei der Beziehungen zwischen Informationen, die bereits im kognitiven System sind, hergestellt werden.

Fazit

→ Es bestehen sehr unterschiedliche Erwartungen gegenüber Lerntrainings. Sie müssen ausgesprochen und geklärt werden.
→ Je nachdem, ob es um einen kurzfristigen Lernerfolg oder um selbstständiges Lernen geht, stehen unterschiedliche Lernstrategien im Vordergrund.
→ Der Lernprozess enthält eine ganze Abfolge von Schritten, die entweder von der Lehrperson oder von den Lernenden selbst initiiert und gesteuert werden können.
→ Das selbstständige Ausführen der einzelnen Schritte muss vorbereitet und eingeübt werden.
→ Es gibt graduelle Unterschiede im Ausmaß der Selbststeuerung.
→ Viele Komponenten des selbst gesteuerten Lernens können durch Training gefördert werden.

1.3 Hirn- und Gedächtnisforschung

Suchen wir nach Strategien zur Verbesserung des Lernens und des Gedächtnisses, ist es nahe liegend, uns an die Hirnforschung zu wenden. Auch wenn wir natürlich lernen und uns erinnern können, ohne die Funktionsweise des menschlichen Gehirns zu kennen, sind wichtige Hinweise von diesem Gebiet zu erwarten.

In den letzten Jahren wurden große Fortschritte in der Hirnforschung gemacht. Gleichzeitig ist man aber noch weit davon entfernt, dieses äußerst komplexe Organ wirklich zu verstehen und mit einem plausiblen einheitlichen Konzept zu erklären.

Aufbau

Das menschliche Gehirn besteht aus rund 100 Milliarden Nervenzellen (Neuronen). Die Neuronen sind untereinander durch mehr als zehntausendmal so viele Verbindungsstellen (Synapsen) zu einem komplizierten Netz verfasert. Über die Synapsen kann eine Nervenzelle Informationen von Hunderten oder Tausenden anderer Neuronen empfangen (Rose 2000). Auch wenn dieses Netzwerk chaotisch scheint, findet jeder Sinneseindruck seine Bahn.

An geistigen Prozessen sind jeweils Millionen von Nervenzellen beteiligt, oft über weite Teile des Gehirns verteilt. Dies geschieht in Form von wechselnden elektrischen Signalen, die durch Elektroden nachgewiesen werden können. Die Schaltstellen (Synapsen) übernehmen sowohl die Signalübermittlung als auch einen Teil der Informationsspeicherung. Sie sorgen dafür, dass wir gezielt denken und uns erinnern können und dass wir nicht gleichzeitig sämtliche Erinnerungen unseres Lebens gegenwärtig haben: Wenige »passende« Gedankenverbindungen rufen immer nur ganz bestimmte Erinnerungen ab.

Früher war man der Überzeugung, im Gehirn gäbe es an einer bestimmten Stelle eine Art innerer Leinwand, auf der das Abbild eines Sinneseindruckes entsteht, an dem die Informationen zusammenlaufen und die Entscheidungen fallen. Diese Stelle gibt es jedoch nicht, das Gehirn ist nicht hierarchisch, sondern extrem dezentral organisiert.

Unzutreffend ist der oft gebrauchte Vergleich, dass der Gehirnaufbau der Hardware eines Computers entspricht und die Denkvorgänge der Software: Im Gehirn ist Hardware und Software dasselbe; die Software verändert die Hardware, auf der die Software beruht: Erfahrungen verändern die Strukturen der Neuronen, die Signale, die die Neuronen senden, die Kreisläufe und damit das Ergebnis.

Das Gehirn verarbeitet viele Inputs und Outputs parallel. Zudem nehmen die Neuronen nicht nur Informationen auf, sondern werfen sie auch gezielt weg und reduzieren sie auf Wesentliches.

Ein Bauchhirn als zweites Gehirn?

Gemäß neueren Forschungen befindet sich in den Eingeweiden das enterale Nervensystem, das aus über 100 Millionen Nervenzellen besteht, deren Zelltypen, Wirkstoffe und Rezeptoren jenen des Gehirns im Kopf gleichen (Luczak 2000). Dieses »zweite Gehirn« erledigt nicht nur die hochkomplexe Verdauungsarbeit, sondern produziert auch psychoaktive Substanzen. Es ist mit dem Gehirn im Kopf über zahlreiche Nervenstränge verbunden, wobei interessanterweise 90% der Verbindungen vom Bauch ins Gehirn führen und nur 10% in umgekehrter Richtung. Psychische Prozesse und Verdauungssystem könnten somit weit stärker verbunden sein, als bisher angenommen, doch werden die Botschaften aus dem Darm bis auf Alarmzeichen nicht bewusst wahrgenommen.

Neue Forschungen befassen sich mit den Einflüssen des »Darmhirns« auf unsere Gefühle und unseren Verstand. Emotionen verkörpern unsere Lebenserfahrungen. Die gespeicherten Emotionen werden vom Darm ausgesandt und im Gehirn als gute oder schlechte Laune, Müdigkeit usw. wahrgenommen.

Der Spruch von den Entscheidungen »aus dem Bauch heraus« und das Modell des Unbewussten erhalten damit neue Grundlagen: Unbewusst getroffene Entscheidungen werden von unserem Bewusstsein nachträglich mit rationalen Aussagen begründet.

Die beiden Hirnhälften

In den letzten Jahren war viel von den unterschiedlichen Funktionsweisen der beiden Hirnhälften und den sich daraus ergebenden Konsequenzen für die Schule die Rede. Der Ursprung liegt in der Split-Brain-Forschung. Dabei werden Personen untersucht, denen –

beispielsweise in einer Operation wegen Epilepsie – die Verbindung zwischen den beiden Hirnhälften durchgetrennt wurde (Split-Brain-Patienten). Nachgewiesen wurde, dass die Gehirnhälften spezialisiert reagieren, wenn sie mit getrennten Umweltinformationen konfrontiert werden: Gelangen Informationen nur zur linken Hirnhälfte, können die Patienten lesen und detailliert darüber sprechen. Gelangen die Informationen zur rechten Hirnhälfte, können sie eine Szene beobachten, gefühlsmäßig darauf reagieren, aber nicht darüber sprechen; sie denken sich eine passende Geschichte aus. Daraus wurde geschlossen, dass die linke Gehirnhälfte auf abstraktes, begriffliches, chronologisches Denken spezialisiert ist, die rechte auf das bildliche Vorstellungsvermögen, auf ganzheitliches und anschauliches Denken.

Vielen Autoren haben die Befunde aus der Split-Brain-Forschung seither aufgegriffen und auf das Lernen und die Beschreibung von Lerntypen bei gesunden Personen übertragen. Vermutlich ist die Wirklichkeit jedoch wesentlich komplexer und die Einteilung nach Hirndominanzen eine grobe Vereinfachung.

Die Entwicklung des Gehirns von der Geburt bis ins Alter

Säuglinge verfügen bereits über sämtliche Neuronen, die der Erwachsene je haben wird. Sie sind jedoch in großen Teilen ihres Gehirns noch nicht festgelegt. Die Hirnreifung geht außerhalb des Mutterleibs weiter. In einer ersten Phase werden nach der Geburt in einer Wechselwirkung mit der Umwelt weitere feste Leitungsbahnen gelegt. Aus diesen Hirnvernetzungen, die somit von Erfahrungen abhängig und geprägt sind, ergeben sich fest verdrahtete Verbindungen und damit besonders schnelle Assoziationsbahnen und bevorzugte Wahrnehmungskanäle.

Die meisten Synapsen stellen den Kontakt erst auf bestimmte Signale her. Sie sind auf Grund neuer Erfahrungen veränderlich und ermöglichen, dass wir uns erinnern und lernen. Wenige Monate nach der Geburt ist zwar das eigentliche Gehirnwachstum abgeschlossen, doch findet eine ständige Neubildung und Elimination synaptischer Verbindungen und neuronaler Verschaltungen statt.

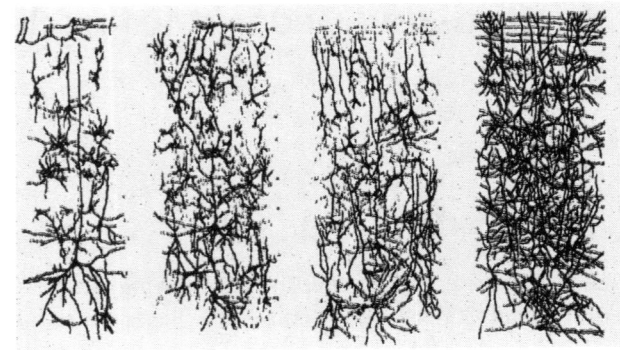

In der Kindheit reifen bestimmte Teile des Gehirns besonders schnell und sind daher leicht formbar. Erworben wird ein differenziertes Wissen über die Umwelt; das Gedächtnis wird als eigene Informationsquelle aufgebaut. Bis vor wenigen Jahren glaubten auch die meisten Neurobiologen und Lernpsychologen, dass mit zunehmendem Alter ein ständiger Abbau stattfindet. Heute weiß man jedoch (Hüther 2000), dass zwar Tag für Tag Tausende Hirnzellen absterben, aber neue Neuronen nachwachsen. Lebenslang finden Aufbau und Abbau im Gehirn statt. Voraussetzung dafür ist, dass das Gehirn dauernd trainiert wird und sich früh daran gewöhnt, immer wieder mit Neuem fertig zu werden. Bestimmte Leistungen können durch Training mit zunehmendem Alter noch gesteigert werden; lediglich die Fähigkeit des schnellen Reagierens auf eine Vielzahl gleichzeitig eintreffender Informationen nimmt mit dem Alter ab.

»Jeder von uns glaubt von sich selbst, dass er direkt in der Welt, die ihn umgibt, lebt, ihre Gegenstände und Ereignisse genau fühlt und in einer realen und gegenwärtigen Zeit lebt. Ich behaupte, dass dies Illusionen der Wahrnehmung sind, denn jeder von uns begegnet der Welt mit einem Gehirn, das mit dem, was ›draußen‹ ist, über wenige Millionen gebrechliche sensible Nervenfasern verbunden ist. Dies sind unsere einzigen Informationskanäle, unsere lebendigen Verbindungen zur Realität.«
»Jeder von uns lebt innerhalb des Universums – des Gefängnisses – seines eigenen Gehirns.«
»Darüber hinaus ist jedes Bild mit genetischer und aus Erfahrung gespeicherter Information verbunden, die jeden von uns einzigartig macht. Aus diesem komplexen Integral konstruiert jeder von uns auf einem höheren Niveau von Wahrnehmungserlebnis seine eigene, sehr persönliche Sicht von innen heraus.«
(Mountcastle, zit. von Eccles 1985, S. 312, 336)

Das Gehirn verändert sich während der Lernprozesse physisch; da jeder Mensch seine eigene Lernbiografie hat, hat auch jeder eine eigene Feinstruktur des Gehirns. Erinnern bedeutet neu konstruieren und damit auch selbst interpretieren, deshalb unterscheiden sich Erinnerungen verschiedener Personen vom gleichen Ereignis.

Durch unterschiedliche Erfahrungen und deren unterschiedliche Organisation konstruieren wir uns unsere eigene Welt. Jeder hat somit seine »eigene Welt im Kopf« (vgl. Zitat auf Seite 18).

Die Bedeutung der Gefühle

Im so genannten Thalamus, einem Gebiet des Zwischenhirns, werden ankommende Sinneswahrnehmungen mit Gefühlen wie Freude, Angst, Lust oder Schmerz ausgestattet. Die verschiedenen Gehirnzentren arbeiten bei allen kognitiven Prozessen untrennbar zusammen. Emotionen sind an Wahrnehmung, Erinnerung und Handlungsplanung beteiligt. Positive und negative Emotionen erlauben uns, bessere Entscheidungen zu treffen. Vester (2000) weist darauf hin, dass die Fähigkeit, Tätigkeiten mit Gefühlen zu verknüpfen, im Verlauf der Evolution immer erfolgreicher wurde. Beim Menschen veränderten die Gefühle schließlich ihre ursprüngliche Funktion und wurden zum Bewusstsein. Dieses hilft uns, besonders komplexe Tätigkeiten auszuüben wie nachdenken, planen, entwerfen, vergleichen, urteilen und eigene Erfahrungen anderen mitzuteilen.

Lernen ist immer mit Gefühlen verbunden, die berücksichtigt werden müssen. Für das Behalten ist diese Gefühlsbewertung sehr wichtig, da das Gehirn eine Neuigkeit weniger nach deren Tatsachengehalt speichert als nach der ausgelösten Emotion. Durch positive Emotionen finden Informationen leichter Eingang, negative werden eher abgewehrt. Die neurowissenschaftliche Forschung zeigt somit, dass Emotionen nicht den menschlichen Verstand beeinträchtigen, sondern das Handeln und Lernen organisieren und für das Denken und Lernen von ausschlaggebender Bedeutung sind. Die Bedeutung, die eine Information oder ein Ereignis für das Individuum hat, entscheidet darüber, ob diese im Gedächtnis gespeichert oder als irrelevant vergessen wird.

Nach Vesters (2000) Meinung kann die Bedeutung von Emotionen oder eines Erfolgserlebnisses beim Lernvorgang gar nicht überschätzt werden. Angeregt wird das Lernen durch Freude, Anteilnahme, Neugier und Interesse, durch Staunen und Mitgefühl oder Hoffnung. Behindert wird es durch Angst, Langeweile oder Hoffnungslosigkeit. Für das Lernen ungünstige Emotionen können sich, wenn sie stark, häufig oder länger dauernd auftreten, zu schwer überwindbaren Hindernissen aufbauen. Als Lernhindernisse spielen vor allem Ängste eine große Rolle.

Wichtig beim Lernen ist deshalb eine gute Arbeitsatmosphäre. Die mit dem Lernen verbundenen Gefühle müssen berücksichtigt werden. Lernstoffe sollten einen gefühlsmäßig positiven Inhalt, eine positive Verpackung oder ein positives Assoziationsfeld haben.

Gedächtnis

Unser Gedächtnis muss eine komplizierte Gratwanderung durchführen: Auf der einen Seite ist es wichtig, dass relevante Erfahrungen gespeichert werden, eine gewisse Stabilität gewährleistet ist, dass Fehler, Irrtümer, bedrohliche Situationen in Zukunft vermieden werden, dass somit gelernt wird. Auf der anderen Seite darf das Gedächtnis nicht mit Unwichtigem überlastet werden, muss das Bewusstsein beweglich bleiben, um sich den täglich neuen Herausforderungen stellen zu können. Das Gedächtnis muss damit die hochkomplexe Aufgabe erfüllen, aus der ständigen Reiz- und Informationsflut die richtigen Informationen auszuwählen, die gespeichert werden sollen, und die anderen auszusortieren. Natürlich ist die Speicherfähigkeit wichtig. Ebenso wichtig und letztlich noch viel komplexer ist jedoch die Fähigkeit auszuwählen und die unwichtigen Informationen zu vergessen.

Das Gedächtnis lässt sich nicht an einer bestimmten Stelle des Gehirns lokalisieren, sondern ist über das gesamte Gehirn verteilt. Eine Erinnerung ist die weit verzweigte Aktivierung verschiedener lokaler Strukturen und deren Verknüpfung zu einem Netzwerk. Eine Erkenntnis der letzten Jahre besteht darin, dass das Gedächtnis kein einzelnes Gebilde ist, sondern sich aus verschiedenen Fähigkeiten zusammensetzt. Squire (in Rose 2000) unterscheidet ein deklaratives Gedächtnis, das am Erwerb von Wissen beteiligt ist, und ein prozedurales Gedächtnis, das unbewusst ist und am Erlernen motorischer und sensorischer Fähigkeiten beteiligt ist. Beim Lernen arbeiten bewusste und unbewusste Gedächtnissysteme in der Regel zusammen.

Von besonderer Bedeutung sind dabei die Erfahrungen, das heißt das im Gedächtnis verankerte Wissen über erfolgreich oder erfolglos eingesetzte und deshalb für die Lösung zukünftiger Probleme als geeignet oder ungeeignet bewertete Strategien des Denkens und Handelns.

Eine ankommende Information wird nicht einfach behalten oder vergessen, sondern durchläuft verschiedene Filter oder Speicherstufen.

Voraussetzungen

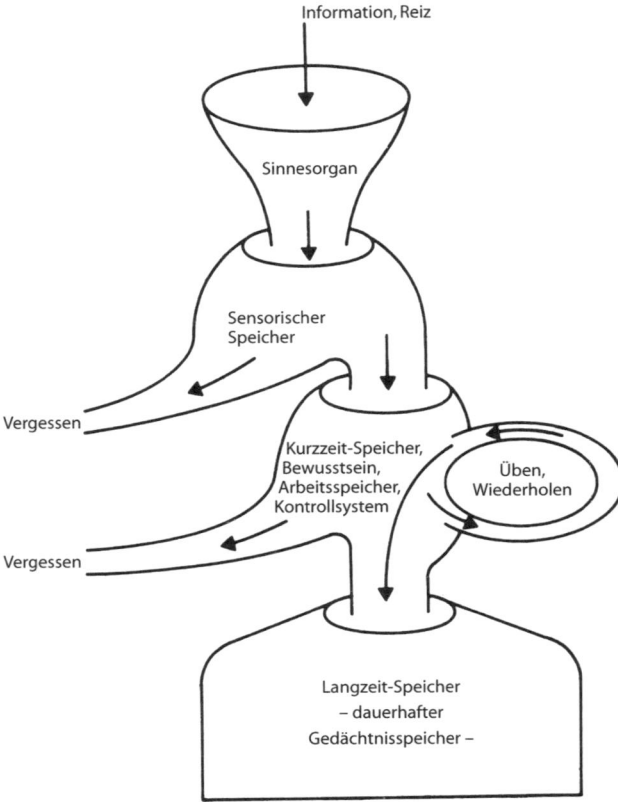

(Abb. aus: Schräder-Naef »Keine Zeit«) Beltz Verlag, Weinheim und Basel

Tatsache ist ja, dass der weitaus größte Teil der Informationen gar nicht bewusst wahrgenommen wird und auch von den wahrgenommenen die meisten gleich wieder ohne Spuren abklingen. Bewusste Wahrnehmungen und Ereignisse werden protokolliert und niedergelegt im Gedächtnis. Dort verfallen sie gewöhnlich sehr schnell, wenn sie nicht verstärkt werden. Verstärkt werden können Ereignisse durch zwei verschiedene Mechanismen:

- Eine Sequenz führt zur Befriedigung eines Bedürfnisses (operantes Konditionieren).
- Durch inneres Wiederholen, versprachlichen, ergibt sich das Protokollgedächtnis.

Zum Lernen und Behalten ist eine Verbindung mit bereits vorhandenen Gedächtnisinhalten erforderlich. Wenn etwas außerhalb des bisherigen Erfahrungshorizontes liegt, kann es nicht gespeichert werden. Lernen braucht somit Zeit für Wiederholungen und die Verknüpfung von Informationen. Es kann nicht einfach beschleunigt werden.

Büchel (1997) weist darauf hin, dass im Langzeitgedächtnis jede Information doppelt gespeichert wird: einerseits als ganzheitliche Erfahrung (Erlebnis), andererseits in zerlegter und systematischer Form (Begriffe). Diese doppelte Speicherung hilft bei der Erinnerung, indem bei der Suche entweder nach dem Erlebnis oder nach Begriffen gefahndet werden kann. Zudem unterscheidet Büchel zwischen Faktenwissen (Eigenschaften von Begriffen und Erfahrungen) und Handlungswissen (Funktionen, Anwendungen).

Das Vorwissen entscheidet über die Wahrnehmung

Wahrnehmung und Speicherung finden in denselben Nervenzellen statt, das Gehirn speichert die Bilder dort, wo es auch aktuelle Bilder beurteilt. Bei jeder Wahrnehmung greifen wir auf sehr viel Vorwissen zurück. Je mehr wir wissen, desto mehr nehmen wir wahr. Wahrnehmung ist somit ein aktiver Prozess, nicht einfach ein passives Aufnehmen von Sinneseindrücken, sondern die Folge eines erwartungsgesteuerten Suchprozesses. Die erzeugten Bilder stimmen nicht unbedingt mit physikalischen Gesetzmäßigkeiten überein. Jede Wahrnehmung erfolgt durch die Brille des Gedächtnisses, ist somit individuell und durch frühere Wahrnehmungen mitbestimmt. Daraus ergibt sich auch die Wichtigkeit des Vorwissens.

Wahrnehmung ist immer auch Interpretation. Wir erkennen beispielsweise Muster und Ordnungsprinzipien auch dort, wo keine vorgegeben sind. Bekannt sind Wahrnehmungstäuschungen oder »unmögliche Figuren« oder Bilder, die auf verschiedene Art gesehen werden können.

(Abb. aus: Schräder-Naef »Informationsflut«) Beltz Verlag, Weinheim und Basel

Das Gedächtnis ist kein Archiv

Das Gedächtnis bildet aus den eingehenden Sinneswahrnehmungen kein Archiv – die Daten werden verkürzt und mit älteren Gedächtnisspuren verknüpft. Wissen und Ereignisse werden nicht als Ganzes abgespeichert; gespeichert werden vielmehr nur wichtige Eckpunkte, die für das Individuum Bedeutung haben und die auf die ganze Hirnrinde verteilt werden. Erinnern ist wie das Zusammensetzen eines Puzzles, bei dem die fehlenden Teile durch Raten hinzugefügt werden.

Das Gehirn speichert Informationen somit nicht einfach in Schubladen, sondern ordnet sie zu komplexen Netzen. Durch die netzwerkartige Verarbeitung ergibt sich eine vielfältige spätere Abrufbarkeit. Vielseitige und intensive Sinneserfahrungen erhöhen die Zahl der Verknüpfungen im Hirn. Motiviert und interessiert aufgenommene Informationen werden in der Tiefenstruktur gespeichert, nicht nur an der Oberfläche. Gut strukturierter Lernstoff wird viel leichter behalten als unstrukturierter, weil dadurch Gedächtniskapazität gespart wird.

Deshalb sollte nicht fertiges, unverbundenes oder assoziatives Wissen vermittelt, sondern der Aufbau von Handlungs- und Denkstrukturen unterstützt werden. Gemäß neueren Forschungen zum Wissenserwerb kommt es ohne diese Zusammenhänge zu »trägem Wissen«, das nicht in bestehendes Vorwissen integriert wird und zu wenig vernetzt ist. Das Strukturieren muss in der Schule bewusst eingeübt werden.

Zum Lernen und Behalten ist eine Verbindung mit bereits vorhandenen Gedächtnisinhalten erforderlich oder ein frühes Wiederholen, mehrfaches Auseinandersetzen, Verbalisieren.

Auswirkungen auf das Lernen

Die Erkenntnisse der Hirnforschung geben auch Hinweise darauf, wie am besten und nachhaltigsten gelernt wird. Sie haben in den letzten Jahrzehnten zu grundlegend neuen Ansichten über das Lernen geführt; besonders hervorzuheben sind das Lernen durch Einsicht und Verstehen und die Bedeutung des Vorwissens.

Kinder haben enorme Lernfähigkeiten, brauchen dabei aber Unterstützung. Von Natur aus »Problemlöser«, werden sie von Neugier und Fragen angetrieben und suchen ständig nach neuen Herausforderungen. Motiviert und belohnt werden sie durch Erfolg und die Erfahrung des Verstehens. Erwachsene spielen eine wichtige Rolle dabei, die Neugier der Kinder anzuregen, die Aufmerksamkeit zu lenken, Erfahrungen zu strukturieren. Kinder haben auch schon früh metakognitive Kompetenzen (Wissen über ihre Lernfähigkeit).

Oft wird in der Schule jedoch auf zu passive Weise gelernt, das Wissen wird präsentiert. Das Hirn lernt besser, wenn es sich die Informationen selbst zusammensuchen und dabei Probleme überwinden muss.

Kinder machen heute viele Erfahrungen mit Computern; ihre Hirnentwicklung wird auch durch Computerspiele geprägt, sie gehen deshalb mit großer Leichtigkeit damit um.

Fazit

→ Das Gehirn ist ein hochkomplexes Organ und extrem dezentral organisiert.
→ Nach der Geburt ist die Hirnreifung noch nicht abgeschlossen. Die weitere Entwicklung wird von den Erfahrungen und Aktivitäten des Individuums geprägt.
→ Unterschiedliche Lernbiografien bewirken nicht nur unterschiedliche Einstellungen und Werthaltungen, sondern auch unterschiedliche Wahrnehmungen und Erinnerungen.
→ Emotionen spielen eine zentrale Rolle beim Lernen. Sie bestimmen vor allem die Auswahl und Speicherung der Informationen.
→ Das Vorwissen ist von großer Bedeutung. Früheres Lernen bestimmt die Wahrnehmung, die Art der Strukturen und Netzwerke.
→ Die Speicherung im Gedächtnis ist ein komplexer Vorgang. Es muss eine extreme Selektion aus den eintreffenden Informationen getroffen werden.
→ Das Gedächtnis ist kein Archiv. Jede Erinnerung ist auch eine Interpretation auf der Grundlage der eigenen Biografie und Wertsysteme.
→ Während des ganzen Lebens finden Aufbau und Abbau im Gehirn statt. Voraussetzung dafür, dass Menschen bis ins hohe Alter weiterlernen können, ist, dass sie aktiv bleiben, ihr Gehirn gefordert wird und mit neuen Situationen umgehen muss.

Eine Übersicht und Zusammenfassung des Kapitels über Hirnforschung ergibt sich aus dem Mind-Map auf der folgenden Seite.

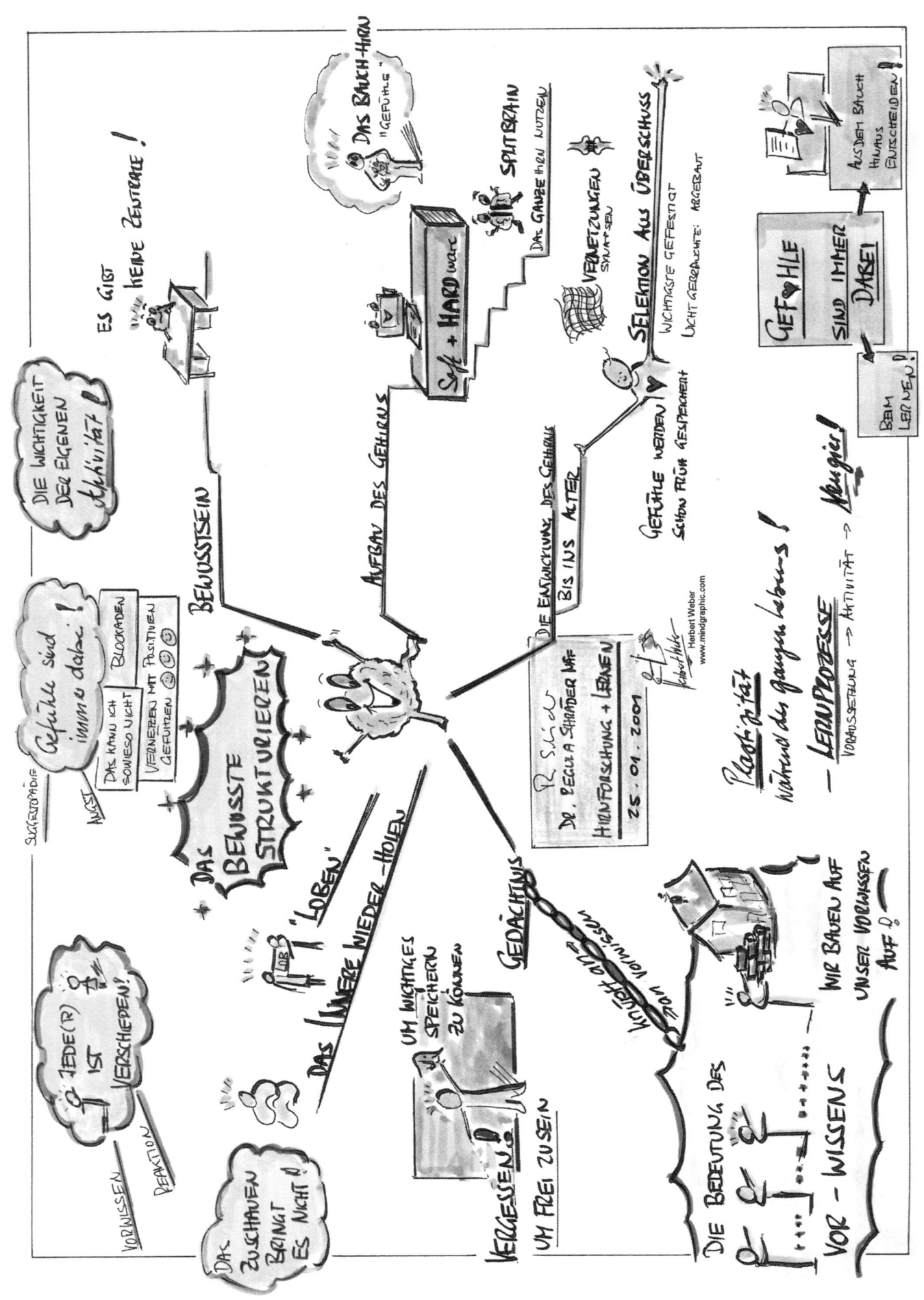

1.4 Folgerungen aus der Lernpsychologie

In der Lernpsychologie gibt es zahlreiche Theorien, Untersuchungen und Grundlagenforschungen zum menschlichen und tierischen Lernen. In diesem Zusammenhang soll jedoch weder die Geschichte aufgearbeitet, noch ein systematischer Überblick versucht werden. Vielmehr fasse ich jene Erkenntnisse zusammen, die für ein systematisches Lerntraining in der Schule von Bedeutung sind. Sie sind in Form von acht Gesetzmäßigkeiten oder Erkenntnissen dargestellt. Untersuchungen zeigen, dass die Umsetzung dieser Prinzipien sowohl die Motivation der Lernenden als auch ihr Lernverhalten und ihren Lernerfolg positiv beeinflusst.

1. **Signallernen: Gefühle sind wichtig**
   Das Signallernen gilt als elementarste Lernform: Eindrücke oder Ereignisse, die miteinander auftreten, werden in der Erinnerung miteinander verbunden, die Gefühle, die der einen Erfahrung gelten, werden auch auf die andere übertragen.
   Viele Vorlieben und Abneigungen gehen auf das »Signallernen« zurück: Schülerinnen und Schüler übertragen den Ärger über einen Misserfolg, einen ungerechten Lehrer oder schlechte Noten auf das ganze Wissensgebiet; die Einstellung »dieses Fach mag ich nicht/liegt mir nicht« verfestigt sich und bleibt erhalten, auch wenn die ursprünglichen Gründe längst überholt sind.
   Negative Einstellungen und Widerstände können bis zu Lernblockaden und Stressreaktionen führen; die Betroffenen können in den jeweiligen Situationen nicht mehr klar denken, werden von Gefühlen, von Angst und Überforderung beherrscht. Daraus ergibt sich ein Teufelskreis: Sie können nicht richtig aufnehmen, finden die richtigen Antworten nicht, fühlen sich gedemütigt und ausgegrenzt, was wiederum ihre Angst und Selbstzweifel verstärkt. Wenn enorme Lernanstrengungen zu keinem Ziel führen, dann deswegen, weil nicht wirklich Inhalte gelernt wurden, sondern vielmehr die Überzeugung, dass man für dieses Gebiet unbegabt sei.
   Alle Menschen, Erwachsene wie Kinder, reagieren in jeder Situation ganzheitlich und bringen ihre ganzen bisherigen Erfahrungen mit. Daher werden mit positiven Erlebnissen verknüpfte Informationen besonders gut verarbeitet, verstanden und im Gedächtnis verankert, während eine Abwehrhaltung das Aufnahmevermögen blockiert.
   Blockaden, die durch negative Erfahrungen zu Stande kamen, lassen sich auch durch Signallernen in positiven Lernsituationen (Beispiel Suggestopädie) auflösen: An die Stelle von Angst und Abwehr vor dem Lernen oder dem betreffenden Fachgebiet können so Freude und Vertrauen in die eigenen Fähigkeiten treten.
   Ein anderes Beispiel erwähnen Reusser/Reusser-Weyeneth (1994): Gemäß diesen Autoren gelangen viele Schülerinnen und Schüler im Laufe ihrer Schulzeit zur Überzeugung, nur Genies könnten Mathematik wirklich verstehen; von sich selbst erwarten sie nicht, eine Aufgabe verstehen zu können und brechen deshalb ihre Bemühungen nach kurzer Zeit ab. Einstellungsveränderungen sind durch Diskussionen im Klassenverband und in der Kleingruppe möglich, bei denen Lernende mit ähnlichen Voraussetzungen ihre Lösungsideen äußern, vergleichen und diskutieren können.

2. **Lernen am Erfolg**
   Viele Fertigkeiten werden nach *Versuch und Irrtum* gelernt: In einer neuen und für uns nicht überschaubaren Situation werden verschiedene Wege eingeschlagen, der erfolgreiche wiederholt, schließlich gelernt und beibehalten. Auf diese Weise lernen wir beispielsweise Schlittschuh laufen oder Rad fahren.
   Dabei lassen sich zwei entgegengesetzte Reaktionsweisen unterscheiden: Manche Menschen werden vom Misserfolg bei den ersten Versuchen so irritiert, dass sie wütend aufgeben – während andere angespornt werden, ihre Anstrengungen zu verdoppeln. Früher oder später werden sie auf diese Weise zum Ziel kommen. Sie werden dadurch in ihrer Hartnäckigkeit bestätigt und werden auch bei der nächsten Herausforderung ähnlich reagieren.
   Die Menschen, die schnell aufgeben, gewinnen dagegen die Überzeugung, dass sie sich in neuen Situationen, bei neuen Aufgaben nicht zurechtfinden, und werden versuchen, diesen in Zukunft aus dem Wege zu gehen, die Bewältigung anderen zu überlassen.
   Ähnliche Reaktionen sind in Gruppen wie Schulklassen verstärkt zu finden: Die Angst vor Fehlern, vor Kritik, vor einer Blamage lähmt viele Kinder und Jugendliche und hindert sie, sich auch dann zu

melden, wenn sie nicht hundertprozentig sicher sind oder wenn sie Fragen haben, etwas unklar ist. Sie ziehen es vor, nichts zu sagen, um nichts Falsches zu riskieren; von der Lehrerin oder dem Lehrer werden sie deshalb oft als uninteressiert oder unbegabt für das betreffende Fach eingeschätzt und nicht ermutigt. Folgerungen:

- Fehler lassen sich beim Lernen nicht vermeiden; wenn sie nicht als Versagen erlebt werden, dienen sie der Orientierung und Weiterentwicklung.
- Lernende brauchen die Bestätigung, dass sie auf dem richtigen Weg sind und Fortschritte machen.

3. Einsichtiges Lernen

Das Bedürfnis, Gesetzmäßigkeiten zu suchen und Ordnung in seine Erfahrungen zu bringen, ist angeboren. Auch wenn wir ein Zufallsmuster oder ziehende Wolken betrachten – es fällt uns schwer, keine Figuren darin zu sehen: Wir verbinden Beobachtungen mit früheren, vergleichen, suchen Zusammenhänge und versuchen, neue Inhalte mit bereits gespeichertem Wissen in Verbindung zu bringen. Gesetze, Strukturen, die uns helfen, Informationen zu ordnen, Klarheit in unsere Gedanken zu bringen, sind wichtig und entsprechen einem Bedürfnis. Solche Informationen vergessen wir auch nicht.

Kinder haben sehr viele Fragen und suchen nach Verstehen – manche Lehrpersonen vermitteln aber Stoffe und Inhalte, die für die Kinder sinnlos sind und »einfach auswendig gelernt werden müssen«. Zwar können Kinder auch Unverstandenes auswendig lernen. Voraussetzungen für nachhaltiges Lernen sind jedoch Verstehen, Interesse und Vertrauen in die eigene Lernfähigkeit und die Verknüpfung des neuen Wissens mit dem Vorwissen.

Das Vorwissen (vgl. Kapitel 1.3) stellt deshalb eine entscheidende Voraussetzung für den Wissenserwerb dar; Lernende müssen darauf zurückgreifen, um Sachverhalte einsichtig zu machen, Unvertrautes in Vertrautes überzuführen und Unklarheiten zu erklären. Je nach Wissensstand ist das gleiche Problem leicht, schwer oder unmöglich zu lösen. Effizientes Lernen hängt somit in hohem Ausmaß davon ab, was wir bereits wissen. Oft haben erfolglose Lernende ungenügende Wissensbestände, ungenügende sprachliche Fähigkeiten und Informationsspeicher.

So wichtig Vorerfahrungen sind, können sie doch auch Missverständnisse und unrichtige Konzeptionen auslösen. Wichtig ist, dass solche Missverständnisse von der Lehrperson erkannt und allenfalls korrigiert werden.

Steiner (2000) unterscheidet nach Komplexität und Vertiefung drei Kategorien von Wissen:

- Auf der untersten Stufe steht das *deklarative* Wissen, das die Fakten und Grundlagen eines Gebietes umfasst. Es wird gelernt und meist bald wieder vergessen, wenn es nicht angewandt wird.
- Auf der mittleren Stufe ist das *angewandte* Wissen. Erworben wird es durch das Lösen von Aufgaben, vertieftes Verstehen, Analysieren, Anwenden, Weitergeben.
- Die oberste Stufe umfasst das *Expertenwissen*, bei dem Probleme erkannt und gelöst werden können, neues Wissen generiert, Ergebnisse beurteilt usw.

Ein Grundproblem liegt in der immer wieder festgestellten Diskrepanz zwischen gelerntem Wissen und der konkreten Anwendung dieses Wissens in der Situation. Zu prüfen ist, wie »träges Wissen« aktualisiert werden kann und wie es gelehrt und gelernt werden muss, damit es in die entsprechende Anwendungssituation transferiert werden kann. Lernen ist immer auch Transfer von früheren Erfahrungen. Dazu braucht es eine Wissensgrundlage, die gut organisiert ist.

Transfer von Gelerntem auf neue Situationen kann nur stattfinden, wenn das Gelernte genügend verstanden und angeeignet worden ist; Auswendiglernen hilft dabei nicht.

Während viele Schülerinnen und Schüler beispielsweise beim Lösen von mathematischen Problemen Regeln abrufen, anwenden und warten, ob der Lehrer die Lösung akzeptiert, können sie durch gemeinsames Entdecken und Prüfen von Lösungsverfahren und mathematischen Gesetzmäßigkeiten auch den Wert ihres (impliziten) Wissens erfahren und beim Lösen von unbekannten Aufgaben anwenden (Reusser/Reusser-Weyeneth 1994).

4. Soziales Lernen

Die Gruppe ist für den Menschen sehr wichtig. Wir brauchen den Austausch, wir sind darauf angelegt, von den Erfahrungen der anderen zu profitieren, unsere Erfahrungen weiterzugeben – anders wäre die menschliche Kultur und Zivilisation nicht möglich.

Wird beim Lernen nach Möglichkeiten des Austausches gesucht, lässt sich von der Motivation durch die Gruppe profitieren.

Auch hier reagieren wir ganzheitlich: Wenn wir uns in einer Gruppe wohl fühlen, wenn die anderen eine positive Einstellung zum Lernen haben, den Stoff interessant finden, überträgt sich dies auch auf uns. Ist die Umgebung dagegen lernfeindlich eingestellt, ist das Durchhalten schwieriger. Eine schlechte Stimmung beschränkt die kognitiven Leistungen.

Die soziale Gruppe, Möglichkeiten zum Diskutieren, Austauschen, eine positive Lernumgebung sind wichtig sowohl für das Selbstbild als auch für das Interesse und Verstehen.

Dies alles gilt natürlich in besonderem Maße für Schulklassen, soziale Gruppen, die ihren Alltag, ihre Pflichten und Erlebnisse oft während Jahren teilen. Die Klasse beeinflusst nicht nur die Stimmung und die Einstellungen der Einzelnen. Über die Vorbildfunktion können auch positive Beispiele von Lernstrategien weitergegeben werden.

Viele Verhaltensweisen werden durch Beobachtung anderer gelernt. Die Schülerinnen und Schüler lernen voneinander sowie – bei einer guten Beziehung – auch über das Vorbild des Lehrers oder der Lehrerin. Das Modellverhalten der Lehrperson beeinflusst sowohl das Sozial-, Kommunikations- und Problemlöseverhalten als auch den Umgang mit Erfolg und Misserfolg.

5. Individuelle Voraussetzungen und Wege

In der gleichen Lektion können sich die einen Teilnehmenden langweilen, andere überfordert und frustriert fühlen, weil ein Stoff behandelt wird, der einigen schon sehr vertraut, für andere aber völlig neu ist.

Der größte Lernerfolg ist zu erwarten, wenn vom Stand der Lernenden ausgegangen und Bezug zu ihrem bisherigen Wissen genommen wird, wenn diese in kleinen Schritten und ihrem eigenen Tempo weitergehen und ständig kontrollieren können, ob sie auf dem richtigen Weg sind.

Eine Möglichkeit des individuellen Vorgehens sind Lernprogramme. Durch ständige Zwischenfragen wird geprüft, ob die Lernenden den Schritt vollzogen haben. Verweise auf frühere Erklärungen oder auf fortgeschrittene Stufen ermöglichen eine Anpassung an den Lernstand. Computerprogramme verteilen Lob oder liefern ohne Vorwurf fehlendes und vergessenes Wissen nach.

Zu den individuellen Voraussetzungen gehört jedoch auch der Lerntyp: Er entscheidet beispielsweise darüber, ob Lernende gerne den Erklärungen des Lehrers folgen, mit Computern arbeiten oder den Stoff lieber in Gruppen diskutieren. Folgerungen:
- Aufbau und Gliederung des Stoffes müssen dem unterschiedlichen Stand der Lernenden angepasst sein.
- Für das selbstständige Lernen sind vor allem metakognitive Kompetenzen wichtig (vgl. Kapitel 1.7): Die Lernenden müssen sich klar werden, welches ihre individuellen Stärken und Schwächen, ihre Lücken und ihr Wissensstand ebenso wie ihre bevorzugten Lernstrategien und ihr Lernstil sind.

6. Eigene Aktivität

Gemäß einer von Gudjons (1997) zitierten Untersuchung behalten wir 20% dessen, was wir hören, 30% von dem, was wir sehen, 80% von dem, was wir selbst formulieren können, und 90% von dem, was wir selbst tun.

Bei körperlichen/sportlichen Aktivitäten ist uns klar, dass Zuschauen die eigene Aktivität nicht ersetzt – auch wenn wir noch so viele Tennis- oder Fußballspiele gesehen haben, verbessert dies unsere eigene Spielstärke nicht wesentlich. Aber auch bei geistigen Aktivitäten ist der Erfolg weit größer, wenn die Lernenden selbst den Weg herausfinden, den Stoff bearbeiten, als wenn ein anderer dies für sie tut.

Ob neuer Wissensstoff deshalb im Unterricht, über Fachbücher, Computer oder auf einem anderen Weg erworben wird – aufgenommen und behalten wird er nur durch die eigene Aktivität, die eigenen Bemühungen zu verstehen, verbinden, strukturieren, sich oder anderen zu erklären.

7. Sinnvolle Planung und Zeiteinteilung

Die gleichen Vokabeln werden schneller gelernt und besser behalten, wenn die Lernarbeit auf mehrere Tage verteilt wird als wenn sie alle auf einmal »gepaukt« werden. Dies wies der Gedächtnisforscher H. Ebbinghaus bereits Ende des 19. Jahrhunderts nach. Seither haben viele Untersuchungen dieses Ergebnis bestätigt. Wenn wir beispielsweise täglich eine halbe Stunde auswendig lernen, machen wir schnellere Fortschritte, als wenn wir einmal pro Woche dreieinhalb Stunden einsetzen.

Nicht nur die Dauer der Lernzeit spielt eine Rolle, sondern auch die vorangehenden und die folgenden Tätigkeiten. Interferenzen sind wechselseitige Störungen beim Speichern von Inhalten, die ähnlich sind, ähnlich klingen oder ähnlich funktionieren. Zur Vermeidung von Interferenz muss Ähnliches mit entsprechendem Abstand gelernt werden. Versuchen Lernende vor Klassenarbeiten sehr viel Stoff auf einmal zu lernen, erhöht sich die Gefahr von Interferenzen. Beispiel: Nicht nur stundenlanges Lernen von Englischwörtern vermindert die Leistung, sondern auch wenn nach Französischwörtern spanische Vokabeln gepaukt werden.

Der Lernstoff wird besser im Gedächtnis behalten, wenn er mehrmals kurz aufgefrischt wird. Da manche Inhalte auf Anhieb behalten werden, andere aber mehrmals eingeprägt werden müssen, empfiehlt sich ein flexibles Vorgehen, beispielsweise mit den Lernkärtchen.

Vielfach nachgewiesen ist die Wirkung von Pausen. Je höher die Konzentration und je einseitiger die Belastung, desto kürzer ist die Zeitspanne, in der intensiv gearbeitet werden kann. Die Pausen können dabei auch kurz sein, wichtig ist der Wechsel von Anspannung und Abschalten.

Wie die Abbildung zeigt, wird der Zeitverlust durch Pausen durch die bessere Arbeitsleistung wett gemacht.

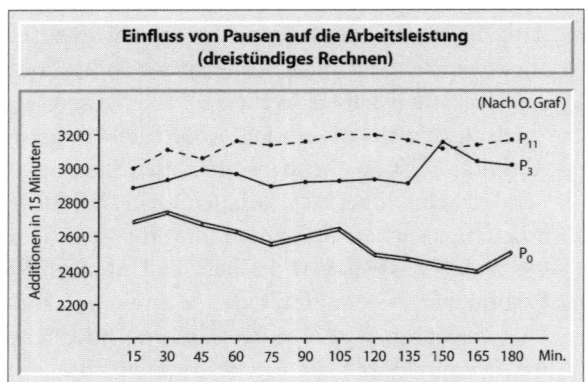

P_0 = ohne Pause
P_3 = Pausen von 2, 4 und 6 Min. nach 45, 90 und 135 Min. (Total 12 Min.)
P_{11} = Pausen von 1/2, 1 und 2 Min. nach je 15 Min. (total 12 Min.)

Pausendauer in % der Arbeitszeit: 6,7%

Mehrleistung
P_3 = 5,6% P_{11} = 9,8%

Zu berücksichtigen ist zudem der Tagesrhythmus: Je nach Tageszeit ist unser Körper eher auf Aktivität und Leistung oder auf Entspannung und Schlaf eingestellt.

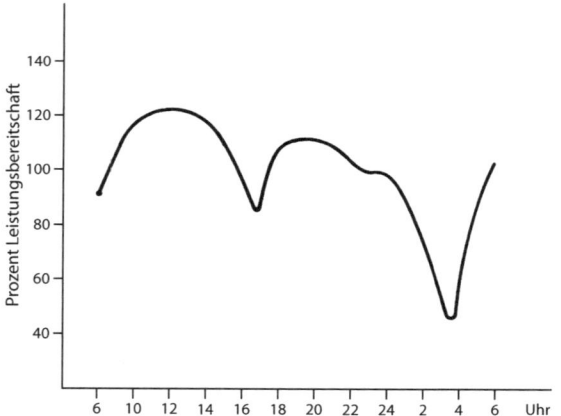

Schwankungen der physiologischen Leistungsbereitschaft über 24 Stunden (nach O. Graf)

8. Gedächtnisforschung

Wer an sich den Anspruch stellt, nichts zu vergessen, verkennt, wie das menschliche Gedächtnis funktioniert. Es kann ja nicht darauf angelegt sein, alles zu behalten, was wir erleben, was um uns vorgeht. Nur einen Teil unserer Umgebung nehmen wir wahr, nur einen Teil dessen, was wir wahrnehmen, nehmen wir bewusst auf, und von den Inhalten, mit denen wir uns befassen, speichern wir wiederum nur einen Teil.

Wie bereits im Kapitel 1.3 ausgeführt, ist vor allem unser Aufnahmevermögen für neue Inhalte begrenzt. Gleichzeitig können wir nur wenig Elemente aufnehmen. Wichtig ist deshalb, dafür zu sorgen, dass es die richtigen Elemente sind – und dabei die Funktionsweise des Gedächtnisses zu berücksichtigen. Nur was für uns bedeutsam ist und was mit bereits vorhandenem Wissen sinnvoll verknüpft werden kann, vergessen wir nicht. Die gleichen Inhalte (beispielsweise die Nachrichten der Tagesschau) werden von den einen Leuten sofort wieder vergessen, weil es für sie zusammenhangslose Einzelheiten sind. Andere aber, die die jeweiligen Hintergründe und Zusammenhänge kennen, nehmen die Neuigkeiten auf und behalten sie.

Bekannte Gedächtnis-Strategien (Bilder, Wörter, Geschichten als Gedächtnisstützen und zur Verbindung von Einzelheiten) können die Leistungen beim Auswendiglernen verbessern.

Die Abbildungen auf den folgenden Seiten zeigen zwei Möglichkeiten der Zusammenfassung und Visualisierung dieses Kapitels, die aus meiner Kurstätigkeit stammen. Eine tabellarische Zusammenfassung ist auf S. 131 zu finden (Blatt G. 2).

Folgerungen aus der Lernpsychologie

Fazit

- → Gefühle sind immer dabei, ob bewusst oder unbewusst. Werden negative Gefühle oder Ängste unterdrückt, blockieren sie das Lernen.
- → Fehler dienen der Weiterentwicklung. Lernkontrollen und regelmäßiges Feedback sind wichtig.
- → Frühere Erkenntnisse sollen bewusst einbezogen werden. Ein Transfer auf andere Situationen ist nur möglich, wenn etwas wirklich verstanden wurde.
- → Die Gruppe hat eine wichtige Funktion beim Lernen. Es sind deshalb Möglichkeiten des Austausches und der Zusammenarbeit zu suchen.
- → Der größte Lernerfolg resultiert, wenn vom eigenen Wissensstand ausgegangen werden kann und der eigene Lernrhythmus berücksichtigt wird.
- → Aufgenommen und behalten wird Wissensstoff durch die eigene Aktivität und die eigenen Bemühungen zu verstehen, sich und anderen zu erklären.
- → Wichtig ist die Zeit, die mit aktivem Lernen verbracht wird, und eine sinnvolle Planung. Es ist besser, öfter kürzere Lernetappen statt einzelner langer zu machen, und rechtzeitig Pausen einzuschalten.
- → Gute Lernstrategien bestehen darin, die Informationen zu strukturieren, ein Netz bereitzustellen, in das neue Informationen eingeknüpft werden können, oder nach zusätzlichen Anknüpfungspunkten zu suchen.

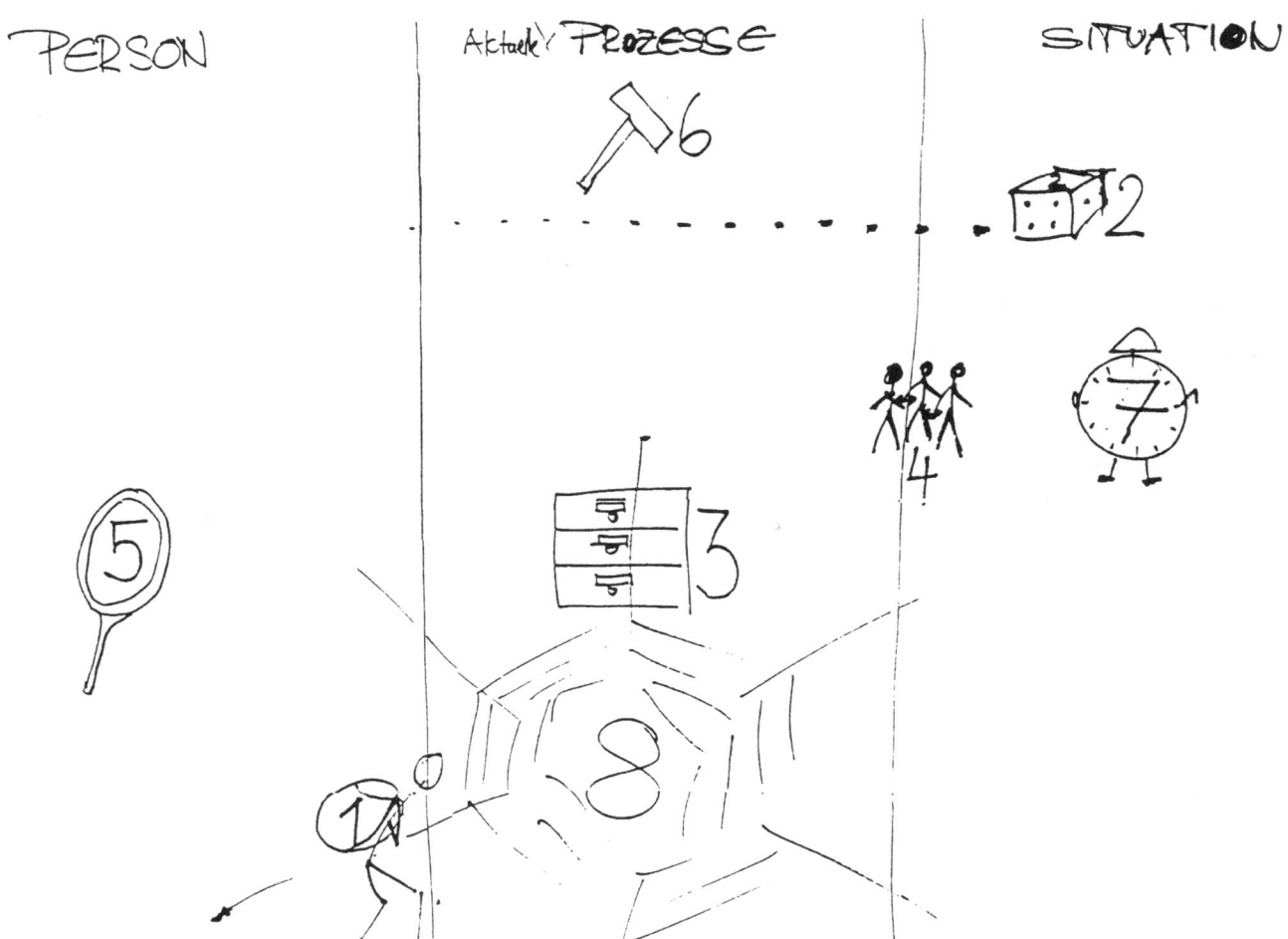

Zusammenfassung von Kursteilnehmenden zu den acht Folgerungen aus der Lernpsychologie

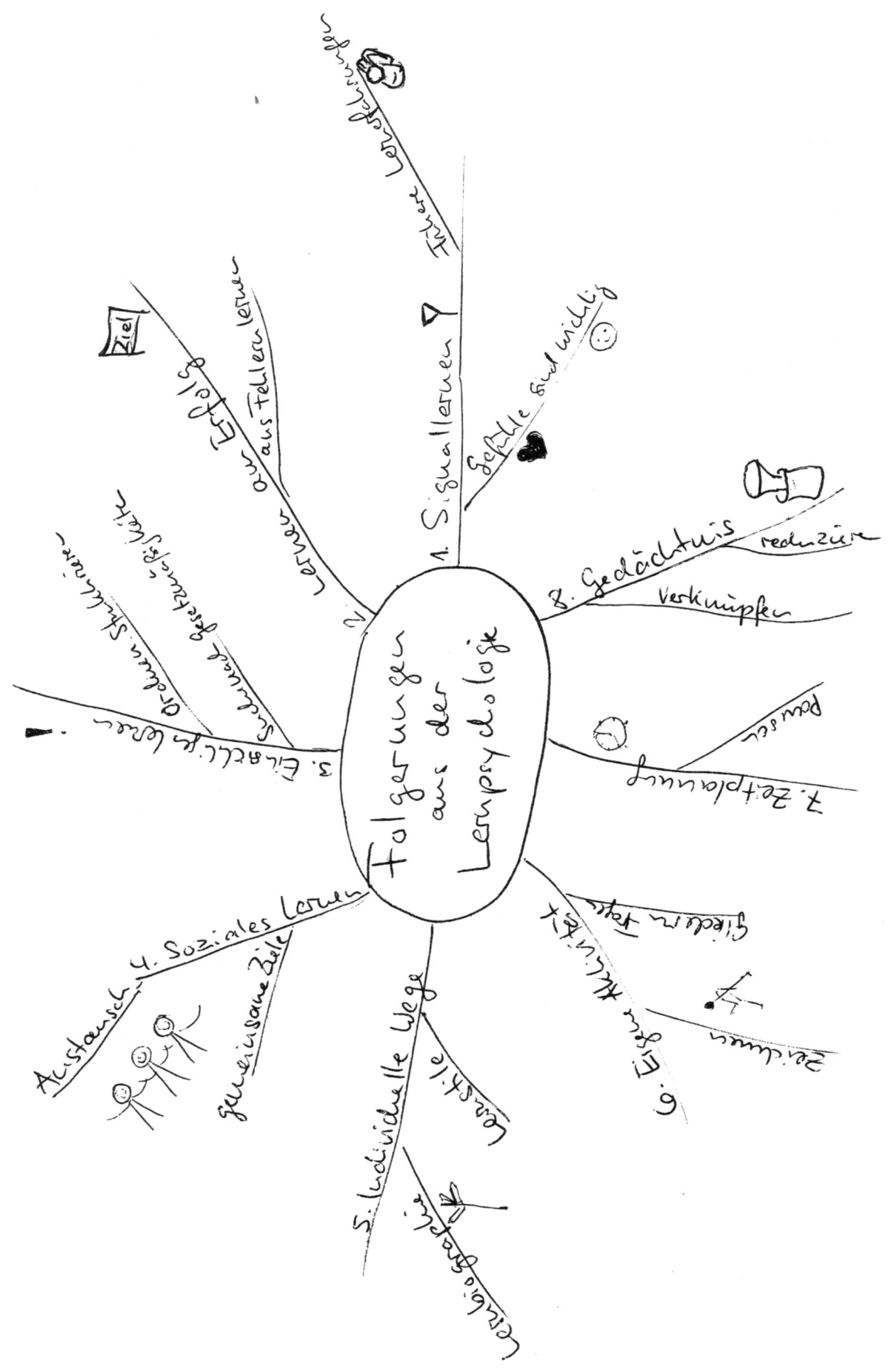

1.5 Lernbiografien und Lernkonzeptionen

Erkenntnisse der Lernpsychologie wie der Hirnforschung betonen die starken Einflüsse der individuell gemachten Erfahrungen auf unsere Wahrnehmung, unser Selbstbild und damit auch auf unsere Einstellungen gegenüber dem Lernen und auf die von uns bevorzugten Lernstrategien. Die unterschiedlichen Lernbiografien führen dazu, dass jeder Mensch die Welt auch unterschiedlich wahrnimmt und Informationen unterschiedlich speichert und abruft. Es ist wichtig, dass wir uns dieser Zusammenhänge bewusst werden.

Die Kindheit ist von großer Bedeutung für die Entstehung von Einstellungen und Motivationen. Kinder leiten ihre Identität aus verschiedenen Komponenten wie Geschlecht, kulturellem Erbe und familiärer Herkunft ab. Sie entwickeln ihr Selbstbild aus den Reaktionen der Erwachsenen wie Lob, Tadel, Gleichgültigkeit oder Unterstützung, sei es beim Gehen- und Sprechenlernen, bei der Sauberkeitserziehung, sei es beim Erkunden der Umwelt und Erproben der eigenen Fähigkeiten. Loben und unterstützen die Eltern das Kind, wirkt sich dies positiv auf seine Lernfreude aus. Sind sie dagegen entweder zu streng oder behüten das Kind zu sehr, hat dieses keine Gelegenheit, etwas selbst auszuprobieren oder selbst die Verantwortung zu übernehmen.

Eltern und andere Bezugspersonen dienen den Kindern als Modell für fast alles, was diese lernen müssen. Die Kinder beobachten, wie diese Bezugspersonen sprechen, was sie schätzen, was sie ablehnen und wie sie denken und lernen.

Eine Vielzahl von empirischen Untersuchungen ging den Einflüssen des elterlichen Erziehungsstils auf die Lernmotivation nach. Zusammenfassend können folgende drei Arten förderlicher Erziehungsmaßnahmen hervorgehoben werden:

- Das Kind darf selbst entdecken, seine Neugier, die Auseinandersetzung mit der Umwelt und das selbstständige Zielsetzen werden angeregt.
- Erfolg wird belohnt, Misserfolg ignoriert.
- Wichtig ist die Vorbildfunktion von Eltern oder nahen Bezugspersonen, um das Nachahmungslernen im Hinblick auf hohe Zielsetzungen anzuregen.

Im Allgemeinen wird ein liebevolles und tolerantes Erziehungsklima für förderlich gehalten, innerhalb dessen die Eltern den Kindern hohe Ziele setzen und die Zielerreichung auch kontrollieren. Unerlässlich ist eine erkennbare gefühlsmäßige Anteilnahme der Bezugspersonen an den kindlichen Tüchtigkeitserprobungen; ebenso das Fordern einer gewissen Selbstständigkeit, die mit dem Gewähren von Autonomie einhergeht.

Aus einer früheren amerikanischen Untersuchung stammen folgende sechs Dimensionen des Verhaltens der Eltern oder Bezugspersonen in Verbindung mit den kognitiven Leistungen der Kinder:

- Bereitschaft, dem Kind Zeit zu schenken (mit dem Kind spielen, ihm vorlesen, sich unterbrechen lassen).
- Elterliche Leitung (Fernsehkonsum überwachen, zur Selbstständigkeit ermuntern).
- Elterliche Leistungserwartungen (hohes Bildungsniveau erhoffen, gute Schulnoten erwarten).
- Annahme oder Ablehnung des kindlichen Verhaltens (loben, nicht strafen, Berücksichtigung der Kinderwünsche).
- Vorsorge für die intellektuellen Bedürfnisse des Kindes (Schaffung von Raum und Anregungen, Begleitung des Kindes).
- Vertrauen auf externe Ratschläge und Institutionen (Vorschule, Beratung, Förderung der Sprachentwicklung).

(Aus: Gage/Berliner 1983)

Sowohl die Lernumgebung als auch die Form der Unterstützung üben somit einen wesentlichen Einfluss auf das Lernverhalten und die Lernmotivation aus. Es ist von zentraler Bedeutung, dass die Eltern ihr Interesse an den Lernschritten ihrer Kinder bekunden, sie aber nicht kontrollieren und richtungsweisend beeinflussen, sondern in einer interesseunterstützenden Art und Weise ihre Hilfe anbieten.

Bei Schuleintritt bestehen bereits große Unterschiede. Wichtig ist deshalb, dass die Lehrenden autonomieunterstützend unterrichten. Vor allem bei Kindern aus wenig unterstützendem Elternhaus ist besonders auf den Aufbau der Lernmotivation und auf Möglichkeiten zum autonomen Lernen zu achten.

Ziel von *Resilienzforschungen* (Lösel 1992) ist die Ermittlung von »Schutzfaktoren« bei gefährdeten Kindern. Werden Personen untersucht, die kriminell geworden sind, und findet man bei allen belastete Kindheiten, kann der Eindruck entstehen, dass Armut,

Gewalt in der Familie und sonstige Belastungen unweigerlich zu kriminellem Verhalten führen. Bei Resilienzforschungen werden Kinder, bei denen diese speziellen Risikofaktoren bestehen, in Longitudinalstudien während ihres Aufwachsens begleitet. Geprüft wird, welche Faktoren dafür verantwortlich sind, dass manche sich trotz sehr schlechter Startbedingungen zu normalen und gesunden Erwachsenen entwickeln, »Widerstandskräfte« bilden, während andere kriminell, krank, behindert oder süchtig werden. Als »Schutzfaktoren« der Kinder, die sich trotz negativen Ausgangsbedingungen gut entwickelten, erwiesen sich u.a. Gefühlsbindungen zu Bezugspersonen wie Großeltern oder Geschwistern, Unterstützung durch die Kirche, Jugendgruppe oder Schule. Die Kinder brauchen somit eine sichere Grundlage für die Entwicklung von Vertrauen, Autonomie und Initiative.

Das Projekt Bildungsbiografien

In meinem vom Schweizer Nationalfonds zur Förderung der wissenschaftlichen Forschung unterstützten Projekt ging ich den Lernbiografien von Erwachsenen mit Bildungsdefiziten nach (Schräder-Naef u.a. 1997).

Die biografischen Interviews ergaben enge Zusammenhänge zwischen dem Bildungsstand der Eltern und der Schullaufbahn der Befragten und zeigten die große Bedeutung des Elternhauses für die Einstellung zum Lernen und zur Ausbildung. Eltern, die selbst über keine nachobligatorische Bildung verfügten und keine Weiterbildung betrieben hatten, erwarteten auch von ihren Kindern keine guten Schulleistungen oder den Besuch von weiterführenden Ausbildungsgängen. Nur einige wenige hatten – bei Söhnen, nicht aber bei Töchtern – höhere Erwartungen. Die Befragten hatten während ihrer Kindheit keine Vorbilder gehabt und nicht erlebt, dass Lernen befriedigend und ein Weg zur persönlichen Weiterentwicklung und Lebensgestaltung sein kann. Manche waren von ihren Eltern abgelehnt oder zumindest nicht anerkannt worden. Sie hatten bereits einen schlechten Schulstart, frühe Misserfolge und damit auch kaum die Möglichkeit zur Entwicklung einer positiven Lernmotivation.

Relativ viele dieser Erwachsenen erklärten, dass sie nicht gerne oder eher ungern in die Schule gegangen waren. Die Schulzeit war für sie oft geprägt von Höhen und Tiefen: Lehrpersonen, die den Kindern mit Verständnis und Einfühlung begegneten, wurden abgelöst von anderen, bei denen Willkür und Parteilichkeit herrschte. Die Interviewten erlebten dies als ebenso unabänderlich wie das Wetter; ihre Eltern konnten oder wollten nicht eingreifen.

Auf diese Weise werden die negativen Einstellungen gegenüber der Schule und Bildung von einer Generation zur nächsten weitergegeben: Kinder von Eltern mit geringer Ausbildung werden später selbst wieder zu Eltern mit geringer Ausbildung und negativen Lerneinstellungen. Wichtig wäre es, diesen »negativen intergenerativen Kreis« zu durchbrechen.

Das Selbstbild wirkt sich auf die Schulleistungen aus. Kinder mit guten Lernvoraussetzungen haben einen guten Schulstart, was ihre Lernfreude verstärkt. Kinder aus bildungsfernem Elternhaus weisen einen Rückstand auf, werden entmutigt und interessieren sich nicht für selbstständige Lernstrategien. Aktive, neugierige Kinder greifen die Empfehlungen dagegen auf und wenden sie an; auf diese Weise nehmen nicht nur ihre Lernfähigkeiten, sondern auch ihr Wissensvorsprung zu: die »Schulerfolgsschere« zwischen den beiden Gruppen öffnet sich immer weiter.

Wer sich emotional sicher fühlt, kann negative Erfahrungen viel sachlicher beurteilen; andere werden aus der Bahn geworfen. Wenn ein Kind Probleme hat, geraten oft auch die Eltern unter Druck. Auch wenn sie versuchen zu helfen, spürt das Kind deren emotionale Unsicherheit und kann sich nicht ändern. Daraus ergibt sich leicht ein Teufelskreis aus Fehleinschätzung und emotionaler Blockierung.

(Aus: E. Mattiello: »Kinder vor der Tür«) Elk-Verlag, Fehraltdorf

Die persönlichen Lernkonzeptionen, Lernstrategien und das Bildungsverständnis prägen auch das Lehrverhalten. Lehrer und Lehrerinnen aller Stufen haben in der Regel erfolgreiche Lernbiografien, eine positive Einstellung zum schulischen Lernen und zu ihrer Fähigkeit, Schulstoff aufzunehmen und weiterzugeben; sonst hätten sie sich kaum für ihren Beruf entschieden. Sie können nur dann das Lernen und die unterschiedlichen Lernkonzeptionen der Lernenden verstehen, wenn sie sich mit ihrer eigenen Lernbiografie auseinander gesetzt und über das eigene Lernen nachgedacht haben (vgl. Kapitel 2.6). Wenn sie erkennen, welche Lernerfahrungen sie selbst geprägt haben, können sie jenen Kindern eher Verständnis entgegenbringen, die von Negativerlebnissen blockiert sind.

Wichtig ist auch, dass sie prüfen, ob sie geringe Erwartungen gegenüber bestimmten Schülern und Schülerinnen haben, die schwächere Kinder weiter entmutigen und benachteiligen.

Bei allem Lernen wird somit nicht nur Lernstoff erworben, sondern auch das Selbstbild, die eigene Stellung in der Welt, die Identität entwickelt und verfestigt. Kinder lernen auch Einstellungen ihrer Eltern und von anderen Personen, die sie mögen. Sie sammeln schon vor und außerhalb der Schule Erfahrungen und entwickeln Strategien.

Fazit

→ Die Einstellung zum Lernen hängt von der persönlichen Lernbiografie ab.
→ Einen wichtigen Einfluss auf die Lernkonzeption von Schulkindern übt das Elternhaus aus.
→ Auch die Lehrerinnen und Lehrer sind von ihrer persönlichen Lernbiografie geprägt.
→ Die Erwartungen, die sie gegenüber verschiedenen Gruppen (Mädchen/Jungen, Kinder unterschiedlicher soziokultureller Herkunft) haben, beeinflussen deren Lernkonzeptionen und Selbstbild.

1.6 Lern- und Denkstile

Menschen unterscheiden sich in vielerlei Hinsicht. Während aber die physischen Unterschiede klar sichtbar und damit bewusst sind, gilt dies weit weniger für die unterschiedlichen Denk- und Lernstile. In den letzten Jahren hat die Diskussion um die Lernstile zugenommen. Zahlreiche Untersuchungen haben gezeigt, dass sich die Lern- und Denkprozesse von Schülerinnen und Schülern stark voneinander unterscheiden, obwohl sie am selben Unterricht teilgenommen haben. Die Leistungen in Schulprüfungen geben noch keinen Aufschluss über die Art des Lernens und Denkens der Einzelnen; so können Antworten durch Verständnis der Zusammenhänge zu Stande kommen oder aber durch Auswendiglernen von Fakten und Einzelheiten.

Die Unterschiede in der Art vorzugehen haben mit der persönlichen Lerngeschichte und mit den eigenen Fähigkeiten zu tun. Es ist nicht nur für Schülerinnen und Schüler, sondern auch für Erwachsene und insbesondere für Lehrpersonen hilfreich, sich mit seinem eigenen Lernstil, seinen Vorlieben und Abneigungen auseinander zu setzen.

Mittlerweile existieren zahlreiche Modelle und verschiedene Tests zur Bestimmung des Lerntypus; in Zeitschriften werden immer wieder neue Tests zur Bestimmung des eigenen Lernstils abgedruckt. Nachfolgend werden nur einige Modelle kurz dargestellt. Es geht nicht darum, zu einem bestimmten Testergebnis und damit zu einer »Etikette« zu kommen. Wichtig ist vielmehr die Erkenntnis, dass Lernstrategien nicht einfach von anderen übernommen werden können, sondern dass sie dem individuellen Stil entsprechen sollten.

Bekannt ist die von Vester stammende Typologie nach dem bevorzugten Lernkanal: auditiv, visuell, kinästhetisch.

Riding/Rayner (1998) ordnen die kognitiven Stile in zwei Hauptdimensionen ein:

	Analytisch	Ganzheitlich
Verbal		
Bildlich		

Aus den beiden Dimensionen ergeben sich die vier Haupttypen:

- *Analytisch-verbal:* Diese Menschen können sich ohne Hilfe organisieren, lernen strukturiert, ordnen den Stoff mit Überschriften, Absätzen und in Tabellen. Sie verfügen über ein gutes verbales Gedächtnis und drücken sich lieber in Worten als in Bildern aus.
- *Analytisch-bildlich:* Personen mit diesem kognitiven Stil sind organisiert und zuverlässig, lernen strukturiert, dabei besser von Grafiken und Illustrationen als von Text und drücken sich auch lieber so aus. Sie arbeiten lieber zu zweit als in größeren Gruppen.
- *Ganzheitlich-verbal:* Lernende dieses Typs stützen sich gerne auf andere ab und sind gerne in Gruppen. Sie haben ein gutes verbales Gedächtnis, lernen nicht gern mit Grafiken und Illustrationen, sind aktiv, nicht sehr strukturiert.
- *Ganzheitlich-bildlich:* Diese Menschen profitieren, wenn das Lernmaterial für sie strukturiert wird und wenn andere die Arbeit für sie organisieren. Sie lernen lieber von Grafiken und Bildern als von Text und drücken sich lieber in Bildern aus.

Nach Riding/Rayner ergeben sich bei diesen vier Typen keine Einflüsse von Geschlecht und Intelligenz. Der Typus wirkt sich aber teilweise auf bestimmte Leistungen (zum Beispiel in Mathematik) aus. Während die einen analytisch, kritisch, logisch denken, gehen andere intuitiv und ganzheitlich vor.

Eine andere Unterscheidung kann nach dem Zugang zum Lernstoff und den Vorgehensweisen vorgenommen werden (nach Steiner 2000):

- *Faktenorientiert:* Die Lernenden orientieren sich an genauen Vorgaben, lernen leicht und gerne auswendig, übernehmen den Stoff unverändert.
- *Erfahrungsorientiert:* Die Lernenden verbinden die Inhalte mit eigenen Erfahrungen und praktischen Anwendungen und personalisieren sowie konkretisieren sie damit.
- *Verständnisorientiert:* Die Lernenden suchen nach Zusammenhängen, nach Verstehen, nach Verbindung zu anderem Wissen.

V. Steiner zitiert auch das Hirndominanz-Modell von Ned Hermann; es weist die beiden Achsen rational–emotional sowie analytisch–ganzheitlich auf, woraus sich die Extremtypen Denker, Gefühlsmensch, Organisator und Visionär ergeben. Aus der unterschiedlichen Ausprägung auf den beiden Achsen wird ein individuelles Denkprofil bestimmt; dazu werden Berufsgruppen genannt, für die jeweils ein Profil typisch ist.

Entsprechend dem eigenen Lern- und Denkstil bevorzugen Schülerinnen und Schüler unterschiedliche Lernorte und Lernsituationen: Sie lernen lieber allein oder in Gruppen, möglichst ungestört oder vielseitig angeregt, durch Texte oder in Diskussionen durch ständiges Auseinandersetzen und Nachfragen.

Natürlich hat der Lern- und Denkstil auch Auswirkungen auf die Motivation (vgl. Kapitel 1.8): Welche Herausforderungen werden gesucht, welche Ziele stehen im Vordergrund?

Es geht somit nicht nur um das Erkennen des bevorzugten Kanals, sondern um weit mehr. Wichtig für die Lernenden ist, dass sie sich über ihren Lernstil Klarheit verschaffen und ihren individuellen Lernweg entsprechend wählen.

Wenn Lehrerinnen und Lehrer sich untereinander austauschen und diskutieren, wo ihre besonderen Stärken und Schwächen liegen, werden sie erkennen, dass es nicht einfach gut und schlecht Lernende gibt, sondern ganz unterschiedliche Typen.

Fazit

→ Schülerinnen und Schüler unterscheiden sich ebenso wie Lehrerinnen und Lehrer nach ihrem Lern- und Denkstil. Diese äußern sich in unterschiedlichen Präferenzen hinsichtlich der bevorzugten Lernsituation und beim Aufnehmen, Verarbeiten und Reproduzieren von Informationen.

→ Es gibt keine Lerntechnik, die allen entspricht. Je nach eigenem Lern- und Denkstil werden andere Lernstrategien bevorzugt, bzw. führen zu guten Lernergebnissen.

→ Lehrpersonen neigen dazu, den eigenen Lern- und Denkstil als den einzig richtigen anzusehen. Während manche Denkstile zwar den Zugang zu bestimmten Fachgebieten erleichtern, sind die verschiedenen Stile nicht grundsätzlich besser oder schlechter.

→ Um allen Lernenden die Möglichkeit zu geben verschiedene Lernstrategien anwenden zu können, ist ein vielfältiges Angebot erforderlich, das ganzheitliches und vertieftes Lernen zulässt.

1.7 Selbstwertgefühl, Selbstreflexion und metakognitive Kompetenzen

Nach Beobachtungen von Eltern, Lehrerinnen und Lehrern freuen sich die meisten Kinder auf die Schule. Sie sind neugierig und zuversichtlich, dass sie den auf sie zukommenden Anforderungen gewachsen sind. Die Erfahrungen von Schulpsychologen und Beratungsstellen zeigen jedoch, dass viele Kinder sich nur wenige Jahre später überfordert fühlen, an ihren Fähigkeiten zweifeln und unter Stress und Schlaflosigkeit leiden. Ein Grund dafür liegt darin, dass bei den Prüfungen in der Schule vor allem die Fehler und Schwächen der Lernenden hervorgehoben werden. Diese Misserfolge und ständigen Vergleiche mit den Erfolgreicheren wirken sich auf die weitere Entwicklung des Kindes aus.

Ein positives *Selbstwertgefühl* äußert sich als Vertrauen in das eigene Denken und Können. Kinder, die mit Zuversicht an die Schulaufgaben gehen und sich deren Bewältigung zutrauen, strengen sich mehr an, wenden mehr Zeit dafür auf und bleiben in der angenehmen Erwartung von Erfolgserlebnissen intensiver dabei. Halten sie sich dagegen für ein bestimmtes Fach für unbegabt, verwenden sie möglichst wenig Zeit darauf und vermeiden die Auseinandersetzung damit, um möglichen Misserfolgserlebnissen aus dem Weg zu gehen. Natürlich ergibt sich daraus ein Teufelskreis: Wenn ein Kind sich für unbegabt hält, setzt es sich nicht ein, erleidet Misserfolge, mag das Fach nicht und erbringt dadurch immer schlechtere Leistungen. Das Selbstbild ist mitverantwortlich für das Vorgehen beim Lernen und die Anwendung von Lernstrategien. Somit besteht eine Wechselwirkung mit dem Schulerfolg, indem Erfolg das Selbstvertrauen stärkt, aber Selbstvertrauen auch dazu führt, dass Lernende aktiv sind, sich zutrauen, den Stoff zu bewältigen, Fragen zu stellen und Antworten zu geben. Sie lernen dadurch mehr und haben mehr Erfolg. Selbstvertrauen ist eine Voraussetzung dafür, dass Verantwortung übernommen werden kann.

Das Selbstvertrauen ist auch abhängig von den Reaktionen der Bezugspersonen: Nehmen diese das Kind ernst, hören ihm zu, trauen sie ihm die Bewältigung seiner Aufgaben zu? Wichtig ist, dass sie das Kind akzeptieren, ihm Verantwortung übergeben und nicht alle Hindernisse aus dem Weg räumen.

»Gender studies« weisen auf *Geschlechtsunterschiede* hin: Mädchen haben durchschnittlich bessere Schulnoten und sind leistungsmotivierter. Ihre Schulleistungen und ihr gutes Abschneiden bei Prüfungen werden jedoch von den Lehrpersonen, aber auch von den Mädchen selbst auf ihren Fleiß, ihre gute Arbeitshaltung oder auf »Glück« zurückgeführt. Bei Jungen werden gute Leistungen dagegen mit deren Fähigkeiten und schlechte mit einem mangelnden Einsatz oder mit »Pech« begründet. Diese Bilder werden von den Betreffenden übernommen. Längsschnittuntersuchungen zeigen, dass Jungen zwischen dem 10. und 15. Altersjahr ein deutlich höheres Selbstvertrauen entwickeln als Mädchen. Lehrerinnen wie Lehrer widmen den Jungen mehr Aufmerksamkeit, rufen sie öfter auf, loben oder tadeln sie. Auch investieren viele Eltern immer noch mehr in die Ausbildung ihrer Söhne als ihrer Töchter.

Misserfolge wirken sich bei Mädchen stärker auf ihr Selbstwertgefühl aus als bei Jungen; sie brauchen deshalb mehr Ermutigung und Bestätigung im Unterricht.

(Aus: E. Mattiello: »Kinder vor der Tür«) Elk-Verlag, Fehraltdorf

Erfolg beflügelt, Misserfolg lähmt. Kinder, die einen Erfolg nicht als Konsequenz ihres Verhaltens einschätzen, sondern ihn als Zufall oder Glück ansehen, bewerten Rückschläge viel schwerer und entwickeln eine Barriere im Kopf. Oft ist die Hilflosigkeit erlernt. Gibt der Lehrer oder die Lehrerin Aufgaben vor, die die Kinder überfordern, werden sie nicht den Mut finden, zu neuen Strategien zu greifen, sondern entweder frustriert aufgeben oder auf zwar ineffiziente aber vertraute Strategien zurückgreifen.

Wichtig beim Durchbrechen des beschriebenen Teufelskreises und beim selbst gesteuerten Lernen ist die Fähigkeit zur *Selbstreflexion*, zum Überprüfen des eigenen Lernprozesses. Den Lernenden sollen ihre eigenen Lerngewohnheiten, Strategien und Motive bewusst werden. Dieses Nachdenken über das eigene Denken und Vorgehen, die wiederholte, häufige, bewusste Beschäftigung der Lernenden mit dem eigenen Lernen wird als *Metakognition* bezeichnet. Metakognitive Kompetenzen umfassen sowohl ein Wissen über Zielsetzungen, Planung, Steuerung, Kontrolle und über sich als Lernende als auch Strategien, um den eigenen Lern- und Denkprozess zu planen, geeignete Vorgehensweisen auszuwählen, zu überwachen und die jeweiligen Resultate zu überprüfen. Die Lernenden sollen somit nicht nur Lernstrategien kennen, sondern sie auch flexibel und situationsangepasst auswählen, steuern und kontrollieren können. Die Lernenden treten damit einen Schritt zurück, beobachten sich selbst und entscheiden, welche Strategie in einer bestimmten Situation für sie wichtig ist.

Beim selbst gesteuerten Lernen sind metakognitive Lernstrategien wichtig. Das realistische Einschätzen der eigenen Fähigkeiten, Stärken und Schwächen sowie der jeweiligen Situation und der Anforderungen der gestellten Aufgabe ermöglicht eine gezielte Anwendung der Fähigkeiten. Damit können sogar Defizite bezüglich Intelligenz und Fachwissen kompensiert werden.

Manche Schüler und Schülerinnen sind immer wieder von Neuem überrascht, wenn sie bei Prüfungen schlecht abschneiden, obwohl sie ebenso viel Zeit mit Lernen verbracht haben wie ihre erfolgreicheren Kollegen und Kolleginnen. Eine genauere Analyse zeigt dann beispielsweise, dass sie dazu neigen, vor allem jene Gebiete zu lernen, die ihnen liegen, und die anderen beiseite zu lassen.

Mittels metakognitiver Fähigkeiten werden die eigenen Lernhandlungen reflektiert und so gesteuert, dass sie effizient sind. Dazu gehört auch ein Umgang mit Fehlern, das Lernen aus Fehlern, sich bewusst werden, was man weiß und wo man Lücken hat.

Wichtig sind metakognitive Kompetenzen auch bei der Zeitplanung und Aufmerksamkeitssteuerung. Die Lernenden müssen erkennen, wann Konzentration erforderlich ist und wann sie abschalten können, damit sie nicht gerade die wichtigsten Informationen verpassen.

Lernende erwerben metakognitive Kompetenzen vor allem dann, wenn sie sich selbst für das Lerngeschehen verantwortlich fühlen und nicht von äußeren Instanzen dazu gedrängt werden. Beck u.a. (1994) weisen darauf hin, dass erfolgreiche Lernende ihre Verstehens-, Denk- und Problemlöseprozesse während des Arbeitens selbst überwachen (monitoring), ihren kognitiven Prozessen mehr Aufmerksamkeit schenken und ihre Lernarbeit selbstständig überprüfen. Sie erleichtern sich das Verstehen und Deuten von Sachtexten und Lernaufgaben damit, dass sie auf Grund ihres Vorwissens hilfreiche Zusatzinformationen entwickeln; schwache Lernende sind dagegen nicht in der Lage, die gegebenen Informationen selbstständig zu erweitern. Das kognitive und metakognitive Repertoire von erfolgreichen Lernenden (Expertenwissen) lässt sich aber nicht einfach in Kursen über Lerntechniken an weniger erfolgreiche Lernende vermitteln. Für die Lernnovizen ist das eigenständige Erfahren, Beobachten und Erkennen dieser Prozesse (self-monitoring) entscheidend.

Die Entwicklung von metakognitiven Kompetenzen kann durch die Lehrpersonen unterstützt werden. Der Umgang mit dem eigenen Lernen muss immer wieder Thema sein; die Schülerinnen und Schüler müssen lernen, sich der eigenen Strategien bewusst zu werden, und angeleitet werden, ihr eigenes Lernen zu überwachen. Dabei kann an positive Erlebnisse angeknüpft werden. Hilfreich ist es, wenn sich die Lernenden folgende Fragen stellen:

- Was habe ich mühelos gelernt, welcher Lernerfolg hat mich beflügelt, zum Beispiel im Sport, in der Musik?
- Wie bin ich vorgegangen?
- Warum bin ich so vorgegangen?
- Was habe ich erreicht?
- Was will ich verändern?
- Was habe ich gut, was schlecht gemacht?

Anregend ist es, wenn die Schülerinnen und Schüler ihre Gedanken in Zweiergruppen austauschen.

Auch zum Abschluss von Lernetappen oder nach einer schwierigen Aufgabe, nach einer Prüfung ist den Lernenden das Nachdenken darüber zu empfehlen, was sie gut gemacht haben und was sie das nächste Mal anders machen wollen.

Für Beck u.a. (1994) liegen die Schlüssel zu selbst gesteuertem und zielgerichtetem Lernen nicht in der Vermittlung von Strategien, sondern im Nachdenken über die eigenen Arbeits- und Lernerfahrungen und im dadurch angeregten individuellen Aufbau von Arbeits- und Lernstrategien. Mit den Strategien müssen gleichzeitig die Bedingungen für eine erfolgreiche Strategieanwendung gelernt werden. Eigenständig lernende Schülerinnen und Schüler zeichnen sich dadurch aus, dass sie selbst ein Repertoire metakognitiver Verfahren aufbauen, sodass sie mehr und mehr ohne fremde Hilfe Lernfortschritte erzielen können. Ziel der Feldstudie von Beck u.a. war es, die Entwicklung des Nachdenkens über das eigene Lernen zu fördern. Genannt werden fünf Instrumente zum Bewusstwerden und Austausch von Lernerfahrungen:

1. Ausführungsmodell (modeling): Die Lehrperson zeigt laut denkend vor, wie sie an eine kognitive Aufgabe herangeht und diese auf ihre Weise löst. Die Lernenden beobachten, vergleichen mit ihrem eigenen Vorgehen und erproben es. Das Modeling ist bei lernschwachen Schülern erfolgreich zur Anregung von neuen Lernstrategien.
2. Arbeitsheft (monitoring), Lerntagebuch: Die Lernenden beobachten ihr eigenes kognitives Handeln und halten wichtige Erfahrungen im Arbeitsheft fest. Damit schaffen sie die Voraussetzung für eine genauere Problemanalyse und Selbstkorrektur.
3. Arbeitsrückblick im Lernjournal (evaluation): Die Schüler und Schülerinnen denken über ihr Vorgehen und Lernen nach (Lernreflexion).
4. Arbeit in Lernpartnerschaft (peer coaching): Die Schüler und Schülerinnen besprechen ihre Lernerfahrungen, Probleme und Fragen. Reagiert werden kann auch auf Hilfsappelle, die im Lernjournal zum Ausdruck kommen.
5. Klassenkonferenz (conferencing): Die Arbeits- und Lernerfahrungen werden in größeren Gruppen oder in der Klasse ausgetauscht.

Fazit

→ Ohne Vertrauen in die eigenen Fähigkeiten können Lernende nicht die Verantwortung für ihr Lernen übernehmen.
→ Selbstvertrauen kann sich nur entwickeln, wenn das Kind ernst genommen wird und die anderen ihm etwas zutrauen.
→ Zur Entwicklung und Förderung der Selbstreflexion gehört es, dass die Kinder sich ihrer Individualität bewusst werden.
→ Unterschiedliche Erwartungen von Eltern und Lehrpersonen gegenüber Jungen und Mädchen wirken sich auf deren Selbstbild aus.
→ Die Kinder können lernen, über ihr eigenes Lernen, ihre Stärken nachzudenken, eigene Schwächen zwar zu erkennen, aber diese nicht als selbstwertmindernd zu beurteilen.
→ Zur Selbstreflexion gehört nicht nur, über Fehler und Probleme nachzudenken, sondern auch darüber, warum eine Handlung erfolgreich war.
→ Wichtig ist der Umgang mit Fehlern, das Lernen aus Fehlern und das Bewältigen von Fehlerängsten.
→ Metakognitive Fähigkeiten führen zu unabhängigem Lernen; sie können gelehrt und müssen geübt werden.
→ Es ist wichtig, Lernende zu lehren, sich für ihr Lernen verantwortlich zu fühlen und die Kontrolle zu übernehmen.

1.8 Lernmotivation

Der Lernerfolg hängt sowohl von kognitiven als auch von motivationalen Faktoren ab. Zu den motivationalen Faktoren gehören Leistungsbereitschaft, Interesse am Lernen und Vertrauen in die eigenen Fähigkeiten, die Lernziele zu erreichen.

Gemäß vielen Rückmeldungen von Eltern, Lehrkräften, Lernenden wie auch Lerntherapeutinnen und -therapeuten ist die fehlende Motivation das Grundproblem bei Schulschwierigkeiten. Die Lernmotivation muss deshalb ein wichtiges Thema beim Lerntraining in der Schule sein – auch wenn manche Lehrer und Lehrerinnen die Frage, warum etwas gelernt werden müsse, für nicht statthaft halten. Sie sind der Meinung, dass Schülerinnen und Schüler sich mit dem vorgegebenen Stoff auseinander setzen müssen, auch wenn sie dazu keine Beziehung haben.

Viele theoretische Überlegungen und Modelle ebenso wie Forschungen wurden zum Themenbereich der menschlichen Motive zusammengetragen, ohne dass hierzu Einigkeit bestünde. Nachfolgend sollen einige wichtige Modelle kurz skizziert werden.

Die Bedürfnispyramide von Maslow

Das Motivationsmodell von Maslow (vgl. Abbildung) ist hierarchisch aufgebaut. Nach diesem Modell ist der Übergang zu höheren Bedürfnissen erst nach der Befriedigung von Grundbedürfnissen möglich. Stufe 1 umfasst die physiologischen Bedürfnisse wie Wasser, Nahrung, Sauerstoff, Schlaf, Stufe 2 Sicherheit und Freiheit von Angst. Die fehlende Befriedigung dieser Grundbedürfnisse, aber auch der Bedürfnisse nach Zugehörigkeit und Wertschätzung wirkt sich damit auch auf die Leistungsbereitschaft von Kindern und Jugendlichen in der Schule aus.

Maslows Modell macht vor allem deutlich, dass Schülerinnen und Schüler nicht einfach entweder über Lernmotivation verfügen oder nicht; Neugier und das Bedürfnis nach Selbstverwirklichung können von anderen wichtigen Motiven blockiert werden.

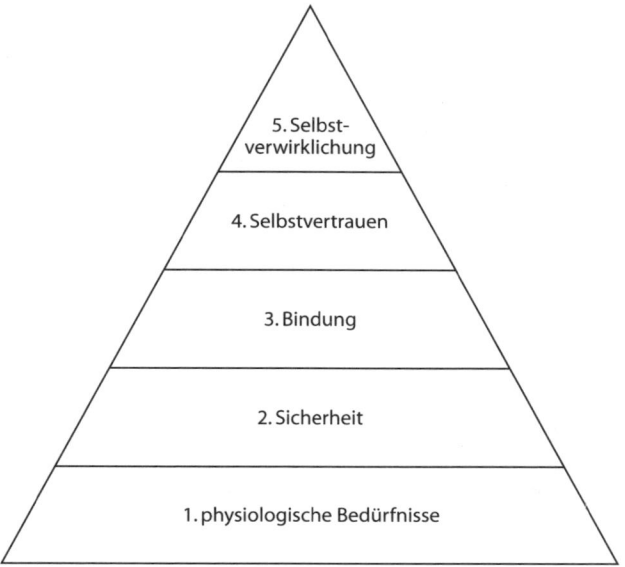

1. Wasser, Nahrung, Sauerstoff, Schlaf, sexuelle Erfüllung, körperliches Wohlbefinden.
2. Sicherheit, Freiheit von Angst, Ruhe, Ausgeglichenheit.
3. Liebe und Bindung, Zugehörigkeit, soziale Integration, lieben und geliebt werden.
4. Wertschätzung und Selbstachtung, Selbstvertrauen, Anerkennung durch andere.
5. Selbstverwirklichung: Ausschöpfen des eigenen Potenzials, kognitive und kreative Bedürfnisse.

Das Motivations- und Persönlichkeitsmodell von Steven Reiss

Reiss (2000) sieht im Gegensatz zu Maslow keine allgemein gültige Motivhierarchie, sondern definiert 16 verschiedene Motive, die bei jedem Menschen in unterschiedlicher Ausprägung vorhanden sind und zu einem individuellen Motivationsprofil führen (vgl. Kasten auf der nächsten Seite). Sein Modell wurde in vielen Studien in den USA, Kanada und Japan bei über 6.000 Erwachsenen empirisch überprüft.

Auch wenn diese 16 Motive in der empirischen Untersuchung nachgewiesen wurden, heißt dies nicht, dass die von Maslow postulierten Grundbedürfnisse nicht noch wichtiger sind; es kann davon ausgegangen werden kann, dass die elementaren Bedürfnisse nach Sauerstoff, Wasser und Nahrung bei den erfassten Personen in den drei Industriestaaten befriedigt waren.

> **Die 16 Lebensmotive nach Steven Reiss (2000)**
>
> - *Macht:* Streben nach Erfolg, Leistung, Führung und Einfluss.
> - *Unabhängigkeit:* Streben nach Freiheit, Selbstgenügsamkeit und Autarkie.
> - *Neugier:* Streben nach Wissen und Wahrheit.
> - *Anerkennung:* Streben nach sozialer Akzeptanz, Zugehörigkeit und positivem Selbstwert.
> - *Ordnung:* Streben nach Stabilität, Klarheit und guter Organisation.
> - *Sparen:* Streben nach Anhäufung materieller Güter und Eigentum.
> - *Ehre:* Streben nach Loyalität und moralischer, charakterlicher Integrität.
> - *Idealismus:* Streben nach sozialer Gerechtigkeit und Fairness.
> - *Beziehungen:* Streben nach Freundschaft, Freude und Humor.
> - *Familie:* Streben nach einem Familienleben und besonders danach, eigene Kinder zu erziehen.
> - *Status:* Streben nach social standing, nach Reichtum, Titeln und öffentlicher Aufmerksamkeit.
> - *Rache:* Streben nach Konkurrenz, Kampf, Aggressivität und Vergeltung.
> - *Romantik:* Streben nach einem erotischen Leben, Sexualität und Schönheit.
> - *Ernährung:* Streben nach Essen und Nahrung.
> - *Körperliche Aktivität:* Streben nach Fitness und Bewegung.
> - *Ruhe:* Streben nach Entspannung und emotionaler Sicherheit.

Selbstbestimmungstheorie von Deci und Ryan

Das zentrale Anliegen von Deci/Ryan (1985) ist die Analyse motivationaler Faktoren im Prozess der Persönlichkeitsentwicklung. Sie postulieren drei angeborene psychologische Bedürfnisse:

- nach Kompetenz (Erleben, der eigenen Wirksamkeit, Streben danach, Arbeiten und Aufgaben sachverständig und erfolgreich zu erledigen),
- nach Autonomie/Selbstbestimmung (Erleben von Handlungsspielräumen, Erledigen von Arbeiten nach eigenen Plänen),
- nach sozialer Eingebundenheit (Anerkennung durch Bezugspersonen und Gleichaltrige).

Der entscheidende Motivationsfaktor ist das Ausmaß an subjektiv erlebter Autonomie. Lernumgebungen, die Gelegenheiten zur Befriedigung dieser Bedürfnisse geben, fördern das Auftreten selbst gesteuerten Lernens. Vor allem Erfolg motiviert, steigert das Selbstvertrauen und vermittelt ein Autonomieerlebnis.

Wenn Schüler in den ihnen zugestandenen Autonomiespielräumen erleben, dass sich über Anstrengung und durch den Einsatz von Wissen und Strategien Anforderungssituationen kontrollieren und bewältigen lassen, führt dies nicht nur zu tiefer Befriedigung und fortdauerndem Leistungswillen, sondern langfristig auch zu einer günstigen Entwicklung ihrer Selbstwirksamkeitsüberzeugungen; sie werden zum lebenslangen Lernen motiviert.

Was die soziale Eingebundenheit betrifft, ist die Anerkennung von Bezugspersonen wichtig, für Kinder und Jugendliche zudem vor allem die Orientierung an Gleichaltrigen.

Flow

Csikszentmihalyi (1985) ging den Gründen nach, aus denen Menschen auch anstrengende Tätigkeiten freiwillig, mit großem Eifer und ohne jede Kompensation von außen durchführen, und kam zum mittlerweile bekannten »Flow-Erleben«. Damit ist ein umfassendes Gefühl des völligen Aufgehens in einer Tätigkeit gemeint, des »selbstvergessenen Tuns«. Eine Handlung wird um ihrer selbst durchgeführt und benötigt keine Ziele und Belohnungen außerhalb ihrer selbst. Gleichzeitig ist es ein Zustand hoher Leistungsfähigkeit, der entsprechend qualitativ gute Ergebnisse erbringt.

Das Flow als eine sehr anstrebenswerte Form des Erlebens ist nach Ansicht von Csikszentmihalyi einer der wichtigsten Anreize zum Lernen; das Individuum kann nur zum Flow kommen, wenn es seine Kompetenz laufend erweitert, um immer neue Herausforderungen in Angriff nehmen zu können.

Schiefele (1996) weist auf den Unterschied zwischen Leistungsmotivation und Interesse hin. Bei der Leistungsmotivation (Heckhausen) geht es um die Freude am Kompetenzerwerb, die sich aus dem Vergleich mit der eigenen bisher erzielten Leistung oder auch der Leistung anderer ergibt. Dazu ist vor allem das Anspruchsniveau der Aufgaben entscheidend, das weder zu hoch noch zu tief sein darf. Das Interesse (Krapp 1992) ist dagegen inhaltsbezogen, eine relativ überdauernde Vorliebe gegenüber einem bestimmten Sach- oder Gegenstandsbereich, die sich aus der eigenen Biografie ergibt. Zwischen Sachinteresse und leistungsthematischer Herausforderung besteht natürlich ein Zusammenhang.

Intrinsische und extrinsische Motivation

Zusätzlich zu den verschiedenen Motiven wird häufig nach intrinsischer und extrinsischer Motivation unterschieden. Intrinsisch (von innen heraus) motiviertes Verhalten benötigt keine äußerlichen Belohnungen oder Drohungen, weil die Handlung selbst als interessant, spannend oder sonst wie zufrieden stellend erscheint. Es wird davon ausgegangen, dass Menschen ein angeborenes Bedürfnis danach haben, sich über die aktive Auseinandersetzung mit ihrer Umwelt weiterzuentwickeln. Die einzige Belohnung ist das Erleben von Interesse und Freude durch die Tätigkeit selbst (Deci/Ryan 2000). Intrinsische Motivation ist damit der Prototyp von Selbstbestimmung. Extrinsisch motiviertes Verhalten entsteht nicht von selbst, sondern durch äußere Veranlassung.

Auch beim Lernen werden intrinsische und extrinsische Motive unterschieden. Bei der extrinsischen Lernmotivation wird die Lernhandlung durchgeführt, weil damit positive Folgen herbeigeführt oder negative Folgen vermieden werden sollen. Im Einzelfall ist die Unterscheidung von intrinsischer und extrinsischer Motivation jedoch schwierig. Viele Lernhandlungen sind sowohl intrinsisch als auch extrinsisch motiviert. Das Lernen in Schule und Studium ist immer bis zu einem gewissen Grad extrinsisch, es bestehen nur graduelle Unterschiede. Schiefele (1996) weist darauf hin, dass es keine allgemeine Theorie der extrinsischen Motivation gibt. Deci/Ryan (1985) betrachten auch extrinsisch motiviertes Verhalten als abhängig von den Bedürfnissen nach Kompetenz und Selbstbestimmung, ergänzen diese aber um das Bedürfnis nach »sozialer Bezogenheit«. Das Bedürfnis nach sozialer Eingebundenheit führt bei Heranwachsenden dazu, von außen herangetragene Werte in ihr Selbstkonzept zu integrieren und damit ursprünglich fremdbestimmte Handlungen in selbst bestimmte zu überführen. Die Motivation kann gehemmt oder blockiert werden. Prenzel (1996) nennt verschiedene Möglichkeiten, Lernende zu *demotivieren:*

- Vorhandene intrinsische Motivation wird eingeschränkt, wenn die Selbstbestimmung durch externe Kontrolle reduziert wird.
- Vorhandene intrinsische Motivation wird reduziert, wenn das Kompetenzgefühl durch negative Rückmeldungen untergraben wird.
- Die Inhalte lassen sich weder kurz- noch längerfristig mit den Zielen der Lernenden verbinden.
- Das grundlegende Bedürfnis, sozial einbezogen, angenommen und akzeptiert zu werden, wird verletzt.
- Der Unterricht zielt vor allem auf den Erwerb von Fakten und das Beherrschen grundlegender Fertigkeiten.

Lernende sind somit dann intrinsisch motiviert, wenn sie in ihrer Autonomie unterstützt und ernst genommen werden und sie sich kompetent und akzeptiert fühlen.

Untersuchungen zur Einstellung zeigen, dass Personen jeden Alters die gleiche Tätigkeit lieber und konzentrierter ausüben, wenn sie als Spiel gekennzeichnet ist, als wenn es sich um eine Pflicht handelt. Die Freude am Lernen, an der Auseinandersetzung und dem Verstehen des gewählten Gebietes ist ein wichtiger Motivator.

Die Bedeutung der Motivationsmodelle für die Lernmotivation

Lernen ist kein wertneutraler, sachlicher Vorgang: Das menschliche Lernen spielt sich in Rahmenbedingungen ab, die anziehen oder abstoßen können und damit entweder das Lernen erleichtern und als Lust empfinden lassen oder aber das Lernen erschweren und zur Last machen können. Wie die Übersicht von Reiss (Kasten S. 38) zeigt, ist die Neugier nur ein Motiv unter vielen; dies gilt zweifellos auch bei Kindern und Jugendlichen in der Pubertät. Wichtig in diesem Lebensabschnitt ist vor allem die Suche nach Unabhängigkeit, nach der eigenen Identität, der Geschlechterrolle und nach sozialen Beziehungen. Dies wird bei der Diskussion um die Motivation oft übersehen, wie auch geschlechtsspezifische Motive noch wenig untersucht wurden.

Für viele Kinder stehen soziale Lernmotive im Vordergrund, das Bedürfnis nach Zuneigung und Geborgenheit, eine positive Beziehung zum Lehrer oder der Lehrerin, das Bedürfnis nach Geltung und Anerkennung durch Lehrer und andere für das Kind wichtige Personen. (Gute) Noten und die Zuwendung des Lehrers oder der Lehrerin sind die Hauptanlässe zum Lernen. Schlechte Noten werden entsprechend als Ausdruck fehlender Anerkennung oder gar Missachtung seitens der Lehrpersonen, als Abwertung und Zurückweisung erfahren. Die positive Bewertung ihrer Leistungen stützt das Selbstwertgefühl der Lernenden; auf der anderen Seite können sie auch in Konflikt kommen, wenn ihre Freundinnen oder Freunde Lernen als langweilig bezeichnen und »Streber« ablehnen.

Lernfreude hängt von der Übereinstimmung mit den eigenen Zielen ab, dem Gefühl, dass das Lernen den eigenen Bedürfnissen entspricht, die Motivation für eine Aufgabe entsprechend von der Einschätzung ihrer Wichtigkeit und Schwierigkeit durch die Lernenden sowie von deren positiven Gefühlen und Selbstvertrauen. Sehen Schülerinnen und Schüler eine Aufgabe als unwichtig und bedrohlich an, reagieren sie mit negativen Gefühlen und geringer Motivation und wählen kompensatorische Aktivitäten.

Buff (1999) weist auf Grund seiner Untersuchung bei Schweizer Schülerinnen und Schülern darauf hin, dass die Unterscheidung »intrinsisch-extrinsisch« der Realität nicht gerecht wird; ein Großteil der Schülerinnen und Schüler weist motivationale Orientierungen auf, die Elemente aus beiden Bereichen enthält. Er unterscheidet zudem zwischen selbst bestimmt-extrinsischer (zum Beispiel um sich den Respekt der anderen

(E. Mattiello)

zu erwerben) und fremdbestimmt-extrinsischer (zum Beispiel um Strafen von Eltern oder Autoritäten zu vermeiden) Motivation. Im Verlauf der Schulzeit gewinnt die Fremdbestimmung an Bedeutung.

Lehrende können Studierende nicht in den Zustand der intrinsischen Motivation versetzen. Realistischerweise müssen diese manches lernen, wozu sie nicht intrinsisch motiviert sind.

Die Ansätze von Deci/Ryan und Csikszentmihalyi (vgl. S. 38) lassen sich insofern in Übereinstimmung bringen, als Kompetenz das Ziel von intrinsisch-motiviertem Verhalten ist. Starke intrinsische Motivation, nach Csikszentmihalyi »Flow« genannt, führt zu größerem Lernerfolg als extrinsische Motivation. Bekannt ist das Beispiel von Kindern, die gerne zeichneten; ein Teil der Gruppe wurde für das Zeichnen belohnt, was zur Folge hatte, dass sie später weniger gern zeichneten als unbelohnte Kinder. Ähnliche Auswirkungen wurden beim Lesen von Büchern festgestellt: Die Kinder kamen zum Schluss, dass eine Tätigkeit, für die sie belohnt werden müssen, nicht so schön sein könne.

Die Breite und Tiefe der Informationsverarbeitung, was und wie viel gelernt und behalten wird, ist beeinflusst von der Einschätzung der eigenen Kontrolle, Kompetenz und Fähigkeit, von persönlichen Werten, Interessen und Zielen, von persönlichen Erfolgs- oder Misserfolgserwartungen. Diese beeinflussen die Gefühle und die sich ergebende Lernmotivation.

Schiefele (1996) fasst verschiedene Untersuchungen zusammen, die der Frage nach dem Verhalten von Lernenden bei Schwierigkeiten nachgingen. Manche Schülerinnen und Schüler geben bei auftretenden Hindernissen schnell auf und vermeiden schwierige, herausfordernde Aufgaben. Diese »hilflosen« Kinder haben vor allem Leistungsziele, sie streben positive Bewertungen der eigenen Kompetenz an; Situationen, in denen es zu negativen Bewertungen kommen könnte, gehen sie aus dem Weg. Bewältigungsorientierte Lernende haben demgegenüber vor allem Lernziele und streben danach, neue Fertigkeiten zu lernen oder die bisherige Kompetenz zu erweitern.

Motivation und Lernstrategien

Zwischen Lernmotivation und Lernstrategien (vgl. Kapitel 1.9) besteht eine Wechselwirkung: Lernende sind nur bereit, ihre Strategien zu ändern oder auch nur darüber nachzudenken, wenn sie sich selbst für das Lerngeschehen und das Lernziel verantwortlich fühlen. Wenn negative Haltungen, Selbstzweifel und Blockaden gegenüber dem Lernen vorherrschen, müssen diese erst bewusst gemacht und über neue positive Lernerfahrungen revidiert werden. Dies ist ein langer Prozess, der nur im entsprechenden Kontext ablaufen kann. Andererseits kann der Erfolg mit selbstständigen Strategien die Motivation weiter verstärken. Wenn Lernende auf Grund guter Lernstrategien zu einem besseren Lernerfolg kommen, gewinnen sie an Selbstvertrauen und fühlen sich kompetent; dies verstärkt ihre Lernfreude und ihre Neigung, sich weiter mit dem Gebiet zu befassen.

Nach Helmke/Schrader (2000) werden in den USA im Gegensatz zu Europa viele Studien zur so genannten »Procrastination« durchgeführt. Unter diesem Begriff wird das Verschieben unangenehmer Aufgaben verstanden. Das häufige Aufschieben und damit der verspätete Beginn der Vorbereitungen für Prüfungen, Semesterarbeiten und Referate ist zwar weit verbreitet, muss aber infolge des resultierenden Stresses als schlechte Strategie bezeichnet werden. Zwischen der Tendenz zu Procrastination und dem Studieninteresse besteht ein enger negativer Zusammenhang; interessierte Studierende machen sich rechtzeitig und zügig an die Arbeit. Auch Krapp (1992) weist darauf hin, dass interessierte Studierende während des Semesters mehr Zeit mit dem Fach verbringen als uninteressierte, während vor Prüfungen kein Unterschied mehr besteht.

Lernende, die intrinsisch-motiviert sind, bevorzugen verstehensorientierte Lernstrategien: Organisations-, Elaborations- und metakognitive Strategien (vgl. Kapitel 1.9). Extrinsische Motivation führt vorwiegend zum Einsatz reproduktionsorientierter Lernstrategien; es werden Wiederholungsstrategien angewandt, das Lernmaterial wird so aufbereitet, dass es leichter auswendig gelernt werden kann.

Förderung der Lern- und Leistungsmotivation in der Schule

Die Entwicklung und Förderung einer fortdauernden Lernmotivation muss ein zentrales Ziel der Schule sein. Lehrkräfte werden jedoch vor allem nach den Lernleistungen ihrer Schülerinnen und Schüler beurteilt und nicht danach, wie sie das Interesse der Kinder wecken, diese zum Lernen motivieren oder Bedingungen herstellen, die die Lernmotivation begünstigen.

Wichtig zur Motivation der Lernenden sind eigene Handlungsspielräume; dazu gehört, dass sie auch vorgegebene Aufgaben selbst gestalten und planen können, sich als kompetent erleben, Erfolg haben, ernst genommen fühlen, als akzeptierte Teilnehmende der Bezugsgruppe, Anerkennung erfahren.

Den Lehrenden ist zu empfehlen, den Kontakt mit den Eltern auch bei positiven Nachrichten zu suchen und sie insgesamt vermehrt einzubeziehen. Beispiele sind gemeinsame Konferenzen mit Eltern, Schülern und Lehrern oder das Herstellen einer Klassenzeitung mit Elternbeteiligung.

Lernen gelingt am ehesten in einer stressarmen Atmosphäre, die gesunden Leistungsstress nicht ausschließt. Beim Lernen sollte das Moment der Entdeckung und der Freude im Mittelpunkt stehen, Angst ist ein schlechter Lehrmeister. Auch Weinert (1999) weist darauf hin, dass Unterricht oft leistungszentriert und seltener lernorientiert ist. Wenn sich Lernende in einer Leistungssituation wähnen, bemühen sie sich in erster Linie darum, Erfolge zu erzielen und Misserfolge zu vermeiden. Sie sind deshalb bestrebt, mangelndes Wissen nicht preiszugeben, Fehler zu vermeiden und sich selbst in einem günstigen Licht darzustellen. In Lernsituationen geht es aber darum, Neues zu lernen, Wissenslücken zu schließen und unklar Gebliebenes besser zu verstehen. Die Neugier kommt zum Zuge, und Fehler brauchen nicht vermieden zu werden, weil man aus ihnen lernen kann; die anderen Schüler und Schülerinnen sind nicht Konkurrenten, sondern Lernpartner; die Lehrperson erscheint nicht als Bewertungsinstanz, sondern als Lernberater oder -beraterin.

Leistungsschwache Kinder sollen unterstützt und gefördert, aber nicht von Leistungen ausgenommen werden; es wirkt sich negativ auf ihr Selbstvertrauen aus, wenn wenig von ihnen erwartet wird.

Abschließend noch einige der Empfehlungen der American Psychological Association zur Förderung der Lern- und Leistungsmotivation in der Schule (Lambert/McCombs 1998):

- Der Einstieg in ein Thema sollte »Lust auf mehr« wecken und den Wunsch entstehen lassen, sich selbst auf Entdeckungsreise zu begeben. Die Neugier kann geweckt werden durch:
  – überraschende Ereignisse, abwechslungsreiche Darstellungen,
  – Konflikte zwischen bereits Bekanntem und Neuem,
  – bekannte Gegebenheiten in neuem, unerwartetem Kontext,
  – unerwartete oder ungewöhnliche Aktionen des Lehrers.
- Wettstreit unter den Lernenden kann sehr erfolgreich motivieren, aber auch die Unterlegenen und Schwächeren demotivieren. Unbestritten dagegen ist die motivierende Wirkung von Kooperation und wechselseitiger Unterstützung.
- Eine positive Grundeinstellung des Lehrers/der Lehrerin zur Leistungsfähigkeit der Lernenden erhöht die Chancen zu einer positiven Leistungsmotivation.
- Korrigierende Rückmeldungen über ungünstige Leistungen oder über Fehlverhaltensweisen dürfen das Selbstwertgefühl des Kindes nicht bedrohen: Sie sollten nicht öffentlich abgegeben werden und sich nicht auf die Gesamtpersönlichkeit beziehen.
- Lob und positive Rückmeldung gelten oft als die besten Möglichkeiten zur Förderung der Lern- und Leistungsmotivation: Sie sollten in der Schule öfter und gezielter eingesetzt werden.

Fazit

→ Schülerinnen und Schüler können nur dann konzentriert und ausdauernd lernen, wenn sie gefühlsmäßig und gedanklich frei sind und ihre wichtigsten Grundbedürfnisse befriedigt sind. Bei grundlegenden Defiziten im physiologischen und emotionalen Bereich ist kein Lernen möglich.
→ Für die Lernmotivation ist es wichtig, dass die Lernenden die Lernziele kennen und wissen, warum eine bestimmte Lernaufgabe gestellt wird. Wichtig ist auch der Bezug zur Lebenswelt der Kinder.
→ Das Lerntempo muss den Voraussetzungen der einzelnen Kinder angepasst werden. Motivierend wirken Aufgaben, die anspruchsvoll, aber zu bewältigen sind.
→ Die Lernenden brauchen Möglichkeiten, eigene Lernziele zu wählen und Aktivitäten zu bestimmen.
→ Wichtig ist, dass den Lernenden Eigenverantwortung in der Gestaltung ihres Lernprozesses zugestanden wird.
→ Spaß am Lernen entsteht durch Erfolgserlebnisse und durch das Gefühl zu verstehen, etwas entdeckt zu haben.
→ Durch gegenseitige Unterstützung und Anerkennung wird das Bedürfnis nach sozialer Eingebundenheit befriedigt.

(E. Mattiello)

1.9 Lernstrategien

Der Begriff der Lernstrategien wird in der Literatur unterschiedlich definiert. Ausgegangen wird von einer Vielzahl von Lerntechniken und Lernstrategien, die in verschiedenen Situationen zur Anwendung kommen. Entsprechend ergeben sich unterschiedliche Systematiken.

Oft wird einerseits von den eigentlichen Lernstrategien (Primärstrategien) gesprochen, die der Auseinandersetzung mit und dem Aneignen von Wissensstoff dienen, andererseits von Strategien zur Planung, Aufmerksamkeitssteuerung und Überwachung des Lernprozesses (Stützstrategien):

- *Primärstrategien* ermöglichen ein besseres Erwerben und Verstehen der zu verarbeitenden Informationen. Sie umfassen die Organisation von Lernvorgängen, die Beschaffung, Aufnahme, Verarbeitung und Speicherung von Informationen, deren Anwendung und Weitergabe. Einzelne Autoren unterteilen sie in Verstehens-, Behaltens-, Rückruf- und Transferstrategien, andere in Wiederholungsstrategien, Elaborative Strategien, Organisierende Strategien und Abrufstrategien.
- *Stützstrategien* dienen der motivationalen und emotionalen Absicherung des Lernens; sie sind verantwortlich für ein günstiges Lernklima und für den Erfolg der Primärstrategien, für die Entwicklung einer positiven Einstellung, die Überwindung innerer und äußerer Ablenkung und die Selbstbeobachtung. Dazu gehören die Motivation zum selbstständigen Lernen, Strategien des Selbstmanagements, der metakognitiven Kontrolle des eigenen Lernens, die situationsangemessene Auswahl von Techniken/Prozeduren für verschiedene Lernsituationen sowie Methoden zur Konzentration und Entspannung.

Straka (2000) unterteilt in *Lernstrategien* auf der einen Seite, die im Wesentlichen den Primärstrategien entsprechen, und *Kontrollstrategien,* die den Stützstrategien entsprechen und von ihm in kognitive (Konzentration, Aufmerksamkeitssteuerung) und metakognitive Strategien des Überwachens, Reflektierens und Regulierens der eigenen Lernaktivitäten unterteilt werden.

Von anderen Autoren werden unter Kontrollstragien vor allem Planungsstrategien (Zeitplanung, Arbeitseinteilung, Gestaltung der Lernumwelt), Überwachungsstrategien (Erreichen von Zwischenzielen, Einsatz von Primärstrategien), Prüfungsstrategien (Selbstbefragung, Lerndiagnose, Erfolgsbewertung) verstanden.

In der folgenden Übersicht werden die Lernstrategien im Sinne von Straka verstanden.

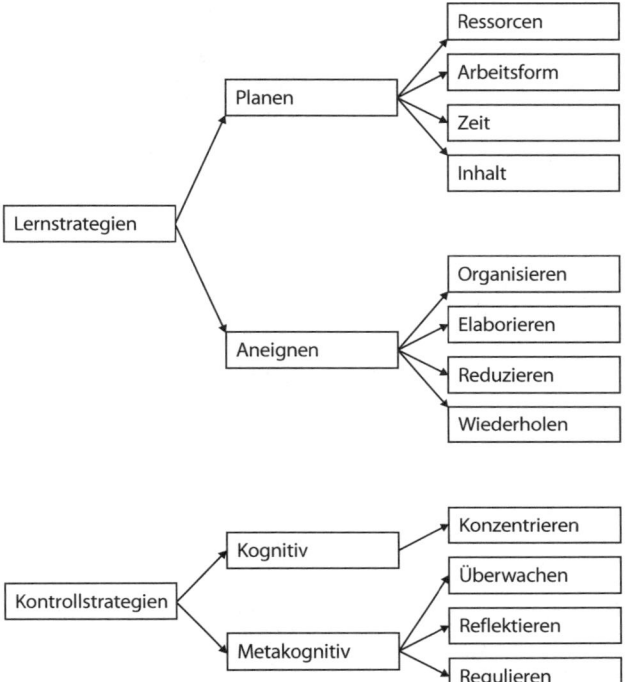

Schwerpunkte des vorliegenden Kapitels sind Lernstrategien im engeren Sinn zur Aneignung von Lernstoff. Die wichtigen metakognitiven Kompetenzen der Selbststeuerung und Überwachung des eigenen Lernens sind in Kapitel 1.7 dargestellt, eine Übersicht über die Lernmotivation und damit auch Strategien zur Förderung des Lernklimas im Kapitel 1.8. Zu den Schlüsselelementen beim strategischen Lernen gehören:

- einen Plan machen, um das Ziel zu erreichen,
- angemessene Strategie auswählen,
- umsetzen,
- laufend überprüfen, Plan und Vorgehen wenn notwendig anpassen und ändern,
- abschließend evaluieren.

Entsprechend der Übersicht auf S. 43 lassen sich die eigentlichen Lernstrategien in vier Klassen unterteilen:

- Organisationsstrategien,
- Elaborationsstrategien,
- Reduktionsstrategien,
- Wiederholungsstrategien.

Organisationsstrategien

Unsere Aufnahmekapazität ist beschränkt. Organisationsstrategien helfen, wichtige Informationen auszuwählen, das neue Wissen zu organisieren, den Lernstoff zu strukturieren und Verbindungen zwischen den verschiedenen Teilen des Lernstoffes herzustellen.

Beim Strukturieren werden Einzelinformationen zu größeren Sinneinheiten zusammengefasst und gruppiert. Durch Koordination von Zusammengehörigem oder Hierarchiebildung, Abstraktion werden Voraussetzungen dafür geschaffen, dass ein Überblick über umfangreiche und komplexe Informationen gewonnen werden kann und diese besser verarbeitet werden können. Es können beispielsweise Informationen in einer Tabelle zusammengefasst oder durch eine Grafik, eine Cluster-Darstellung, ein Mind-Map oder eine Skizze dargestellt werden.

Bei der Organisation von Notizen kann mit dem Unterstreichen wichtiger Begriffe und dem Formulieren von Überschriften begonnen werden.

Elaborationsstrategien

Lerntexte oder Unterrichtsinhalte beruhen immer auf Vorwissen; die Lernenden müssen die Hintergründe kennen und nicht ausdrücklich gelieferte Informationen aktivieren, um die Lücken zu füllen und den Sachverhalt zu verstehen. Dies versteht man unter Elaborationen. Um das Gehörte oder Gelesene in die eigene Wissensstruktur einzubringen, sind weitere Gedanken und Assoziationen hilfreich, auch wenn sie zum Verstehen nicht unmittelbar erforderlich sind. Sie fördern vor allem auch das Behalten. Neu zu erlernendes Wissen wird umso besser behalten, je stärker und vielfältiger es durch Elaborationen mit dem bestehenden Vorwissen verknüpft wird. Bei der Suche im Gedächtnis führen dadurch viele Pfade zu der zu erinnernden Information.

Eine Elaborationsstrategie wenden Lernende an, die sich Beispiele und Analogien zu einem zu lernenden Sachverhalt ausdenken, die neuen Informationen mit ihrem Vorwissen verbinden, einen zu lernenden Sachverhalt in eigenen Worten umschreiben, Parallelen und Ähnlichkeiten mit bereits Bekanntem herstellen, Vergleiche anstellen oder praktische Anwendungsmöglichkeiten suchen.

So kann beispielsweise beim Lernen von Vokabeln nach Ableitungen von bekannten Fremdwörtern, nach Parallelen mit anderen Wortfamilien, nach Gesetzmäßigkeiten gesucht werden. Dies mag zunächst aufwändig scheinen, hilft aber beim längerfristigen Speichern und als Grundlage für weiteres Lernen. Weitere Beispiele von Elaborationen sind das Wachrufen eigener Erfahrungen und Erlebnisse, Heranziehen oder Erfinden von Sprichwörtern und Metaphern oder Ansätze zur Kritik finden. Natürlich werden elaborative Verarbeitungsprozesse gefördert, wenn *Fragen dazu gestellt* werden. Im Unterricht versucht der Lehrer oder die Lehrerin im Allgemeinen, diese Zusammenhänge mitzuliefern oder die Lernenden durch Fragen dahin zu bringen. Beim selbstständigen Lernen ist es wichtig, dass die Lernenden selbst für diese Vernetzung sorgen, indem sie eigene Fragen stellen, nach Zusammenhängen suchen.

Eine weitere Gruppe elaborativer Strategien dient hauptsächlich dem Einprägen und Behalten – relativ – bedeutungsloser und unstrukturierter Materials. Die Gedächtnistechnik (Mnemotechnik) beruht darauf, Material mit Bedeutung »anzureichern«. Oft handelt es sich um bildhafte Vorstellungen, Eselsbrücken, Verknüpfungen von isolierten Einzelfakten durch Bildung von Assoziationen zu Bildern, Räumen, Gebäuden oder durch das Erfinden von Geschichten. Diese Verknüpfungen sind hilfreich beim Vokabellernen, beim Auswendiglernen von Namen, Formeln, Daten, Bezeichnungen usw. Gleichzeitig wird dadurch die Zahl isolierter Elemente reduziert. Zur Beliebtheit dieser Technik trägt bei, dass sich die Lernenden den Inhalten bewusst zuwenden, schnell einen Erfolg sehen, aber auch, dass das Erfinden von Geschichten oder Bildern Spaß macht. An Gedächtnistrainingskursen sind oft Erwachsene jeden Alters mit Begeisterung dabei.

Reduktionsstrategien

Angesichts der Informationsflut und der beschränkten Aufnahme- und Verarbeitungskapazität des Menschen, sind Strategien zur gezielten Auswahl und Verdichtung wichtig.

Beim Reduzieren der ursprünglichen Informationsfülle beim Zuhören, Lesen, Schreiben einer Arbeit oder Vorbereiten einer Prüfung müssen natürlich vor allem wichtige und unwichtige Inhalte unterschieden, die Hauptaussagen hinsichtlich der Zielsetzung der Lernenden identifiziert werden.

Besonders wichtig sind Reduktionsstrategien beim Schreiben von Notizen sowohl im Unterricht als auch bei Lesetexten. In der Regel wird zu viel notiert und dabei der Struktur der Notizen zu wenig Beachtung geschenkt. Reduktionsstrategien können in der Schule geübt werden. Einige Beispiele dazu:

- Es werden Übungen mit Schlüsselwörtern gemacht: Welche Wörter oder welcher Satz ist geeignet, die ganze Geschichte oder einen Zusammenhang in Erinnerung zu bringen?
- In Texten wird nach zusammenfassenden Sätzen gesucht oder es werden gemeinsam Zusammenfassungen formuliert.
- Die Schülerinnen und Schüler schreiben Zusammenfassungen oder übersichtliche kurze Notizen, vergleichen und diskutieren sie mit Lernpartnern oder in Kleingruppen.
- Lernplakate mit den wichtigsten Stichwörtern werden gemeinsam gestaltet, im Klassenzimmer aufgehängt und nach einer Weile ausgetauscht (manche Kinder machen auch gute Erfahrungen mit eigenen Lernplakaten zu Hause).

Mind-Maps sind Beispiele sowohl von Elaborationen als auch von Reduktionen. Mit dieser Darstellung, die aus Wörtern, Strukturen, Bildern, Farben besteht, können die Strukturen, Zusammenhänge, Netze aufgezeigt werden; gleichzeitig werden damit komplexe Gebiete, umfangreiche Informationen auf diese Übersicht reduziert. Sie sind sehr individuell. Anregend kann es sein, wenn geübte Personen während eines Vortrags für alle Zuhörenden sichtbar ein Mind-Map erstellen.

Abb.: Mind-Map von Herbert Weber (vgl. auch Mind-Map von Herbert Weber zu einem Vortrag über Hirnforschung S. 22)

Wiederholungsstrategien

Gedächtnispsychologische Untersuchungen zeigen, dass neue Informationen sehr schnell wieder aus dem Arbeitsspeicher verdrängt werden, wenn sie nicht aktiv memoriert werden. Erforderlich sind deshalb Strategien zum planvollen Üben und Wiederholen und die entsprechende Zeitplanung.

Aktives Wiederholen und Hersagen erhöht die Chance, dass neue Information in das Langzeitgedächtnis übernommen wird. Zu unterscheiden ist primäres Memorieren zur Aufnahme von Informationen, die nur für eine begrenzte Zeitspanne behalten werden sollen (Kurzzeit- und Arbeitsgedächtnis), und sekundäres Memorieren zur Überführung von Informationen ins Langzeitgedächtnis.

Zur Sicherung eines langfristigen Erwerbs sind regelmäßige Wiederholungsphasen zu planen, zunächst in kürzeren, dann in längeren Intervallen.

Oberflächen- und tiefenorientierte Lernstrategien

Auf einer anderen Ebene werden in der Literatur Oberflächen- und tiefenorientierte Lernstrategien unterschieden (vgl. Tabelle).

Im Kapitel 1.2 wurden verschiedene Erwartungen an Lernstrategietrainings aufgeführt. Der Wunsch, durch Lerntipps vor allem für den unmittelbaren Schulalltag zu profitieren und mit wenig Aufwand an Prüfungen gute Noten zu erreichen, entspricht Oberflächenstrategien. Das Ziel, selbstständiges Lernen auch über die Schule hinaus zu lernen, wird nur mit tiefenorientierten Lernstrategien erreicht.

Lernstrategien, die in Prüfungen erfolgreich sind, beruhen nicht unbedingt auf qualitativ hoch stehendem selbstständigem Denken und Lernen. Auch wenn Lernende fähig sind, Prüfungsfragen richtig zu beantworten und Formeln und Sätze auswendig herzusagen, können sie unrichtige oder unklare Vorstellungen über einen Sachverhalt haben.

Oberflächenstrategien sind sehr verbreitet, je nach Situation wenden die meisten Studierenden jedoch auch tiefenorientierte Strategien an. Oberflächenstrategien führen längerfristig zu schlechteren Lernresultaten, da weniger verstanden wird. Tiefenorientiertes Lernen erfordert mehr Einsatz und mehr Zeit. Von manchen Lernenden wird es als umständlich empfunden. Vor allem in Stress-Situationen, wie beispielsweise vor wichtigen Prüfungen, ziehen es viele vor, sich auf vertraute Vorgehensweisen zurückzuziehen. So wurden in einer Untersuchung (Mandl/Friedrich 1992) Studienanfängern verstehensorientierte Studienstrategien vermittelt. Es zeigte sich jedoch, dass die Studierenden unter den Bedingungen des universitären Lernalltags, der die Bewältigung großer Stoffmengen für kurzfristige Tests und Prüfungen erforderte, diese Strategien rasch wieder aufgaben und Oberflächenstrategien bevorzugten, bei denen die wörtliche Reproduktion des Gelernten im Vordergrund stand. Sollen tiefenorientierte Lernstrategien vermittelt werden, muss dies somit rechtzeitig und in einer entspannten Situation erfolgen.

Auch wenn grundsätzlich den tiefenorientierten Lernstrategien Priorität einzuräumen ist, wäre es eine Illusion zu glauben, dass nur diese vermittelt werden sollten: Zum einen verlangen die Lernenden (und deren Eltern) auf allen Stufen schnell umsetzbare Ratschläge und Lerntipps. Zum andern muss in allen Ausbildungs-

Vergleich von Oberflächenstrategien und tiefenorientierten Lernstrategien		
	Oberflächenstrategien	**Tiefenorientierte Lernstrategien**
Beschreibung	Übernehmen, Auswendiglernen ohne eigene Reflexion, faktenorientiert.	Persönliche Auseinandersetzung, Erarbeiten, Verstehen, Nachdenken, bedeutungsorientiert.
Lernanstoß	Äußerer Druck oder Anforderungen, gute Noten.	Eigenes Interesse, eigene Lernziele.
Lernerfolg	Kurzfristig und für begrenzte Zeit.	Langfristig, nachhaltig.
Vorgehen	Nach geringstem Aufwand, unverbundene Einzelheiten, Auswendiglernen von Wörtern, Sätzen, Formeln und Lösungen Erarbeiten von Details.	Elaborationen, Strukturieren, Suche nach Beispielen, Anwendungsmöglichkeiten, Parallelen, Verbinden mit eigenen Erfahrungen, mit bisherigem Wissen.
Lernhilfen	Lernkartei, Mnemotechniken, gestaffeltes Lernen.	Fragen stellen, Mind-Maps, Gliederung, Zusammenfassung, Übersichten.
Transfer in neue Situationen	Kaum möglich.	Möglich.
Wiedergabe	In vorgegebenen Formulierungen.	In eigenen Worten, strukturiert.

gängen und auf allen Stufen auch auswendig gelernt werden. Wichtig ist, dass die Lernenden über verschiedene Lernstrategien verfügen und deren Ziele und die Auswirkungen kennen. Sie können dann flexibel auswählen und ihre Vorgehensweisen der jeweiligen Situation anpassen.

Ob Schülerinnen und Schüler ihnen vermittelte Lernstrategien umsetzen, hängt auch davon ab, welches Lernverständnis sie haben; entscheidend ist zudem, ob die Strategien in ihrem Umfeld zum Erfolg führen. Lernende mit wenig Vertrauen in ihre Lernfähigkeit verlassen sich oft auch dann lieber aufs Auswendiglernen, wenn es um komplexe Zusammenhänge geht.

Selbst wiederholte Misserfolge mit dieser Methode überzeugen sie nicht, dass der Weg falsch ist; sie glauben lediglich, noch nicht genug auswendig gelernt zu haben.

> **Fazit**
>
> → Selbstständiges Lernen ist nicht eine allgemeine Kompetenz, die vermittelt werden kann, sondern umfasst viele spezielle Kenntnisse und Fertigkeiten.
> → Es gibt sehr unterschiedliche Lernstrategien, die in unterschiedlichen Situationen zur Anwendung kommen.
> → Lernende aller Altersstufen profitieren vom Einsatz von Organisations-, Elaborations-, Reduktions- und Wiederholungsstrategien.
> → Die Umstellung auf diese Strategien erfordert Zeit und Training; die Lernenden benötigen dazu Anleitung und vielfache Gelegenheit, sie stressfrei zu erproben.

(Aus: E. Mattiello: »Kinder vor der Tür«) Elk Verlag, Fehraltdorf

1.10 Soziale Kompetenzen und Zusammenarbeit

Die Komplexität unseres Wissens sowie heutiger Probleme und Strukturen macht Zusammenarbeit auf allen Ebenen der Gesellschaft unabdingbar. Ein Blick auf Stelleninserate und Anstellungsverfahren zeigt, dass Teamfähigkeit als zentrale Schlüsselqualifikation an vielen Arbeitsplätzen angesehen wird und die Arbeitgeber die Bereitschaft und Fähigkeit der Mitarbeiterinnen und Mitarbeit zu Teamarbeit und Kooperation verlangen.

Die Ziele der Schulen aller Stufen enthalten deshalb die Entwicklung der Teamfähigkeit und der emotionalen Kompetenzen.

Sowohl in Alltag und Beruf als auch in der Schule erwerben Menschen ihr Wissen und ihre Denkstrukturen nicht für sich allein, sondern im Kontakt und Austausch mit andern. Im Rahmen eines Lerntrainings muss deshalb auch auf Faktoren, welche die Zusammenarbeit erleichtern, und auf das kooperative Lernen eingegangen werden.

Emotionale Kompetenzen

Aus den Ergebnissen der Hirnforschung (Kapitel 1.3) und der Motivationsforschung (Kapitel 1.8) wird deutlich, dass die Wichtigkeit der Gefühle beim Denken und Lernen nicht überschätzt werden kann.

Zu den emotionalen Kompetenzen gehören Selbstbewusstsein, Selbststeuerung, Motivation, Empathie und soziale Kompetenz.

Goleman (1996) weist darauf hin, dass emotional selbstbewusste Menschen ein tiefes Verständnis für ihre Gefühle, Stärken, Schwächen, Bedürfnisse und Motive entwickelt haben, sich selbst und anderen gegenüber aufrichtig sind und erkennen, wie ihre Gefühle sie und andere beeinflussen oder ihr Verhalten bestimmen. Sie sind weder überkritisch noch unangemessen optimistisch.

Empathie ist das zwischenmenschliche Mitgefühl, die Fähigkeit, die emotionale Befindlichkeit anderer Menschen zu verstehen und angemessen darauf zu reagieren, das Respektieren der Gefühle anderer, auch im Prozess der Entscheidungsfindung. Empathie ermöglicht uns auch das Erkennen der unterschiedlichen Grundmuster und hilft uns zu verstehen, dass andere auf Grund unterschiedlicher Biografien anders reagieren.

Als soziale Kompetenz wird die Fähigkeit bezeichnet, Kontakte zu knüpfen und tragfähige Beziehungen aufzubauen. Eine große Rolle spielt dabei die Fähigkeit des aufmerksamen Zuhörens. Wohl kein anderer Faktor trägt mehr zum Gelingen menschlicher Beziehungen und Freundschaften bei; leider ist diese Fähigkeit gleichzeitig ausgesprochen selten. Natürlich müssen sowohl Lehrpersonen als auch Schülerinnen und Schüler immer wieder zuhören. Oft bleiben sie dabei jedoch an der Oberfläche.

Beim Lernen im Dialog setzen sich die Zuhörenden konzentriert mit den Gedanken des Gegenübers auseinander, bauen darauf auf, reichern sie mit eigenen Ideen an und kommen auf diese Weise gemeinsam zu einem neuen Verständnis.

Stattdessen ist beim Dialog von Lernenden oft zu beobachten, dass ein Kind ganz nahe an der Lösung ist; wenn das andere wirklich zuhören und auf seine Ideen eingehen würde, könnten sie das Problem bewältigen. Beide verfolgen jedoch nur ihre eigenen Gedanken weiter.

Beck u.a. (2000) untersuchten in ihrer Studie Dialoge, in denen zwei Schüler oder Schülerinnen ohne Hilfe einer steuernden und korrigierenden Lehrkraft gemeinsam versuchten, ein Problem zu lösen. Die Forscher wiesen dabei geschlechtsspezifische Unterschiede und die Bedeutung des Vorwissens nach. Je nach Zusammensetzung der Dialogpartnerschaften fiel die Bilanz zudem unterschiedlich aus. Sie vermuten, dass dialoggewohnte Lernende erfolgreicher gearbeitet hätten als diejenigen in ihrer repräsentativen Stichprobe. Aus diesem Grund empfehlen die Autoren den Lehrpersonen, die Dialogfähigkeit der Schülerinnen und Schüler auszubauen.

In der Schule steht der Dialog zwischen Lehrperson und der Klasse im Vordergrund. Selten üben die Schülerinnen und Schüler das Hören aufeinander in einer Gruppe von Gleichgestellten.

Die Fähigkeit des Zuhörens wäre auch im Berufsleben von großer Bedeutung, und zwar sowohl als wichtige Führungskompetenz beim Management als auch unter den Mitarbeiterinnen und Mitarbeitern im Team. Im Gespräch, bei Diskussionen, in Konferenzen sind viele jedoch vorwiegend mit ihrem eigenen Beitrag beschäftigt: Sie überlegen sich, was sie als Nächstes sagen wollen oder was sie gerade gesagt haben und ob die anderen darauf angemessen reagiert haben. Nur mit halbem Ohr hören sie dabei noch auf die Beiträge der anderen.

Das aktive Zuhören ist eine Haltung, die Aufmerksamkeit und Respekt für den andern erfordert. Das Gegenüber muss mit seinen Gedanken und Gefühlen ernst genommen werden. Dies können wir nur, wenn wir uns selbst sicher und angenommen fühlen. Entwickelt werden kann diese Haltung beispielsweise mit dem Gordon-Training, bei dem das aktive Zuhören eine zentrale Rolle spielt: Die zuhörende Person gibt eine Rückmeldung, die im Wesentlichen eine Umformulierung der Aussage ist; die sprechende Person kann daraus erkennen, ob sie richtig verstanden wurde.

Gegenseitiger Respekt als Grundvoraussetzung für kooperatives Lernen ist nur möglich, wenn auch die Lehrperson diese Haltung ausstrahlt. Dies ist dann der Fall, wenn er oder sie allen Kindern oder Jugendlichen gleichermaßen zuhört und nicht durch sein Verhalten zum Ausdruck bringt, dass es sich bei bestimmten Schülerinnen oder Schülern gar nicht lohnt zuzuhören, weil sie sowieso nichts Gescheites beizutragen haben.

Aus der Kommunikationsforschung ergeben sich einige Hinweise, die für Austausch und Gespräche sowohl zwischen Lehrpersonen und Lernenden als auch zwischen Schülerinnen und Schülern relevant sind:

- Sender und Empfänger sind keine bloßen Instanzen. Sie denken, fühlen, wünschen; sie haben unterschiedliche Bedürfnisse und Fähigkeiten; sie kommunizieren miteinander unter jeweils ganz konkreten Bedingungen in konkreten Situationen.
- Jede Information hat neben dem Inhaltsaspekt auch Beziehungsaspekte; Kommunikation überträgt somit nicht nur Informationen und Argumente, sondern sie drückt auch aus, wie sich der Sender fühlt (oft nonverbal) und wie er die Beziehung zwischen sich und dem Empfänger sieht.

Kooperatives Lernen

Zur Förderung des kooperativen Lernens gibt es eine reichhaltige Literatur und viele Ideen und Anregungen. Im Schulalltag lassen sich drei Formen unterscheiden:

- Vertiefung des Stoffes und der Auseinandersetzung durch kurzzeitige Diskussionen in Gruppen.
- Feste Lernpartnerschaften über Wochen oder Monate.
- Zusammenarbeit und Arbeitsteilung in Projekten.

Für alle Formen braucht es Unterstützung bei der Einführung, genügend Gelegenheit zur Erprobung, ein regelmäßiges Thematisieren der gemachten Erfahrungen und Hilfestellung bei Problemen.

Auch die Zusammenarbeit ist nicht eine Frage von Techniken, sondern vor allem der zwischenmenschlichen Beziehungen. Kinder und Jugendliche haben ein großes Bedürfnis nach sozialer Eingebundenheit. Sie arbeiten meistens gerne in Gruppen und bezeichnen die Zusammenarbeit als problemlos. Gruppenarbeiten führen jedoch nicht automatisch zum Erfolg und sind auch für die Beteiligten nicht immer befriedigend. Sie werden deshalb in der Schule immer noch mit einer gewissen Skepsis betrachtet und zurückhaltend eingesetzt.

Vorteile von Gruppenarbeit in der Schule

Gemäß Beck u.a. (2000) belegt eine große Zahl von Forschungsarbeiten, dass kooperatives Lernen positive Auswirkungen auf soziale, affektive, motivationale und kognitive Verhaltensmerkmale haben kann.

In Gruppenarbeiten werden Möglichkeiten gesehen, dass die Schüler und Schülerinnen selbstständig, zielgerichtet und eigenverantwortlich handeln und diese Kompetenzen einüben können. Diskussionen in Gruppen führen zu einer vertieften Auseinandersetzung; durch das Ausformulieren der eigenen Gedanken und die Rückmeldungen der anderen ergibt sich mehr Klarheit. Die Kinder lernen durch den Gruppendruck (andere wollen nicht benachteiligt werden) auch, Spielregeln einzuhalten.

Klippert (2000b) nennt als Vorteile der Gruppenarbeit in der Schule im Vergleich zu Frontalunterricht unter anderem:

- Mehr Schülerinnen und Schüler können sich aktiv am Unterrichtsprozess beteiligen.
- Sie können ein Zusammengehörigkeitsgefühl in der Gruppe entwickeln und festigen.
- Sie können, falls die Arbeitsaufträge entsprechend gestaltet und die Lernvoraussetzungen gegeben sind, relativ selbstständig arbeiten.
- Gruppenarbeit gibt den Schülerinnen und Schülern Gelegenheit zum sozialen Lernen.
- Sie trägt deren elementaren Kommunikations- und Kooperationsbedürfnissen Rechnung und vermittelt ihnen tendenziell mehr Sicherheit und Geborgenheit im sozialen Miteinander.
- Bei Gruppenarbeit werden soziale und emotionale Kompetenzen weit eher vermittelt als bei Einzelarbeit oder Frontalunterricht.
- Es ergeben sich positive Auswirkungen auf die Motivation und das Selbstwertgefühl. Emotionale Lernwiderstände werden abgebaut.

Probleme von Gruppenarbeiten

Längst nicht alle in kooperativen Arrangements stattfindenden Lerndialoge und Interaktionen weisen jedoch jene Qualitätsmerkmale auf, von denen Pädagogen gerne ausgehen.

Forschungsergebnisse zu bestehenden Problemen bei Gruppenarbeiten fassen Pauli/Reusser (2000) zusammen:

- Viele Lernende diskutieren vor allem darüber, wie sie die Aufgabe möglichst schnell und einfach erledigen können, ohne sich inhaltlich damit beschäftigen zu müssen.
- Das Gespräch beschränkt sich oft auf oberflächliche Aspekte eines Problems, ohne die erforderliche Verstehenstiefe zu erreichen.
- Meinungsverschiedenheiten werden lediglich durch soziales Aushandeln und nicht durch sachbezogenes Argumentieren gelöst.
- Die Lernenden stellen selten spontan relevante Fragen, argumentieren und erklären, sondern beschränken die Kommunikation auf den Austausch von knappen Aufforderungen und einzelnen Wortfragmenten.
- Schwächere oder schüchterne Teilnehmende beteiligen sich nicht aktiv am Dialog. Um wirklich etwas zu lernen, ist es wichtig, sich selbst mit dem Stoff auseinander zu setzen, mitzureden und nicht nur der Diskussion der andern zu folgen. Erst so entwickelt sich auch das Gefühl, wirklich etwas beizutragen, kann man sich auch identifizieren.

Von Seiten der Lehrerinnen und Lehrer wird häufig geklagt, dass die Ergebnisse von Gruppenarbeiten oft recht bescheiden seien, dass es beim Zeitmanagement Probleme gäbe, dass die Ergebnispräsentation oft langweilig und schlecht organisiert sei, es viele Trittbrettfahrer gäbe und die Rahmenbedingungen oft nicht stimmten.

In Gruppen von Kindern und Jugendlichen bestehen (wie in der Berufswelt) »Statusprobleme«, indem die Meinungen und Vorschläge bestimmter Mitglieder mehr Gewicht haben und diese die Gruppe dominieren.

Ein Problem besteht auch darin, dass die meisten Lehrer und Lehrerinnen »Einzelkämpfer« sind und daher selbst wenig Erfahrung in der Zusammenarbeit haben. Anregend könnten sich Gruppenprozesse in der Weiterbildung oder Lernpartnerschaften bei der Schulentwicklung auswirken.

Gelegentliches Teamteaching kann nach Klippert sowohl den Lehrkräften positive Erfahrungen vermitteln als auch für die Schülerinnen und Schüler gute Modelle abgeben.

(E. Mattiello)

Alle diese Probleme sprechen nicht grundsätzlich gegen das kooperative Lernen. Sie zeigen vielmehr, dass es vorbereitet sein und eingeübt werden muss. Wichtig ist auch, dass regelmäßig reflektiert und gemeinsam überlegt wird, welche Schwierigkeiten bestehen und wie sie überwunden werden können (vgl. auch Kapitel 3.4).

Förderung im Unterricht

Voraussetzungen für den Erfolg des kooperativen Lernens sind nach Dalin (1999):

- Jede Gruppe setzt sich klare und realistische Ziele (meist in Absprache mit der Lehrperson), an denen sie gemessen und für deren Erreichen sie belohnt wird.
- Alle Teilnehmenden müssen die gleichen Chancen haben, zur Produktivität der Gruppe beizutragen.
- Es besteht ein Lernklima der positiven gegenseitigen Abhängigkeit: Der Erfolg des Einzelnen ist auch ein Erfolg der Gruppe.
- Jedes Kind erhält eine individuelle Rückmeldung; dadurch ist der Beitrag des Einzelnen am Lernerfolg der Gruppe transparent.

Nach Meinung Klipperts (2000b) sind die Chancen der Gruppenarbeit umso größer, je geübter die Schülerinnen und Schüler sind und je häufiger Gruppenunterricht praktiziert wird. Deshalb müssten Gruppenarbeiten im Schulalltag noch wesentlich stärker vertreten sein, um die positiven Seiten wirklich zu entfalten.

Teamfähigkeit verlangt das ebenso gezielte wie kleinschrittige Einüben elementarer Teamkompetenzen. Diese Sensibilisierungs- und Qualifizierungsarbeit kann nicht beiläufig im Fachunterricht geleistet werden, da dieser zu sehr vom Stoff dominiert wird. Klippert schlägt deshalb einen einwöchigen Kompaktkurs als »Sockeltraining« mit ausschließlich teamzentrierten Übungen, Reflexionen und Klärungen vor; die Lernenden erhalten dabei vielfältige Gelegenheit, sich mit den grundlegenden Regeln und Verfahrensweisen guter Gruppenarbeit vertraut zu machen. Die vereinbarten und ansatzweise eingeübten Regeln werden später immer wieder in möglichst vielen Fächern aufgefrischt und gefestigt.

- *Jigsaw- (Puzzle-)Methode:* Die Schülerinnen und Schüler werden in Gruppen zu fünf oder sechs Mitgliedern aufgeteilt. Jedes Mitglied einer Gruppe erhält ein Segment des aktuellen Unterrichtsstoffes und ist dafür verantwortlich, diesen Stoff den anderen Gruppenmitgliedern zu vermitteln. Wenn es vier Gruppen gibt, verfügen jeweils vier Schülerinnen und Schüler über das gleiche Informationssegment. Sie treffen sich als Expertengruppe und überlegen sich, wie sie den Stoff aufbereiten und darstellen sollen, welche Fragen oder Verständnisprobleme kommen könnten. Dann kehren alle in ihre Gruppe zurück und übernehmen für die Vermittlung ihres Stoffsegments die Rolle der Lehrperson (vgl. Schräder-Naef 1996).

Nicht nur die Zusammenarbeit zwischen den Lernenden ist von Bedeutung, sondern auch jene zwischen den Eltern und der Schule. Ein konstruktiver Dialog zwischen Lehrpersonen und Eltern wirkt sich nicht nur positiv auf die Motivation der Schülerinnen und Schüler, sondern auf das ganze emotionale Klima aus.

Fazit

→ Emotionale Kompetenzen sind für Beruf und Zusammenleben von großer Bedeutung; ihre Entwicklung gehört auch zu den Zielen der Schule.
→ Kinder und Jugendliche müssen lernen, anderen mit Einfühlung zu begegnen und ihnen mit Interesse und Aufmerksamkeit zuzuhören.
→ Obwohl alle Menschen ein großes Bedürfnis nach sozialer Eingebundenheit haben, ergeben sich beim Zusammenarbeiten oft Probleme.
→ In der Schule müssen deshalb immer wieder Gelegenheiten zum Dialog unter den Lernenden und zu längerdauernden Lernpartnerschaften geschaffen werden.
→ Das kooperative Lernen muss vorbereitet, unterstützt und immer wieder auch reflektiert werden.

1.11 Informationsprobleme und Informationsmanagement

Als Informationen werden Nachrichten, Neuigkeiten, Einzelheiten bezeichnet, die ausgetauscht, mitgeteilt oder abgerufen werden können. Wissen besteht aus vernetzten Informationen, die uns zur Verfügung stehen.

Wer wüsste nicht, dass wir im Informationszeitalter leben und die Informationsflut ständig steigt. Zwar verfügen wir heute über die besten Wissensspeicher und Informationsmöglichkeiten in der Geschichte der Menschheit – verlieren darüber aber die Distanz und kritisches Denken. Sowohl Kinder und Jugendliche als auch Erwachsene jeden Alters verbringen einen beträchtlichen Teil ihres Tages mit dem Aufnehmen neuer Informationen. Aber selbst wenn wir unseren ganzen Tag ausschließlich mit der Informationsaufnahme verbringen würden, wäre es völlig unmöglich, einen Überblick über die neu eintreffenden Informationen zu gewinnen – von einer Auseinandersetzung mit dem bereits vorhandenen Wissen ganz zu schweigen. Das Problem besteht dennoch nicht in erster Linie im Herausfiltern der wichtigen und Weglassen der unwichtigen Informationen, sondern darin, jene Informationen zu finden, die für uns tatsächlich von Bedeutung sind.

Nicht nur während der Ausbildung, sondern auch im Beruf – und besonders in den Lehrberufen – stellen der Umgang mit Informationen und das Wissen, wo welche Information zu welchem Problem rasch zu finden ist, wichtige Schlüsselqualifikationen dar.

Wie kommen wir zu relevanten Informationen? Worauf achten wir bei der Informationsbeschaffung? Wie behalten wir die Übersicht in der Flut der Informationsmittel?

Ein sinnvolles Informationsverhalten muss folgende Elemente umfassen (vgl. Schräder-Naef 1993b):

- *Klare Ziele:* Welches sind meine Informationsbedürfnisse, was muss, was will ich wissen und erfahren?
- *Gezielte Auswahl:* Wie kann ich die Fülle reduzieren, auf was will ich bewusst verzichten.
- *Angepasste Quellen:* Wie gelange ich an die mich interessierenden Nachrichten, wo finde ich die benötigten Informationen?
- *Sinnvolle Lernstrategien:* Wie kann ich die Informationen kritisch bewerten, einordnen, mit anderen austauschen, gegenseitig ergänzen, weitergeben?
- *Optimale Speichertechniken:* Welches sind für mich die geeignetsten Verarbeitungs- und Speichertechniken?

Auch hier sind metakognitive Fähigkeiten (vgl. Kapitel 1.7) wichtig. Nur ein winziger Ausschnitt der Wirklichkeit ist uns direkt zugänglich – alle anderen Informationen erreichen uns über Zwischenträger, die ebenfalls in den wenigsten Fällen die Erfahrungen selbst gemacht oder die Ereignisse beobachtet haben. Wenn wir die Informationen in Zeitungen, Fachzeitschriften, Büchern oder im Internet lesen, im Radio, Fernsehen oder in Bildungsveranstaltungen hören, haben sie oft bereits einen langen Weg hinter sich über Beobachter, Korrespondenten, Journalisten, Dozenten und Autoren. Jede Übermittlung und Zwischenstation verändert die Information, führt zu beabsichtigten oder unbeabsichtigten Entstellungen, Verkürzungen oder Anreicherungen. Ein spezieller Forschungszweig befasst sich mit den Einflüssen, die die Nachrichtenauswahl bestimmen (zum Beispiel Kriterien, die Ereignisse erfüllen müssen, um zu Nachrichten zu werden), und der Rolle, die beispielsweise individuelle Werthaltungen, Wahrnehmungen oder auch wirtschaftliche Interessen spielen.

Auch durch das Internet ist die Distanz zu den Quellen größer geworden; die Zwischenträger unterliegen selbst keiner Kontrolle, wir können den Weg nicht zurückverfolgen. Damit steigt die Gefahr, dass unqualifizierte Meinungen und Vorurteile immer weiter verbreitet werden, dass jeder sich aus der Flut gerade das ausliest, was zu seinem Weltbild passt. Immer wichtiger wird deshalb der Einbau von Kontrollstrategien, die systematische Prüfung der neuen Informationen, die Gegenüberstellung zum bisherigen Wissen, das kritische Hinterfragen.

Das sinnvolle Informationsverhalten beginnt mit der Frage nach geeigneten Wissensquellen. Bibliotheken, Archive, Dokumentationsstellen bilden seit je wichtige Quellen für die gezielte Wissens- und Informationsbeschaffung.

Sie können seit einigen Jahren mit elektronisch erstellten und geführten Verzeichnissen erschlossen werden. Effiziente Recherchen erfordern deshalb sowohl Kenntnisse gedruckter Nachweise wie Bibliografien als auch Know-how im Umgang mit elektronischen Datenbanken weltweit.

In den Schulen ist die systematische Suche zu thematisieren: Die Katalogsuche, der Umgang mit Nachschlagewerken, die Suche in Zeitschriften und Jahrbüchern. Je nach Fragestellung sind noch andere oder zusätzliche Quellen sinnvoll: Neben schriftlichen Quellen beispielsweise Fachexperten, Betroffene, Organisationen, Verbände, Behörden, Informationszentren.

Die Wissensselektion umfasst sowohl einen technischen als auch einen intellektuellen Aspekt. Wichtig in der heutigen Informationsflut ist es vor allem, sich nicht einfach mit allem zu befassen versuchen, sondern Filter zu entwickeln und in das persönliche Informationssystem einzubauen, eine Balance zwischen Neugier und Konzentration zu finden. Wir müssen uns beschränken, uns auf das Wesentliche konzentrieren und alles aussortieren, was nichts wirklich Neues und Wichtiges bringt. Erforderlich ist eine immer gezieltere Auswahl aus der Informationsflut. Dies gilt ganz allgemein, aber auch innerhalb unseres Fachgebietes. Wir müssen lernen, uns abzugrenzen, zu unterscheiden und natürlich auch, die Informationen mit Bedeutung zu versehen, in einen Kontext einzubetten, uns zu vernetzen und mit anderen zusammenzuarbeiten.

Am rationellsten wäre es, wenn wir von Anfang an nur jene Informationen beschaffen und zusammentragen würden, die wir wirklich brauchen. Dies lässt sich jedoch nicht bewerkstelligen. Ob wir Fachzeitschriften sammeln, Bücher ausleihen oder Datenbanken abfragen, immer werden wir wesentlich mehr Informationen erhalten, als wir benötigen. Wenn wir die Stapel von gesuchten oder ungefragt eingetroffenen Unterlagen, Notizen, Büchern und ungelesenen Druckschriften aller Art nicht einfach auf unseren Schreibtisch aufhäufen wollen, müssen wir daraus gezielt auswählen, ordnen und zum späteren Gebrauch vorbereiten. Bewältigen lässt sich die Informationsflut nur, wenn wir unsere eigenen Ziele nicht aus den Augen verlieren.

Ebenso wichtig ist ein Wissensmanagement, ein Notiz- und Speichersystem, das gewährleistet, dass wir die Informationen dann finden, wenn wir sie wirklich benötigen. Eine effiziente Speicherung und Verwaltung des ermittelten Wissens ist Voraussetzung. Für einen schnellen Zugriff auf die gesammelten Unterlagen benötigen wir ein individuelles, auf unsere Bedürfnisse zugeschnittenes Ablagesystem. Eine Möglichkeit ist ein Register für die eigenen Unterlagen, sobald sie einen höheren Komplexitätsgrad erreichen, sowohl in gedruckter als auch in elektronischer Form.

Es erspart uns sehr viel Ärger, wenn wir zufällig erhaltene Informationen, Ideen und Hinweise festhalten und diese Angaben nicht später mühevoll rekonstruieren müssen. Auch dazu benötigen wir ein flexibles System, um nicht zu viel Zeit zu verlieren, wenn wir bei der Suche nach Informationen zu einem Gebiet auf wichtige Informationen stoßen, die später gebraucht werden.

Kommerzielle Datenbankprogramme gewährleisten den Zugriff auf gespeichertes elektronisches Wissen; für einen Überblick über gedruckte und kopierte Unterlagen eignen sich Karteien oder eine elektronische Datei.

- *Internet:* Mit dem Internet sind völlig neue Suchstrategien möglich. Für viele Nutzer und Nutzerinnen verläuft die Suche jedoch äußerst frustrierend, weil sie die Systematik der Suchprogramme nicht genau kennen und daher nicht ausschöpfen können. Es stellt sich das gleiche Problem wie bei der elektronischen Abfrage in großen Bibliotheken: Ist unser Suchbegriff zu weit, erhalten wir eine unübersehbare Fülle, ist er zu speziell, möglicherweise überhaupt keine Treffer.

Die Suche nach Informationen im Internet kann extrem Zeit raubend und ineffektiv sein. Wichtig sind Überlegungen zu Eingrenzungen, damit die Anzahl irrelevanter Nachweise eingeschränkt werden kann.

Durch das ständige Anklicken von Hyperlinks können wir zwar Neugier befriedigen, aber uns auch verzetteln, viel Zeit verlieren und unsere Ziele und Fragen aus den Augen verlieren.

Verschiedene Instrumente stehen für Internetrecherchen zur Verfügung, doch darf ihre Effizienz nicht überschätzt werden. Die Suche erfordert viel Erfahrung, wenn wir an die interessierende Information kommen wollen, ohne uns zu verlieren. Die Programme zur effektiven Suche nach Wissensquellen verbessern sich jedoch rasant.

Fazit

→ Angesichts der bestehenden und weiter wachsenden Informationsflut gehört das Informationsmanagement zu den Schlüsselqualifikationen.
→ Ausgegangen werden muss von den eigenen Informationsbedürfnissen, um eine gezielte Auswahl treffen zu können.
→ Wichtig ist die Kenntnis der relevanten Quellen, die Einschätzung der Zuverlässigkeit und deren kritische Bewertung.
→ Ein individuelles Speichersystem ermöglicht einen schnellen Zugriff auf die gesammelten Informationen.
→ Der Umgang mit dem Internet erfordert spezielle Strategien.

2. Erfahrungen

Seit mehr als einem Vierteljahrhundert wird in Deutschland und der Schweiz gefordert, der Vermittlung von Lernstrategien und der Förderung selbstständiger Lernformen in der Schule sei mehr Beachtung zu schenken. Dieser Forderung kamen viele Schulen oder Teams von Lehrerinnen und Lehrern nach. Auch von Pädagogischen Hochschulen oder Fachstellen in den Bildungsministerien wurden teilweise Konzepte entwickelt, Weiterbildungsveranstaltungen für Lehrkräfte durchgeführt und Pilotprojekte initiiert. Unterschiedliche Formen und Modelle wurden in vielen Schulen erprobt und weiterentwickelt.

Nachfragen und Diskussionen zeigen jedoch, dass das Thema immer noch wenig verankert ist. Es liegen bisher kaum allgemein zugängliche Erfahrungsberichte, sondern allenfalls Beschreibungen der jeweiligen Modelle vor. Systematische Untersuchungen zum Erfolg der unterschiedlichen Vorgehensweisen fehlen. Eine Übersicht, welche Schwierigkeiten sich ergeben, welche Formen sich bewährt und welche Maßnahmen sich als Irrwege erwiesen haben, ist deshalb nicht möglich. Interessierte Schulen, die dem Lerntraining vermehrte Beachtung schenken wollen, können deshalb weder die Probleme der anderen vermeiden noch aus deren positiven Erfahrungen lernen.

Dieser zweite Teil des Buches soll dazu erste Antworten geben. Seit ich mich mit dem Thema Lerntraining und Lernstrategien befasse, wurde ich immer wieder an entsprechende Weiterbildungstage und Projekte von Schulen aller Stufen sowohl in Deutschland als auch in der Schweiz eingeladen. Die hier zusammengetragenen Erfahrungen stammen aus diesen Veranstaltungen, aus schriftlichen Befragungen von Lehrenden und Lernenden, aus zahlreichen Diskussionen sowie aus gezielten Interviews mit Verantwortlichen vieler Schulen.

Das Thema Lernstrategien ist für die Schulen aller Stufen aktuell, auch wenn sich natürlich die Schwerpunkte und Methoden je nach Alter der Lernenden und den Anforderungen unterscheiden. Meine Erfahrungen stammen vorwiegend aus der Sekundarstufe II, wo Lernprobleme klarer zu Tage treten als bei jüngeren Schülern und Schülerinnen; es wird mehr Selbstständigkeit erwartet, während viele Lernende auf die entsprechenden Aufgaben nicht vorbereitet sind.

2.1 Lernschwierigkeiten aus der Sicht von Lernenden, Lehrenden und Eltern

Vor allem vor schulinternen Fortbildungstagen zum Thema Lernstrategien bitte ich jeweils die Schulen, sowohl klassenweise Befragungen zu den Lernproblemen bei den Lernenden durchzuführen, als auch entsprechende Fragen durch die Lehrerinnen und Lehrer beantworten zu lassen. Im Laufe der Jahre habe ich auf diese Weise viele Einschätzungen von Lehrpersonen verschiedener Schulstufen, von Kindern, Jugendlichen und erwachsenen Lernenden sowie von Eltern zusammengetragen, in welchen Bereichen die Hauptprobleme gesehen werden.

Die Befragungen dienten dabei nicht wissenschaftlichen Zwecken, sondern der Sensibilisierung der Beteiligten. Die Auswertungen und Gegenüberstellungen zeigen vor allem ein Stimmungsbild; sie waren jeweils Ausgangspunkt für Diskussionen innerhalb einer Schule, wo und welche Maßnahmen ergriffen werden sollen. Teilweise fanden sie auch Verwendung innerhalb einer Klasse bei der Abklärung, welche Lernprobleme im Vordergrund stehen und welche Lernstrategien vermittelt werden sollen.

Aus der Summe all dieser Befragungen ergeben sich Hinweise darauf, wie verbreitet bestimmte Lernschwierigkeiten sind und in welcher Hinsicht die Wahrnehmungen von Lehrenden und Lernenden übereinstimmen.

Befragungen von Lernenden

Als Beispiel diene die Auswertung einer im Sommer 2000 gegen Ende des Schuljahres durchgeführten Befragung von 65 Schülerinnen und Schülern von zwei 7. und einer 8. Klasse aus Niedersachsen. Der Fragenbogen auf der nächsten Seite zeigt, wie viele der befragten Schülerinnen und Schüler in den einzelnen Bereichen große, mittlere oder keine Probleme hatten.

Lernprobleme: Auswertung einer Befragung von 65 Schülerinnen und Schüler der 7./8. Klasse	Damit habe ich				
	große	beträchtliche	mittlere	einige	keine
			Probleme		
1. Aus Fachbüchern zu lernen			16	34	15
2. Kritisch zu lesen, Texte zu hinterfragen und einzuordnen		5	17	28	13
3. Regelmäßig zu lernen und nicht nur gelegentlich große Anläufe zu nehmen	7	8	26	16	8
4. Mit Prüfungsangst fertig zu werden, vor oder während einer Prüfung nicht nervös zu werden	8	5	11	17	23
5. Mich für die Schule oder für bestimmte Fächer zu interessieren	5	2	12	21	24
6. Eigene Notizen im Unterricht anzufertigen, die übersichtlich sind und die wichtigsten Informationen enthalten		10	17	13	24
7. Mich von Misserfolgen und schlechten Noten nicht entmutigen zu lassen	8	4	6	14	34
8. Den Überblick über meine Unterlagen zu behalten (Bücher, Hefte, Texte) und schnell zu finden, was ich gerade suche	1	5	4	15	39
9. Gelerntes längere Zeit zu behalten	7	9	19	21	8
10. Mit Aufgaben dann anzufangen, wenn ich es mir vorgenommen habe	4	5	12	17	25
11. Meine Zeit so einzuteilen, dass ich gegebene Termine einhalten kann	2	3	3	17	39
12. Langfristig zu planen	1	6	9	20	28
13. Informationen in Büchern und Bibliotheken zu finden		9	8	14	33
14. Den Lernstoff für mich zusammenzufassen und aufzubereiten		9	17	25	13
15. Selbstständig eine größere Arbeit zu planen und durchzuführen	3	3	19	25	14
16. Eine Diskussion zu leiten oder daran teilzunehmen	1	8	6	29	20
17. Vor anderen meine Meinung zu äußern und mit Kritik umzugehen	1	6	12	9	34
18. Flüchtigkeitsfehler zu vermeiden	6	11	14	28	4
19. Mit EDV und Internet umzugehen	1	3	15	20	24
20. In Gruppen zusammenzuarbeiten		1	6	19	40
21. Frei zu sprechen, einen Vortrag zu halten	4	8	14	22	16
22. Mich richtig auf eine Prüfung vorzubereiten	2	6	10	30	15
23. Eine größere Arbeit sinnvoll zu gliedern	1	6	11	30	15
24. Beim Materialsuchen so gezielt vorzugehen, dass nicht eine Fülle von irrelevanten Informationen zusammengetragen wird		4	15	26	17
25. Selbst festzustellen, wo ich Lücken habe und was ich nicht verstanden habe	1	5	12	18	27
26. Zu fragen, wenn ich etwas nicht verstanden habe		3	11	15	34
27. Eigene Schwerpunkte beim Lernen zu setzen		5	15	19	24
28. Sinnvoll zwischen Einzel- und Zusammenarbeit einzuteilen			9	23	31
29. Einzelfakten (Vokabeln, Formeln, Daten) auswendig zu lernen	2	5	5	19	32
30. Mich zu konzentrieren	4	6	14	25	14

Es ergeben sich hier wie in vergleichbaren Befragungen in anderen Schulen und anderen Stufen klare Tendenzen: So gibt es Lernschwierigkeiten, von denen die meisten Schülerinnen und Schüler betroffen sind (Fragen 3, 9 und 18), und andere, bei denen eine Mehrzahl keine Probleme hat (8, 11, 13, 17, 20 und 26).

Die Antworten zeigen auch, dass jeweils innerhalb einer Klasse oder Stufe große Unterschiede bestehen können: So erklärte beispielsweise mehr als die Hälfte der Befragten, sie hätten keine Probleme, sich von Misserfolgen und schlechten Noten nicht entmutigen zu lassen (Frage 7), während 8 Lernende antworteten, sie hätten damit große Probleme. Auch bei anderen Fragen ergibt sich eine Streuung der Antworten über das ganze Spektrum von »große« bis »keine« Probleme.

Der Vergleich mit den Antworten von Schülerinnen und Schülern anderer Schulen ergibt Übereinstimmungen, welche Probleme als die größten angesehen werden. Am meisten Probleme bereiten nach allgemeiner Ansicht das regelmäßige Lernen und das längerfristige Behalten.

Klippert (1994) erfasste mit schriftlichen Befragungen rund 800 Schülerinnen und Schüler aller Oberstufentypen in den Jahrgangsstufen 6–10. Der Mehrzahl der Schülerinnen und Schüler fällt es demnach u.a. eher schwer,

- den Lernstoff längerfristig zu behalten,
- den eigenen Lernerfolg treffend einzuschätzen,
- im Unterricht zielstrebig zu arbeiten,
- Probleme und Schwierigkeiten beim Lernen zu überwinden,
- umfangreiche Materialien durchzuarbeiten,
- wichtigen Lernstoff übersichtlich zusammenzufassen,
- Berichte übersichtlich zu gestalten,
- Klassenarbeiten frühzeitig vorzubereiten,
- vor der Klasse frei zu reden,
- nach eigenen Stichworten einen kleinen Vortrag zu halten.

Befragungen von Lehrerinnen und Lehrern

Auch aus den Befragungen der Lehrpersonen einer Schule zu den gleichen Problemkreisen (vgl. Fragebogen im Kapitel 3.A) ergibt sich ein interessantes Bild. Die drei Probleme, die nach meinen Erfahrungen jeweils am häufigsten genannt werden, sind:

- Regelmäßig zu lernen und nicht nur gelegentlich große Anläufe zu nehmen.
- Gelerntes über längere Zeit zu behalten,
- Langfristig zu planen.

Diese Tendenzen bleiben konstant, auch wenn verschiedene Typen von Schulen verglichen werden.

Klippert (1996) führt auf Grund seiner Erhebungen folgende Einschätzungen von Lehrpersonen zu den häufigsten Lernschwierigkeiten an:

- die dürftige Lesefähigkeit und -bereitschaft vieler Schülerinnen und Schüler,
- ihre geringe Ausdauer und Konzentration,
- ihre Unsicherheit und Unselbstständigkeit bei komplexeren Arbeitsaufgaben,
- ihre dürftige Methodenkenntnis,
- ihre mangelnde Eigeninitiative und Problemlösungsfähigkeit,
- ihre geringe Gesprächsbereitschaft und -kompetenz,
- ihre mangelhafte Teamfähigkeit,
- ihre Unfähigkeit, anderen zuzuhören,
- ihre dürftige Ordnungsliebe,
- ihr rasches Vergessen des Lernstoffes sowie
- ihre überwiegend geringe Lernmotivation.

Gegenüberstellungen der Befragungen von Lehrenden und Lernenden

Interessant ist die Gegenüberstellung der Antworten von Lehrenden und Lernenden der gleichen Schule. Als Beispiel zeigt die Grafik die Ergebnisse einer Befragung, die im Herbst 1999 in einer Schule der Sekundarstufe II in der Schweiz durchgeführt wurde. Es handelt sich bei den Lernenden um den gleichen Fragebogen, wie er auf S. 58 abgedruckt ist, bei den Lehrenden um einen inhaltlich entsprechenden (vgl. S. 99)
Um den Überblick und die Gegenüberstellung zu erleichtern, habe ich den Rubriken der Fragebogen Werte von 1–5 zugeordnet und sodann Mittelwerte errechnet. Natürlich geht damit die Information verloren, ob die Antworten bei den einzelnen Fragen breit gestreut waren oder eher homogen.

Dass die Mittelwerte bei den Lehrenden fast überall höher als bei den Lernenden liegen, ist auf die unterschiedliche Formulierung zurückzuführen. Es zeigen sich dennoch viele Übereinstimmungen bei den Ausschlägen nach oben und nach unten. Größere Probleme bestehen nach Ansicht beider Gruppen bei:

- regelmäßig zu lernen (Frage 3),
- Gelerntes längere Zeit zu behalten (Frage 9),
- langfristig planen (Frage 12),
- Flüchtigkeitsfehler zu vermeiden (Frage 18), bei den Lernenden noch deutlicher als bei den Lehrpersonen und,
- konzentrieren (Frage 30).

Lernprobleme: Gegenüberstellung Lehrende – Lernende

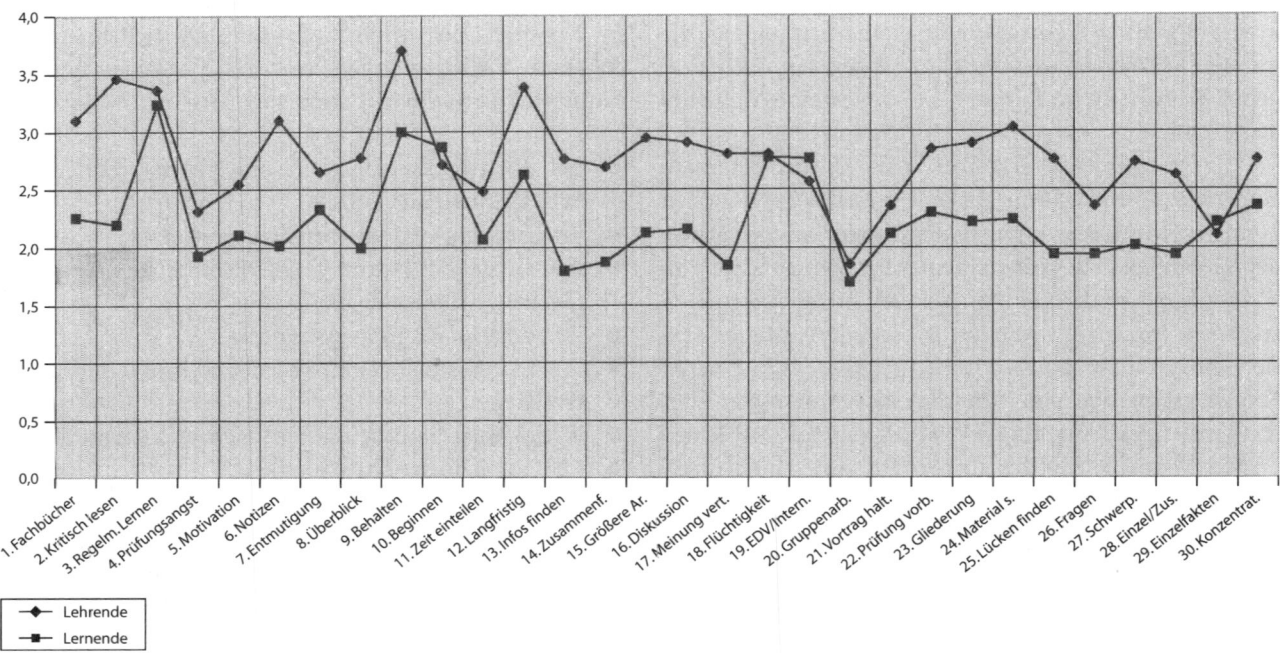

Weitere Befragungen

Eine erste repräsentative Erhebung zu Übertrittsproblemen von Studierenden in der Schweiz habe ich bereits vor vielen Jahren durchgeführt (vgl. Schräder-Naef 1996). Studierende aus allen Fachrichtungen bekundeten Probleme hinsichtlich »Wissen, wie man ökonomisch studiert« und bei der »richtigen Prüfungsvorbereitung«, vor allem Studierende der Medizin und der Naturwissenschaften beim »Überblick über große Stoffgebiete«. Für Studierende in großen Fakultäten wie Medizin und Recht lag das größte Problem in der »Anonymität im Massenbetrieb«. Auch neuere Befragungen kamen zu ähnlichen Resultaten.

Gemäß einem Artikel in der Zeitschrift DER SPIEGEL (9.4.2001) sind Probleme beim Erstellen von Facharbeiten nach Einschätzung von Beratungsstellen ein häufiger Grund für einen Studienabbruch. Lehrkräfte gehen davon aus, dass die heutigen Studierenden besser und selbstverständlicher mit dem Internet umgehen als sie selbst. Viele Lernende sind jedoch mangels Übung und Anleitung bei der gezielten Suche, kritischen Beurteilung und Verarbeitung von Informationen überfordert.

Als aufschlussreich hat es sich erwiesen, innerhalb einer Veranstaltung eine direkte Gegenüberstellung der Sichtweisen verschiedener Gruppen herbeizuführen. Bei einer Veranstaltung habe ich Eltern und Kinder um eine Einschätzung der größten Lernprobleme gebeten; sie markierten auf einer Übersicht die vorgegebenen Stichworte mit (verschieden)farbigen Klebepunkten (vgl. Abbildung).

Der letzte Aspekt, »Selbstkontrolle« wurde auf Vorschlag der Eltern hinzugefügt. Die Einschätzungen der Eltern und der Schülerinnen und Schüler im Alter von 9–13 Jahren klafften völlig auseinander. Mit großem Abstand an der Spitze stand bei den Kindern »keine Freude am Lernen« (was von den Eltern in der anschließenden Diskussion in Abrede gestellt wurde), während die Eltern die Hauptprobleme bei der fehlenden Konzentration und Selbstkontrolle sahen. Gerade diese Eltern, die an einer Veranstaltung zur Verbesserung der Lernstrategien ihrer Kinder teilnahmen, sahen es vor allem als ihre eigene Aufgabe und Verantwortung an, das Lernen ihrer Kinder streng zu überwachen, die Zeiten für die Hausaufgaben festzusetzen und für deren Einhaltung zu sorgen.

Viele Erfahrungen hinsichtlich der wichtigsten Probleme weisen somit in die gleiche Richtung: Im Vordergrund steht einerseits der Umgang mit der Zeit, andererseits aber auch die mangelnde Motivation und Konzentration der Lernenden.

Es gibt nur wenige Kinder, die sich gar nicht konzentrieren können. Oft betreffen die Störungen nur schulische Inhalte, während sich die Kinder oder Jugendlichen in der Freizeit, bei Sport oder Musik ihren Tätigkeiten intensiv zuwenden können.

Eine wichtige Rolle spielt die Motivation, das emotionale Engagement. Mühelos konzentrieren können wir uns, wenn wir klare Ziele und eine positive Einstellung haben, neugierig sind und die Herausforderung unserem Können angemessen ist.

Es ist nicht möglich, höchste Konzentration über Stunden aufrechtzuerhalten, es sind immer wieder Pausen erforderlich. Die Leistungsbereitschaft schwankt zudem in Abhängigkeit von der Tageszeit und entsprechend dem persönlichen Tagesrhythmus (vgl. S. 26).

Kein anderer Aspekt der Lerntechnik wird von Lehrerinnen, Lehrern und Eltern so häufig als Problem genannt wie der Umgang mit der Zeit. Zeitprobleme sind jedoch nicht einfach mit guten Ratschlägen lösbar. Diese Erfahrungen habe ich immer wieder gemacht: Lernende jeden Alters, die an Kursen und Veranstaltungen zu Lernstrategien teilnehmen, sind zwar bereit, Ratschläge zu Notizentechniken, Lesestrategien, über Mind-Maps oder Gedächtnistechniken nicht nur entgegenzunehmen, sondern auch zu erproben. Ratschlägen zu einer sinnvollen, rationellen Planung und Gestaltung der eigenen Zeit wird jedoch meistens entschlossener Widerstand entgegengesetzt.

An praktischen Erfahrungen wie auch an gesicherten wissenschaftlichen Erkenntnissen zum Zeiterleben und rationellen Umgang mit der Zeit fehlt es nicht. Es existieren viele teure Instrumente, ausgefeilte Agenden zur Zeitplanung und intensive Kurse über Zeitmanagement. Seit langem ist bekannt, dass es besser ist, rechtzeitig zu beginnen, Prioritäten zu setzen, nicht zu trödeln oder dringende Arbeiten aufzuschieben, und dass der Erfolg wesentlich größer ist, wenn in Etappen gelernt und rechtzeitig wiederholt wird.

Das Problem besteht darin, dass sich die meisten Jugendlichen und noch mehr die Erwachsenen (eingeschlossen alle Lehrerinnen und Lehrer) stark mit ihrem eigenen Umgang mit der Zeit identifizieren. Verbunden damit sind sehr viele bewusste und unbewusste Gefühle, Ängste, Sehnsüchte und Wünsche. Nur wenn diese reflektiert werden und die Motivation zur Übernahme von Verantwortung für die eigene Zeit und deren Gestaltung geweckt wird, können sich Einstellungen ändern.

(Aus: E. Mattiello: »Kinder vor der Tür«) Elk Verlag, Fehraltdorf

Am Thema Zeit zeigt sich ein wichtiges Problem der Vermittlung von Lernmethoden in der Schule: Zwar sind die Resultate und der Transfer dann am besten, wenn die jeweiligen Methoden innerhalb des Fachunterrichtes eingeübt werden. Der Umgang mit der Zeit ist jedoch nicht nur ein zentrales Problem, es äußert sich auch in allen Fächern in ähnlicher Weise. Es empfiehlt sich deshalb nicht, es fachspezifisch abzuhandeln, oder auch nur, es an einzelne Lehrkräfte zu delegieren und in einem speziellen Kurs einzuüben. Weil die Identifikation mit der eigenen Zeitgestaltung so groß ist, ist eine Verhaltensänderung nur längerfristig und nur dann möglich, wenn die Lernenden auch die Verantwortung für ihre Zeit übernehmen können. Gleichzeitig muss es sich für die Jugendlichen auch lohnen, längerfristig zu planen. Wenn in der Schule immer nur der Stoff für die jeweilige Prüfung zählt, ist es am einfachsten, ihn unmittelbar vorher zu pauken und anschließend wieder über Bord zu werfen.

Gerade Jugendliche, die neben der Schule noch andere Interessen haben, sollten besser nicht nur gelegentlich große Anläufe nehmen. Dazu benötigen sie jedoch einen Überblick über die mittelfristig (zum Beispiel für ein Semester) anstehenden größeren Arbeiten. Bei einem Fachlehrersystem ist dies nur unter weitgehendem Einbezug aller in einer Klasse unterrichtenden Lehrkräfte möglich.

Schulkinder und Jugendliche können oft gar nicht lernen, selbst die Verantwortung für ihre Zeit zu übernehmen, weil ihre Tage von anderen voll gepackt werden und die meisten Eltern gerade in diesem Bereich eingreifen: Sie bestimmen die Schlafens- und Essenzeit, die Schulzeiten sind sowieso vorgegeben, viele Lehrer und Lehrerinnen geben die Aufgaben immer nur kurzfristig, und die Eltern überwachen, dass sie sofort nach der Schule gemacht werden. Für Jugendliche ist der Widerstand gegen diese Planung ein Teil der Abgrenzung, führt aber dann meist nur zu neuem Druck. Zudem haben manche Lehrerinnen und Lehrer selbst Probleme mit ihrer Zeitplanung, erledigen Wichtiges erst in letzter Minute oder lassen Schülerinnen und Schüler lange warten.

Zusammenfassung

Die Ergebnisse der Befragungen zu Lernproblemen von Schülerinnen und Schülern zeigen ähnliche Grundprobleme auf allen Schulstufen: Schwierigkeiten bestehen vor allem bei der Planung und Gestaltung der eigenen Zeit, bei der Motivation und der Übernahme von Verantwortung beim Erreichen eigener Lernziele. Wichtig ist, dass alle Lernenden Gelegenheit zum Erproben, Einüben und gegebenenfalls Verbessern ihrer Lernstrategien erhalten.

Es kann jedoch nicht von homogenen Klassen ausgegangen werden. Oft haben einzelne Schülerinnen und Schüler beträchtliche Schwierigkeiten beispielsweise im emotionalen Bereich (Prüfungsangst, Blockaden, Lernmotivation, Selbstvertrauen). Diese können nicht mit der Vermittlung von Wissen und Strategien und auch nicht in allgemein verbindlichen Kursen angegangen werden. Besser eignen sich dazu Beratungen.

2.2 Schulkonzepte

Viele Schulen, aber auch Forschungsteams und pädagogische Fachstellen haben Konzepte zur Förderung des selbstständigen Lernens und zur Unterstützung von Lernstrategien entwickelt; teilweise liegen dazu Berichte vor. Mit den Verantwortlichen einiger Schulen habe ich gesprochen. Da sich die Schwerpunkte dieser Konzepte unterscheiden, lassen sich die Erfahrungen nicht direkt vergleichen. Im Sinne einer Illustration werden nachfolgend einige Konzepte dargestellt.

Für Deutschland fasst Struck (1997) zusammen, dass immer öfter Schulfächer zu Gunsten eines fächerübergreifenden und überfachlichen Unterrichts und der Projektmethode abgeschafft werden, weil die Aufteilung in Fächer »nicht mehr zu den komplizierten Lebenszusammenhängen, in denen junge Menschen heute aufwachsen und mit denen sie es später in ihrer Berufs- und Freizeitwelt zu tun haben« (S. 168) passen. Wichtiger als eine Gliederung nach Fächern ist seiner Meinung nach die Vernetzung: Offener Unterricht, Unterricht in Vorhaben, projektorientierte Vorgehensweisen im weitesten Sinn und Projektmethoden im engeren Sinn fördern Schlüsselqualifikationen. Struck bezieht sich auf das Thesenpapier Schleswig-Holsteins von 1995 zu seinen neuen Lehrplänen und betont, dass Unterricht nur dann zeitgemäß sei, wenn er von den Schülern aktiv und selbstverantwortlich mitgestaltet werde, wenn sie im Team arbeiten und wenn sie Schwerpunkte und Lernwege selbst wählen können.

Auch in Hamburg werden die bisherigen Fächer zu Lernbereichen gebündelt. Gefördert werden Projektunterricht, Offener Unterricht, Lernwerkstatt sowie der Aufbau von Schlüsselqualifikationen wie Erkundungs-, Handlungs- und Konfliktkompetenz, Teamfähigkeit und die Fähigkeit zu vernetzendem Denken.

Die *Pädagogische Schulentwicklung* Klipperts (2000a) sieht vor, dass ganze Schulen den Innovationsprozess durchlaufen. Zur Vorbereitung absolviert eine größere Gruppe von Lehrkräften einer Schule alle vier Trainingselemente; diese vier Trainingselemente umfassen

- eigenverantwortliches Arbeiten im Fachunterricht (EVA),
- Methodentraining mit Schülern,
- Teamentwicklung im Klassenraum und
- Kommunikationstraining mit Schülern.

Im Zentrum des EVA-Unterrichts steht das aktivproduktive Lernen der Schülerinnen und Schüler. Die Palette der Lernaktivitäten reicht vom Bearbeiten themenzentrierter Arbeitsblätter über das Erstellen einschlägiger Lernprodukte bis hin zur Durchführung ausgewählter Rollenspiele, von Planspielen und Projekten zum jeweiligen Thema des Unterrichts. Selbstständigkeit, Selbstverantwortung und Selbstmanagement sollen kleinschrittig eingeübt und internalisiert werden. Das Training setzt somit bei relativ einfachen Lerntätigkeiten ein und wird mit wachsender Routine der Lernenden zunehmend anspruchsvoller und komplexer.

Als Vorzüge des EVA-Unterrichts sieht Klippert auf Schülerseite die Förderung von Motivation und Eigeninitiative, Selbstständigkeit und Selbstvertrauen, Problemlösungsfähigkeit, Methodenbeherrschung, soziale Kompetenz sowie Sachverstand und Lernerfolg. Für die Lehrenden liegen die Vorteile darin, dass die allseitige Verantwortlichkeit, Belastung durch Schülerstörungen, Disziplinierungszwang, physisch-psychische Anstren-

Vorzüge des EVA-Unterrichts für SchülerInnen und LehrerInnen

EVA

fördert auf Schülerseite ...
- Motivation und Eigeninitiative
- Selbstständigkeit und Selbstvertrauen
- Problemlösungsfähigkeit
- Methodenbeherrschung
- Soziale Kompetenz
- Sachverstand und Lernerfolg

reduziert auf Lehrerseite ...
- Allseitige Verantwortlichkeit
- Belastung durch Schülerstörungen
- Disziplinierungszwang
- Physisch-psychische Anstrengung
- Nervliche Anspannung
- Gefühl des »Versagens«

(Aus: H. Klippert: »Eigenverantwortlich Arbeiten und Lernen«) Beltz Verlag, Weinheim und Basel

gung, nervliche Anspannung sowie das Gefühl des Versagens reduziert werden (vergl. Abb. auf S. 65).

In der Schweiz wurden neue Konzepte für die Sekundarstufe II eingeführt. Das neue Maturitätsanerkennungs-Reglement verlangt auch eine größere selbstständige Arbeit von den Gymnasiasten. Dies führte in vielen Schulen zu Diskussionen, wie Schülerinnen und Schüler auf diese Aufgabe vorbereitet werden können.

In den Berufsschulen erfolgte eine grundlegende Neuorientierung schon früher (vgl. Kapitel 1.1). Auch hier werden selbstständige Arbeiten verlangt, individualisiertes Lernen und erweiterte Lernformen angestrebt.

Ein interessantes Schulentwicklungsprojekt des Kantons Zürich ist das »*Lernen auf eigenen Wegen*« (Gallin/Ruf 1991). Bei diesem Projekt soll der Stoffdruck nicht durch Stoffabbau reduziert werden, sondern durch eine neue Einstellung der Lehrenden und Lernenden zum Stoff (Kernideen) und durch spezielle Arbeitsformen wie Reisetagebuch, Werkstatt- und Projektunterricht. Die Aktivitäten der Lehrperson konzentrieren sich dabei weniger auf die ganze Klasse, sondern mehr auf die Beratung einzelner Schülerinnen und Schüler. Mehr als die Hälfte der Unterrichtszeit dient der Arbeit im Reisetagebuch, wo individuelle Wege und Irrwege beim Erkunden neuer Stoffgebiete dokumentiert werden.

Ziel des Schulentwicklungsprojektes *Erweiterte Lernformen (ELF)* des Kantons Aargau war die Entwicklung und Erprobung von Lernformen, die unterschiedliche Schülerinnen und Schüler je spezifisch fordern und fördern. Die Lernformen sollen die Selbsttätigkeit und Selbstständigkeit besser ermöglichen; sie sind gleichzeitig aber auch auf Teamfähigkeit hin angelegt (Landwehr 1995). Das Methodenrepertoire wird erweitert durch Erprobung von Werkstattunterricht, Freier Arbeit, Projektunterricht und Leittextgesteuertem Unterricht.

Besondere Aufmerksamkeit wird beim ELF-Projekt dem Wochenplanunterricht geschenkt, außerdem der Zusammenarbeit der Lehrkräfte innerhalb eines Schulhauses. Die Schülerinnen und Schüler aller beteiligten Projektklassen können für die Dauer der betreffenden Unterrichtssequenz (von sechs Wochen bis zu einem Quartal) klassen- und fächerübergreifende Ateliers von durchschnittlich einem Halbtag pro Woche wählen.

Der lehrergesteuerte Unterricht wird beim ELF-Projekt jedoch weiter gepflegt; sein Anteil ist in fast allen Projektgruppen nach wie vor größer als der Anteil an Erweiterten Lernformen.

Für die beteiligten Schulen der verschiedenen Stufen werden immer wieder Fortbildungsveranstaltungen durchgeführt.

Die Bereitschaft zur Umsetzung von Erweiterten Lernformen ist gemäß den Erfahrungen im Aargau in Primarschulen und Kindergärten höher als in Oberstufenschulen. Möglicherweise ist dies darauf zurückzuführen, dass es für Lehrkräfte, die allein für eine Klasse verantwortlich sind, einfacher ist, neue fächerübergreifende Unterrichtsformen zu erproben als für Fachlehrer, die sich mit anderen abstimmen müssten.

Die *Handelsschule KV in Liestal* (Basel-Land) ist eine Schule der Sekundarstufe II mit verschiedenen Abteilungen. Für die ganze Schule wurde ein Konzept zur Förderung der Handlungskompetenz erarbeitet (Wottreng 1999). Bei der Umsetzung dieses Konzeptes 1994 an der Berufsmaturaschule, einer der Abteilungen der Handelsschule, erfolgte zunächst eine systematische, intensive Vorbereitung aller Lehrerinnen und Lehrer. Seither findet pro Jahr eine gemeinsame Weiterbildung statt. Neu hinzukommende Lehrkräfte werden von den erfahrenen eingeführt. Die verschiedenen Fachlehrkräfte, die gemeinsam eine Klasse haben, planen laufend und sprechen sich ab, wer welche Methoden vermittelt

Fach	DE	FR	EN	BR	RW	GEO	IKA
1. Abklärung							
– des Lerntyps	e						
– der persönlichen Arbeitstechnik	e						
2. Informationen über die physiologischen Grundlagen des Lernens	e						
3. Information über die äußeren Lernvoraussetzungen	e						
4. Information über Lernstrategien						ea	
– Wörterkartei, Benützung Wörterbuch		a		ea			
5. Notiztechniken							
– Mitschriften	ea	a	a	a	a		
– Mind Mapping und andere Notiztechniken	ea	a	a	a	a		
6. Verständnisstrategien							
– Lesetechnik/Lesetraining	e	ea	a	a			
– Texte strukturieren und gestalten	ea	a	a	a			ea
– Hörtechnik/Hörtraining		ea	a				
7. Konzentrationstraining	a	a	a	a	a	a	a
8. Prüfungsstress abbauen	a	a	a	a	a	a	a

e = einführen   a = anwenden

Planungsliste zur Einführung und Anwendung von Lerntechniken in allen Fällen

und anwendet. Im 3. Ausbildungsjahr führen die Schülerinnen und Schüler in Zweier- oder Dreiergruppen ein Projekt durch; sie erstellen eine Facharbeit zu einem für die ganze Klasse gemeinsamen übergreifenden Thema. Dabei erhalten sie – je nach Lehrperson – entweder nur eine gemeinsame Note oder noch zusätzlich eine individuelle für den eigenen Beitrag. Die Arbeit wird an einer Veranstaltung präsentiert; anschließend finden Prüfungen dazu statt.

In der kaufmännischen Berufsschule, einer weiteren Abteilung der Handelsschule Liestal, ist die Vermittlung von Lern- und Arbeitstechniken verbindlich im Lehrplan festgehalten. Die Lehrkräfte haben eine Planungsliste, auf der angegeben ist, welches Fach welche Elemente einführt und in welchen Fächern diese angewendet werden.

Die Reform *der kaufmännischen Grundausbildung* im Kanton Zürich befindet sich in der Versuchsphase und soll bis zum Jahr 2003 gesamtschweizerisch eingeführt werden. Die dafür notwendige Ausbildung der Lehrmeister und der lehrlingsbetreuenden Personen erfolgt teilweise in traditionellen Schulungsformen und teilweise über eine Internet-Plattform.

Die *Schule für Beruf und Weiterbildung (SBW)*, eine Privatschule in Romanshorn, ist eine Aktiengesellschaft, deren Aktionäre die Lehrerinnen und Lehrer sind.

Die Wissensvermittlung erfolgt über Input-Veranstaltungen, die motivieren und für das Thema begeistern sollen. Den Schülerinnen und Schüler liegen alle Lernziele schriftlich vor, sie können selbst entscheiden, ob sie am Unterricht teilnehmen oder den Stoff selbst erarbeiten wollen. Jugendliche, die die Lernziele nicht erreichen wollen, werden nach einem halben Jahr von der Schule weggewiesen. Alle Schülerinnen und Schüler haben einen (meist auf diese Aufgabe spezialisierten) Lernberater. Mit ihm werden Erfahrungen, Testergebnisse sowie Schul- und Lernprobleme besprochen. Die Beratungsgespräche sind weder zeitlich noch anzahlmäßig beschränkt.

Durch die Bildungsvereinbarung wissen die Schüler und Schülerinnen, was von ihnen erwartet wird und was sie von den Lehrpersonen erwarten dürfen.

Ein wichtiges Prinzip ist die freie Fächerwahl. Die Schülerinnen und Schüler können Neigungsfächer auswählen und sie mit jenen kombinieren, die sie für ihren späteren Beruf oder ihre weitere Ausbildung benötigen. Auch die Grundkompetenzen (Selbst-, Sozial- und Methodenkompetenz) stehen auf dem Stundenplan. Wie bei den anderen Fächern auch werden Inputs gegeben und können die Lernenden sie auch in Gruppen erarbeiten.

Kernfächer sind Lerntechnik, Entscheidungstraining, soziales Lernen und Psychologie. In der *Lerntechnik* werden die hauptsächlichsten Schwierigkeiten beim Lernen aufgegriffen und den Schülerinnen und Schülern Lösungswege aufgezeigt. Sie setzen sich mit ihrem Lernverhalten auseinander, prüfen, unter welchen Bedingungen sie am besten lernen. Das erarbeitete Wissen in den Bereichen Gedächtnis, Prüfungsvorbereitung, Lernorganisation wird in den anderen Fächern angewendet und auf seine Wirksamkeit überprüft. Die Lernenden erarbeiten individuelle Arbeitspläne, die Arbeits- und Erholungsphasen regeln.

Das pädagogische Modell beruht auf der Themenzentrierten Interaktion nach Ruth Cohn (TZI). Eingeübt wird der respektvolle Umgang miteinander, die Einfühlung in das Befinden des Gegenübers. Wichtige Konsequenzen hat das Konzept vor allem für die Lehrenden. Verlangt werden eine wesentlich längere Präsenzzeit während der Woche sowie gemeinsame Weiterbildungen und ein gemeinsames Vorbereiten der Lernmaterialien für die Schülerinnen und Schüler während der Ferien. Stärker einbezogen als bei anderen Schulen werden auch die Eltern.

Die Erfahrungen, die an dieser Schule gemacht werden, sind sowohl nach Meinung der Eltern, der Schülerinnen und Schüler als auch von unabhängigen Beobachtern, sehr positiv. Offen bleibt die Frage, ob ein derartiges Konzept an eine öffentliche Schule übertragen werden kann, wo die meisten Lehrkräfte durch ein anderes Rollenverständnis geprägt und kaum zu Umstellungen bereit sind.

Das *Centro Experimental Pestalozzi* ist eine Privatschule in Ecuador (Wild 1992). Ihre Leiterin, Rebeca Wild, steht in Austausch mit der oben erwähnten Schule für Beruf und Weiterbildung. Das Centro nimmt Kinder schon im Vorschulalter auf und führt auch eine Primarschule. Zentral sind die Eigeninitiative und Eigenaktivität; ausgehend von den Bedürfnissen und Interessen der Kinder werden Materialien bereitgestellt. Nicht die Lehrer bestimmen die Themen. Die jeweiligen Schwerpunkte ergeben sich teilweise aus Tagesereignissen oder aus der Beschäftigung mit den Materialien oder der Umwelt. Das Material wird von den Kindern nicht zwingend so benutzt, wie es vorgesehen ist. Bei vielen ist das Bedürfnis zu spielen noch groß. Viele Ideen sind von der Montessori-Pädagogik übernommen.

Zusammenfassung

Es gibt viele interessante Ansätze, wie in Schulen aller Stufen versucht wird, das selbstständige Lernen zu unterstützen. Gemeinsam ist den Konzepten, dass es jeweils die ganze Schule, die Lehrerinnen und Lehrer als Team sind, die sich für die Ideen und deren Umsetzung einsetzen. Daraus ergibt sich auch für die Schülerinnen und Schüler ein Gesamtbild ohne Brüche zwischen dem Unterricht in den verschiedenen Fächern.

2.3 Erfahrungen und Probleme bei der Einführung von Lerntraining in der Schule

Wer Nichtschwimmer aus dem Wasser zieht oder ihnen einen Rettungsring reicht, rettet sie vor dem Ertrinken und hilft ihnen kurzfristig. Wer ihnen das Schwimmen beibringt, ermöglicht ihnen das selbstständige Bewältigen entsprechender Gefahren im zukünftigen Leben. Der Schwimmunterricht ist aber keine Alternative, wenn Nichtschwimmer bereits im tiefen Wasser stecken.

Ähnliches gilt bei der Vermittlung von Lernhilfen und Lernstrategien: In konkreten »Bedrohungssituationen«, beispielsweise vor einer wichtigen Prüfung, erwarten Schülerinnen und Schüler unmittelbare »Überlebenshilfe«; sie sind dankbar für Tipps und nicht interessiert an selbstständigen Lernstrategien, die erst längerfristig wirksam sind. Daraus ergibt sich ein grundsätzliches Dilemma bei der Vermittlung: Systematisch aufgebaute, auf längerfristige Verhaltensänderungen angelegte Kurse stoßen oft auf wenig Interesse, während Gedächtnistipps und oberflächliche Lernstrategien kaum das selbstständige Lernen fördern und aufbauen.

Das Thema »Lernen lernen« und »Lerntraining in der Schule« war in den letzten Jahrzehnten immer wieder aktuell und wurde von unterschiedlichen Seiten und mit unterschiedlichen Strategien an Schulen oder direkt an die Schülerinnen und Schüler herangetragen. Entsprechende Vorstöße kamen dabei von drei verschiedenen Seiten:

- Vielerorts wurde das Thema von einzelnen initiativen Lehrerinnen oder Lehrern aufgegriffen, die mit verschiedenen Organisationsformen versuchten, die Lern- und Arbeitsmethoden ihrer Schülerinnen und Schüler zu verbessern.
- In manchen Schulen kam die Initiative von Seiten der Schulleitung. Zusammen mit Arbeitsgruppen von Lehrerinnen und Lehrern wurde das Thema angegangen, vorbereitet, an schulinternen Fortbildungsveranstaltungen allen Kolleginnen und Kollegen vermittelt und auf eine breite Diskussion und regelmäßigen Erfahrungsaustausch geachtet. Es wurden obligatorische, klassenweise oder freiwillige Kurse für alle Schülerinnen und Schüler der Schule durchgeführt, teilweise auch spezielle Fächer »Lernmethoden« geschaffen, Einzelvorträge, Projekte, Lernberatungen eingeführt.
- Von pädagogischen Forschungsteams an Hochschulen oder Fachstellen an den zuständigen Ministerien wurden Konzepte entwickelt und anschließend Schulteams gesucht, die sich an deren Erprobung und Umsetzung beteiligten.

Nachfolgend werden die Erfahrungen mit diesen verschiedenen Ansätzen zusammengetragen.

Projekte auf Initiative von Lehrkräften

Beim Lernen lernen geht es nicht in erster Linie um Wissen und Kenntnisse, sondern vor allem um Einstellungen und Anwendungsmöglichkeiten. Es ist deshalb wichtig, dass möglichst viele Lehrerinnen und Lehrer einer Schule »mitmachen«, den Lernenden Gelegenheit geben, verschiedene Strategien zu erproben und Sicherheit zu gewinnen.

Die Ergebnisse der Vorstöße von einzelnen Lehrpersonen waren oft enttäuschend. Viele dieser Versuche wurden wieder abgebrochen. So versuchte ein kleines Team von Lehrenden einer kaufmännischen Berufsschule immer wieder, Lerntraining im Unterricht einzuführen. Sie arbeiteten dazu viele Materialien aus und organisierten zahlreiche Weiterbildungen für ihre Kolleginnen und Kollegen. Heute haben sie das Gefühl, nicht viel weiter zu sein als vor 10 Jahren. Nach wie vor vermitteln nur einzelne Lehrpersonen bestimmte Aspekte, wie beispielsweise das Arbeiten mit Mind-Maps. Eine Koordination unter den Lehrern findet nicht statt.

Die Gründe für das unbefriedigende Ergebnis liegen einerseits in den bereits erwähnten unterschiedlichen Erwartungen von Lehrenden und Lernenden, andererseits vor allem darin, dass das Anliegen nur von einem Teil der Lehrpersonen mitgetragen wird und damit kaum in den allgemeinen Unterricht einfließt. Die Lernenden sehen den Sinn eines Trainings nicht ein, wenn sie die entsprechenden Techniken nicht in anderen Fächern anwenden können.

Sigel (1990) berichtet über eine alternative Lehrerweiterbildung, bestehend aus einer einjährigen Arbeit in einer festen, hierarchiefreien, verstehenden und solidarisch kritisierenden Gruppe mit vierzehntägigen Abendtreffen und Wochenendseminaren. Sie kamen zu mehrheitlich positiven Erfahrungen. Problemlos umgesetzt wurden die freie Textarbeit und die Mitbestimmung der Schülerinnen und Schüler bei Themenreihenfolge, Partnerwahl und Arbeitstempo.

Sigel erklärt dazu, dass – wer das Schulkonzept verändern will – stets auf viele Kollegen und Kolleginnen trifft, die Gründe kennen, warum dies nicht funktioniert. Es gibt wenige, die Unterstützung geben, bei Fehlschlägen ermutigen und Weiterentwicklungen diskutieren, viele dagegen, die es dann schon immer gewusst haben …

Sigel betont zudem, dass Belastungen des Schulalltages durch Disziplinkonflikte, Enttäuschungen, Nichtabschalten-Können bei reformorientierten Lehrpersonen ebenso wie bei allen andern vorhanden sind. Die Reformorientierung führt zudem zu zusätzlichen Belastungen infolge der hohen inhaltlichen Ansprüche, hohen Erfolgserwartungen, dem Zwang, immer verständnisvoll sein zu müssen, und durch Widersprüche zwischen der offiziellen Lehrerrolle und den eigenen Zielen.

Von Schulleitungen eingeführte Projekte

Das Konzept der Handelsschule Liestal, das den Einbezug von Lern- und Arbeitstechniken als Teil der Handlungskompetenz in den Lehrplan aufgenommen hat (vgl. Kapitel 2.2), hat sich nach Aussage der Verantwortlichen bewährt. Sie hoffen, dass dieses Pilotprojekt von den anderen kaufmännischen Berufsschulen in der Schweiz übernommen wird. Das Konzept wird von den meisten Lehrkräften umgesetzt, die Schulleitung legt großen Wert darauf. Leider gibt es noch keine längerfristigen Abklärungen zu den Auswirkungen auf die spätere Handlungskompetenz der Absolventinnen und Absolventen.

In manchen Schweizer Gymnasien sind die Klassenlehrer verpflichtet, Lerntechniken zu Beginn der Ausbildung in der so genannten Klassenlehrerstunde zu vermitteln. Dieses Vorgehen ist oft wenig erfolgreich und bei vielen Schülerinnen und Schülern unbeliebt.

Als problematisch erweist sich, dass das Lerntraining vom sonstigen Unterricht isoliert ist und kein Austausch mit den anderen Fachlehrern besteht. Der Klassenlehrer hat teilweise nur wenige Wochenstunden Unterricht in seinem Fach, sodass für die Lernenden wenige Möglichkeiten des Einübens bestehen. Auch sind nach wie vor gerade an den Gymnasien viele Lehrerinnen und Lehrer der Meinung, dass Jugendliche, die »nicht gelernt haben zu lernen«, nicht an ihre Schule gehören und dass es nicht Aufgabe der Lehrpersonen ist, sie beim Erwerb sinnvoller Methoden zu unterstützen.

Die neu eintretenden Schülerinnen und Schüler haben zudem gerade die Selektion ins Gymnasium überstanden und sind deshalb zunächst mit ihren Lernstrategien zufrieden. Ihre Bereitschaft, diese zu ändern und neue Vorgehensweisen zu lernen, ist gering.

Die Frage stellt sich, in welchem Alter ein Lerntraining zu vermitteln ist. Einerseits wird immer wieder von Studierenden an den Hochschulen bedauert, dass sie in den Gymnasien nicht mit entsprechenden Techniken vertraut gemacht wurden. Andererseits ist es schwierig, Strategien zu vermitteln, die (noch) nicht angewandt werden können.

Von pädagogischen Fachstellen entwickelte Konzepte

Die von Klippert (2000a) beschriebene Pädagogische Schulentwicklung ist ein Beispiel eines von außen an die Schulen herangetragenen Konzepts. Zwar kann Klippert noch keine gesicherten Evaluationsergebnisse vorweisen; er verweist aber auf ausgesprochen ermutigende Rückmeldungen von Seiten der verantwortlichen Lehrerteams und der abnehmenden Betriebe.

An Hunderten von Versuchsschulen, in denen die Trainingsprogramme in den letzten Jahren implementiert wurden, hat sich die systematische Trainingsarbeit (Trainingswochen, einzelne Trainingstage, konsequente Methodenpflege im Fachunterricht) demnach bewährt. Längerfristig wirken sich seine Weiterbildungsveranstaltungen dann recht nachhaltig aus, wenn den Lehrkräften

- ein ausgeprägtes »learning by doing« ermöglicht wird und
- dieses learning-by-doing mit systematischer Teamentwicklung und konsequentem Innovationsmanagement der schulischen Führungskräfte einhergeht.

Gemäß den von Klippert eingeholten Rückmeldungen wurden durch das Programm fruchtbare Kommunikations- und Kooperationsprozesse im jeweiligen Kollegium in Gang gesetzt, die die schulinterne Innovationsbereitschaft zu fördern vermochten. Die anvisierte Methodenschulung und -pflege kam der Kompetenzentwicklung und -erweiterung der Schülerinnen und Schüler zugute, und zwar sowohl im Hinblick auf die Befähigung zum Eigenverantwortlichen Arbeiten und Lernen (EVA) als auch bezüglich der Klärung grundlegender Arbeits-, Kommunikations- und Kooperationstechniken. Allerdings wurde die Unterrichtsreform von zahlreichen Lehrkräften als zu aufwändig und zu belastend erlebt. Klippert deutet dies so, dass über wirksame Entlastungsmöglichkeiten nachgedacht werden sollte.

Als Bilanz betonen die befragten Verantwortlichen, dass die Pädagogische Schulentwicklung ein chancenreicher Prozess und eine viel versprechende Herausforderung für alle Beteiligten sei. Der Unterricht könne dank der neuen Lern- und Trainingsmethoden besser und effektiver werden, die Lernenden könnten und wollten selbstständig arbeiten, wenn sie entsprechend gefördert und gefordert würden.

Nach Klippert ist es für das Innovationsmanagement wichtig, dass alle jene Lehrkräfte einer Schule, die dem laufenden Innovationsprozess eher reserviert gegenüberstehen, konsequent informiert und eingebunden werden. Andernfalls ist die Gefahr groß, dass es innerhalb des jeweiligen Kollegiums zu Spaltungstendenzen und zu Kontroversen kommt. Deshalb sollen auch immer wieder Brücken gebaut und Angebote unterbreitet werden, die den Skeptikern und/oder Verweigerern Gelegenheit geben, sich kundig zu machen und später noch einzusteigen. Einige dieser »Brückenbaumaßnahmen«, die sich nach Klipperts Erfahrungen bewährt haben, sind:

- Informationswand, zentral platzierte Pinnwand mit den wichtigsten Informationen.
- Einschlägige Konferenzen: Einführungs- und Bilanzkonferenzen sowie gelegentliche Fachkonferenzen zur gemeinsamen Erarbeitung methodenzentrierter Lehr-/Lernmittel.
- Studientage mit Produktions- und Hospitationsphasen: Am Nachmittag des Vortages bereiten die Lehrkräfte in fachbereichsspezifischen Gruppen methodenzentrierte Unterrichtsstunden vor, die am nächsten Vormittag in ausgewählten Klassen erprobt werden. Damit alle Lehrkräfte teilnehmen können, fällt der sonstige Unterricht aus. Anschließend wird gemeinsam Bilanz gezogen.
- Hospitationen in den Pilotklassen: Fortgeschrittene Klassenteams (3er-Teams) öffnen ihren Unterricht für interessierte Kolleginnen und Kollegen, um exemplarische Einblicke in die laufende Methoden-, Kommunikations- oder Teamschulung zu gewähren.
- Einrichtung von Tutorensystemen zwischen relativ erfahrenen »Tutoren« und interessierten »Anfängern«.
- Fortbildungsprojekt für interessierte Nachzügler, entweder schulintern oder extern mit Teams verschiedener Schulen.
- Intensive Elternarbeit. Tag der offenen Tür mit methodenzentrierten Demonstrationsveranstaltungen, an denen die Besucher wahlweise teilnehmen können.
- Öffnung des Projektteams für »gutwillige Bedenkenträger«; diese Gruppe macht in vielen Schule 50 Prozent und mehr des Gesamtkollegiums aus.

Der Prozess läuft aber nach den Erfahrungen Klipperts weder automatisch noch reibungslos ab. Wichtig ist, dass die Schulleitung mitspielt, die Rahmenbedingungen einigermaßen stimmen, den interessierten Lehrkräften die nötigen Freiräume und Freistellungen gewährt werden und das Programm möglichst planvoll und systematisch angegangen wird.

Das Projekt »Eigenständig lernende Schülerinnen und Schüler« wurde von einem Forschungsteam der Pädagogischen Hochschule St. Gallen entwickelt und an die Schulen herangetragen. Die metakognitiven Verfahren des gegenseitigen Vormachens, des Beobachtens und Dokumentierens, des gemeinsamen Analysierens und Reflektierens und des gemeinsamen Besprechens von Lernprozessen erwiesen sich als wirksame Instrumente. Die größte Entwicklung ergab sich in den Primarschulen sowie bei Schülerinnen und Schülern aus dem mittleren Leistungsbereich. Der Zuwachs an metakognitiver Bewusstheit im Verlauf der zwei Jahre führte allerdings weder zu Einbußen noch zu signifikanten Steigerungen der fachbezogenen Leistungen im Vergleich von Kontroll- und Versuchsklassen. Gesteigert wurde aber die Zufriedenheit der Lernenden. Eine Überprüfung ein Jahr nach Versuchsende zeigte, dass die Veränderungen im Lernverhalten von Dauer waren.

Vor allem an der Oberstufe und in größeren Schulen besteht das Problem darin, dass Lehrerinnen und Lehrer sich als Fachkräfte verstehen und ein anderes Rollenverständnis haben. Wenn nur Einzelne die Initiative ergreifen, können sie wenig bewirken und geben bald wieder auf.

Der Einstieg verlangt ein relativ großes Engagement der Lehrpersonen in zeitlicher wie auch in energetischer Hinsicht. Hilfreich sind deshalb Rahmenbedingungen wie Entlastungsstunden für die beteiligten Lehrpersonen, verbunden mit einer entsprechenden Fortbildungs- und Kooperationsverpflichtung, einerseits um die zusätzlichen Belastungen zu reduzieren, andererseits um die notwendige Kooperation im Lehrerteam aufzubauen.

Erfahrungen im Aargau zeigen, dass es nach einer solchen Einstiegsentlastung möglich ist, den ELF-Unterricht im gewohnten Pensum zu bewältigen. Viele der am Projekt beteiligten Lehrkräfte berichteten, dass die durch ELF (Erweiterte Lernformen, s. Kapitel 2.2) bewirkten Veränderungen des Unterrichtes bei ihnen zu einer größeren beruflichen Zufriedenheit geführt habe. Zudem wurden gemäß Befragungsergebnissen die Selbstständigkeit sowie die Motivation der Lernenden gefördert.

Guldimann (1996) weist darauf hin, dass viele Lehrpersonen die Förderung des eigenständigen Lernens zwar für »interessant« halten, doch angeben, dass der

Stoffdruck es ihnen nicht gestattet, im Unterricht darauf einzugehen. Er selbst stellt auf Grund des Rahmenmodells der »Cognitive Apprenticeship« Prinzipien für eine prozess- und strategiebezogene Lernförderung auf.

Die von außen, von pädagogischen Fachstellen entwickelten Konzepte werden in der Regel in Pilotprojekten mit Schulen und Lehrkräften erprobt, die sich freiwillig zur Verfügung stellen. Damit sind die gemachten Erfahrungen nicht einfach übertragbar, wenn eine Maßnahme, die sich in den Versuchsschulen bewährt hat, allgemein eingeführt wird. Die Motivation der Lehrerinnen und Lehrer, die durch deren bewusste Entscheidung für ein Pilotprojekt besteht, trägt wesentlich zu dessen Gelingen bei. Pilotprojekte werden zudem sorgfältig begleitet, auf Grund von Erfahrungen gemeinsam mit den Betroffenen weiterentwickelt und erhalten oft zusätzliche finanzielle Mittel, die in der Regel später wegfallen.

Zusammenfassung

Verschiedene Voraussetzungen müssen erfüllt sein, wenn die Vermittlung von Lern- und Arbeitstechniken erfolgreich sein soll:

- Lernstrategien können nicht einfach an die Schülerinnen und Schüler herangetragen werden; diese müssen eigene Lernziele haben, die sie erreichen wollen.
- Die Ziele der Lerntechnik müssen unter den Lehrenden der Schule breite Unterstützung finden.
- Die Lernenden müssen Gelegenheit haben, die Methoden und Arbeitsformen in vielen Fächern anzuwenden. Kurse sind dann am wirkungsvollsten, wenn sie an bereits gemachte Erfahrungen anknüpfen und auf nachfolgende Aufgaben vorbereiten – »just in time«. Diese Einbettung ist beim »Lernen lernen« oft schwierig.
- Die Ratschläge und Hinweise dürfen nicht als starre Rezepte angepriesen werden, sondern als ein Katalog von Alternativen, aus denen die Schülerinnen und Schüler die ihnen entsprechenden auswählen können.

(Aus: E. Mattiello: »Kinder vor der Tür«) Elk Verlag, Fehraltdorf

2.4 Rolle der Schülerinnen und Schüler

Seit mein Buch »Rationeller Lernen lernen« erschienen ist, erhalte ich dazu immer wieder positive Rückmeldungen. Viele Erwachsene versichern mir, das Buch habe ihnen während ihrer Studienzeit sehr geholfen, sie ermutigt, ihre Lernziele selbstständig anzupacken, andere Strategien zu erproben, und dadurch wesentlich zu ihrem Lernerfolg beigetragen.

Es scheint mir kein Zufall zu sein, dass ich ähnliche Rückmeldungen von Jugendlichen zu meinem Buch »Lerntrainer für die Oberstufe« nie erhalten habe. Mein Anliegen ist die Unterstützung des selbstständigen Lernens; Voraussetzung dafür sind eigene Lernziele. Viele Kinder und Jugendliche empfinden Lernen jedoch als unangenehme Pflicht, die sie nur deshalb erfüllen, weil sie entweder dazu gezwungen werden oder weil erstrebenswerte Ziele wie das Wohlwollen der Eltern oder ein Schulabschluss auf andere Weise nicht erreicht werden können. Fehlt Schülerinnen und Schülern die Lernmotivation, sind sie nur an »Patentrezepten« zum Erreichen von guten Noten, an »Abkürzungen« bei der Erledigung von Schularbeiten oder der Vorbereitung auf Prüfungen interessiert, nicht aber an aufwändigen selbstständigen Vorgehensweisen. Viele haben erst als Erwachsene eigene Lernziele und sind dann dankbar für Hilfen und Anregungen zu Lernstrategien.

Die Schule und vor allem die Klassenzimmer sind zudem keine Inseln. Die Kinder und Jugendlichen werden von vielerlei Motiven bewegt, aber auch belastet und blockiert. Vor allem während der Pubertät stehen andere als schulische Interessen im Vordergrund. Die Heranwachsenden sind oft überfordert und fühlen sich unverstanden, wenn von ihnen verlangt wird, sich voll auf die Schule zu konzentrieren. Ratschläge von Erwachsenen stoßen auf Misstrauen und auf Widerstand. Auf der anderen Seite ist die Pubertät ein Entwicklungsschritt, bei dem die Suche nach der eigenen Identität, nach Abgrenzung wie nach Selbstständigkeit und eigener Verantwortung besonders ausgeprägt ist. Ein Unterricht, der das Verfolgen eigener Lernziele und Beschreiten eigener Lernwege zulässt, kommt diesen Bedürfnissen entgegen.

Wenn Schülerinnen und Schüler selbstständig lernen sollen, ändert sich sowohl ihre Rolle als auch jene der Lehrenden. Wie im Kapitel 1.2 ausgeführt, übernehmen sie Mitverantwortung auch für die Lernziele, die Auswahl der Strategien, das Aufrechterhalten der Aufmerksamkeit und der Motivation, das laufende Überprüfen des Weges und der Ergebnisse sowie die Evaluation. Sie müssen lernen, die richtigen Fragen zu stellen, nicht nur die Fragen der Lehrenden in der von diesen erwarteten Weise zu beantworten. Dies ergibt auch für die Lernenden mehr Unsicherheit und ist weniger bequem.

Ob Kinder und Jugendliche diese Mitverantwortung übernehmen wollen und können, hängt von ihrem Selbstbild, ihren bisherigen Lernerfahrungen, aber auch von den aktuellen Rahmenbedingungen in der Schule, der sozialen Situation und den Erwartungen und Reaktionen von Lehrpersonen, Eltern wie auch der Klasse ab.

Selbstständiges Lernen soll nicht nur ein deklariertes Ziel sein und angeleitet werden. Es muss auch einen Platz in der Beurteilung und Evaluation haben. Wenn am Ende des Schuljahres nur die Gedächtnisleistung für die Promotion und Selektion zählt, werden die Lernenden nicht ermutigt, eigene Wege zu erproben und eigenen Fragen nachzugehen.

Schon früh nimmt ein Kind die ausgesprochenen und unausgesprochenen Erwartungen und Einstellungen der Eltern wahr: Wie wichtig ist Lernen für diese, wie offen stehen sie neuen Entwicklungen gegenüber? Wird in der Familie gefragt und diskutiert, bilden sich die Eltern selbst weiter oder stehen sie der Schule vielleicht auf Grund eigener negativer Erfahrungen misstrauisch gegenüber und meiden den Kontakt mit der Lehrerin oder dem Lehrer ihrer Kinder? Wenn die Lernenden spüren, dass ihr Umfeld kein Vertrauen in ihre Lernfähigkeit hat, können sie auch keine Motivation zum selbstständigen Lernen entwickeln.

Wie in Kapitel 1.7 hervorgehoben, bestehen sowohl hinsichtlich Selbstbild als auch hinsichtlich Erwartungen von Eltern und Lehrkräften geschlechtsspezifische Unterschiede. Auch neuere Untersuchungen (vgl. Schräder-Naef 1997) zeigen, dass Mädchen zwar durchschnittlich auf bessere Schulleistungen kommen und während der obligatorischen Schulzeit einen höheren Schulerfolg aufweisen als Jungen, dass sie aber bescheidenere Bildungsziele anvisieren und ihre spätere Laufbahn weniger selbstbewusst anpacken. Vermutlich ist dies auch auf die Reflexion der Geschlechterrolle während der Pubertät zurückzuführen.

Die nachfolgenden Beispiele illustrieren die Wechselwirkung von Einstellungen der Lernenden und Einflüssen ihres Umfeldes.

> Claudia ist ein freundliches und interessiertes Kind. Ihre Eltern haben sie immer unterstützt und ihre Fragen ernst genommen. In der Schule ist sie aktiv, fleißig und zuverlässig, nicht weil es jemand von ihr verlangt, sondern weil ihr das Lernen Freude macht. Natürlich wird sie von der Lehrerin sehr geschätzt, häufig gelobt und erhält sie gute Noten. Claudia findet dies zwar angenehm; da sie aus echtem Interesse lernt, braucht sie diese Bestätigungen eigentlich nicht. Ihre Einstellung: Lernen macht Spaß, es gehört zu mir, ich traue mir zu, den Stoff zu bewältigen.
>
> Tobias, Claudias jüngerer Bruder, sieht die guten Noten seiner Schwester nicht ohne Neid. Er weiß aber auch, wie viel Zeit sie für die Schule aufwendet. Dazu hat er keine Lust und ist sich auch nicht sicher, ob er bei ähnlich großem Aufwand auf vergleichbare Noten kommen würde. Er treibt deshalb lieber Sport oder spielt mit seinen Freunden. Seine Lehrerin und seine Eltern bezeichnen ihn als faul, doch kann er diese Erklärung für seine schlechten Noten eher akzeptieren als einen allfälligen Misserfolg trotz größerem Einsatz.
>
> Beide Eltern von Markus sind berufstätig. Vor allem die Mutter hat deswegen ein schlechtes Gewissen. Hat Markus seine Aufgaben abends noch nicht gemacht, setzt sie sich mit ihm hin und hilft; für gute Noten gibt es Belohnungen, bei schlechten werden Nachhilfestunden organisiert. Markus hat daraus die Folgerungen gezogen, dass nicht er, sondern seine Eltern für seinen Schulerfolg verantwortlich sind, aber auch, dass sie ihm das selbstständige Lernen nicht zutrauen.
>
> Tanja ist das Lernen in der Grundschule leicht gefallen. Im Gymnasium müsste sie sich mehr anstrengen und regelmäßig lernen. Viel lieber aber verbringt sie ihre Zeit im Reitstall. Je schlechter ihre Noten werden, desto weniger Lust hat sie, sich mit ihren Schulbüchern auseinander zu setzen. Ihre Schulleistungen und ihr mangelnder Einsatz sind Anlass für ständigen Streit mit den Eltern; sie darf erst aus dem Haus, wenn die Aufgaben gemacht sind, doch weil sie stundenlang davor sitzt, bleibt ihr keine Freizeit mehr. Sie fühlt sich nicht ernst genommen und verweigert das Lernen aus Trotz.

Die Beispiele ließen sich beliebig fortsetzen. Nicht nur die Schülerinnen und Schüler selbst müssen sich zutrauen, die Verantwortung für ihr Lernen zu übernehmen, auch ihre Eltern und Lehrpersonen müssen dies tun. Dazu braucht es entsprechende Übungsmöglichkeiten.

Kinder und Jugendliche können zudem nur aus eigenem Antrieb lernen und eigene Lernziele verfolgen, wenn die Zuneigung der Eltern und wichtiger Bezugspersonen nicht vom Schulerfolg abhängig sind. Spüren die Lernenden dagegen bei der Auseinandersetzung mit ihren Interessensgebieten eine wachsende Kompetenz und Erfolg, werden sie auf diesem Weg bestärkt.

Unterschiede im Selbstbild und in der Selbstsicherheit treten auch in Lerngruppen zu Tage oder in Diskussionen, wenn Kinder und Jugendliche ihre Meinung zum Ausdruck bringen oder vor einer größeren Gruppe frei sprechen sollen. Manche Schüler und vor allem Schülerinnen sind innerlich überzeugt, dass die anderen alles besser können und wissen, und geraten in solchen Situationen unter Druck. Sie brauchen Unterstützung und Ermutigung von Seiten der Lehrperson.

Prägend ist zudem der Umgang von Eltern und Lehrpersonen mit Fehlern: Vermitteln sie den Kindern, dass Fehler zu vermeiden sind, dass man sich dafür schämen muss, wird sich das Kind lieber nicht auf unbekannte oder schwierige Aufgaben einlassen. Machen die Bezugspersonen dagegen deutlich, dass Fehler wichtige Orientierungspunkte sind und man ohne sie nicht lernen kann, wird es ermutigt und bereit für Neues. Wichtig ist auch, dass der Schwerpunkt vor allem darauf liegt, was das Kind richtig, und nicht, was es falsch gemacht hat. Lob motiviert und ermutigt.

Prüfungsangst und Blockaden sind nur durch Stärkung des Selbstvertrauens durch Erfolgserlebnisse abbaubar. Die Kinder müssen ermutigt werden, auf ihren Stärken aufzubauen und positive Gefühle zu mobilisieren. Auch bei Misserfolg ist die Zuversicht wichtig, dass die Ziele erreicht werden können.

Entscheidend ist sowohl von Seiten der Schule, noch viel mehr aber von Seiten der Eltern, dass den Kindern das Gefühl der Akzeptation und des eigenen Wertes unabhängig von den Schulleistungen vermittelt wird. Nicht nur die Kinder, die regelmäßig mit guten Noten nach Hause kommen, brauchen die Zuwendung und Unterstützung ihrer Eltern, sondern die anderen, die im Wettbewerb immer wieder schlecht abschneiden. Gerade sie sollten zudem erfahren können, dass nicht nur Noten zählen, sondern dass die Schule aus vielem mehr besteht und auch ihnen Spaß machen kann.

Wichtig ist auch die Erkenntnis, dass die Lernenden beim Eintritt in die Oberstufe bereits über unterschiedliche Lernstrategien verfügen und unterschiedliche Schulleistungen erbringen. Der Schulerfolg muss dabei keineswegs in enger Beziehung zur Qualität der Lernmethoden stehen. Jugendliche identifizieren sich stark mit ihren Erfahrungen und Vorgehensweisen. Sie wollen bei ihrem Lernverhalten nicht belehrt, sondern allenfalls beraten und begleitet werden und sind nur dann zu einer Umstellung bereit, wenn sie einen erkennbaren Nutzen davon haben.

Alle Strategien sind besser, wenn sie von den Lernenden entdeckt und entwickelt werden. Eine Möglichkeit dazu ist das von Jean-Pol Martin beschriebene »Lernen durch Lehren«, bei dem die Schülerinnen und Schüler Schritt für Schritt Funktionen des Lehrers übernehmen. Nach Martin ergeben sich daraus folgende Auswirkungen: Die Lehrperson redet weniger. Schwierige Stoffsequenzen werden aus Schülerperspektive beleuchtet, dadurch erfolgt ein anderer Zugang. Die Lernenden setzen sich in Gruppen intensiver mit dem Stoff auseinander. Die Hemmschwelle für Fragen ist geringer, soziales Lernen wird gefördert.

Zusammenfassung

- Wenn das selbstständige Lernen ein Ziel ist, ändert sich die Rolle der Schülerinnen und Schüler.
- Für das Leben der Kinder und mehr noch der Jugendlichen während der Pubertät sind neben Schule und Lernen andere Bedürfnisse zentral.
- Verantwortung können Schülerinnen und Schüler nur übernehmen, wenn sie über Selbstvertrauen verfügen und wenn ihnen Vertrauen auch von ihren Eltern und Lehrpersonen geschenkt wird.
- Erfolgserlebnisse sind für die Lernmotivation entscheidend. Wenn Fehler überbewertet und als Versagen taxiert werden, können Blockaden entstehen.

(E. Mattiello)

2.5 Rolle der Lehrerinnen und Lehrer

Gestiegene Anforderungen

Selbstverständlich können Schulreformen nur mit Unterstützung der Lehrerinnen und Lehrer durchgeführt werden. Zurzeit ist vieles im Umbruch und werden zahlreiche unterschiedliche Strömungen und gegensätzliche Vorstöße an die Schulen herangetragen; dies bedeutet eine große zusätzliche Belastung und auch Verunsicherung der Lehrkräfte. Aufsichtsbehörden, Fachstellen, Bildungspolitiker, aber auch Eltern und die zukünftigen Arbeitgeber der Schulentlassenen sind schnell bereit, neue Forderungen aufzustellen und die Lehrerinnen und Lehrer für tatsächliche oder scheinbare Missstände anzuprangern.

Sowohl in der Schweiz als auch in Deutschland zeichnet sich ein Mangel an Lehrkräften ab. Ein Grund dafür liegt in der Abwanderung von ausgebildeten Lehrerinnen und Lehrern in andere Tätigkeiten. Dieser zunehmende Wechsel wird auch darauf zurückgeführt, dass die Belastungen im Schuldienst sehr hoch sind und auf dem Arbeitsmarkt zurzeit viele besser bezahlte und weniger stressreiche Stellen zu finden sind.

Wenn vermehrt junge Lehrerinnen und Lehrer abwandern, ergibt sich eine Überalterung der Berufsgruppe. Dies wirkt sich auch auf die Reformfreudigkeit der Kollegien aus.

Während die Belastungen des Berufs zweifellos gewachsen sind, ist dessen Ansehen gesunken. Viele Lehrerinnen und Lehrer schwanken zwischen einer Bereitschaft, Neues zu erproben und dabei Unsicherheit in Kauf zu nehmen, und dem Wunsch, auf ihre langjährigen Erfahrungen und Kompetenz zu verweisen und Neuerungen abzuwehren.

Ein Berufsbild, das im Wandel ist, bietet aber auch Chancen; es ergeben sich mehr Möglichkeiten zur eigenen Interpretation und zu individuellen Schwerpunkten.

Neue Erwartungen, geänderte Rollen

Wird ein Schwerpunkt auf das selbstständige Lernen der Schüler gelegt, müssen sowohl die Lehrenden als auch die Lernenden umdenken; die früheren Lehrpersonen werden zu Mitlernenden, die Schülerinnen und Schüler erhalten zunehmend Wahlfreiheiten und individuelle Mitbestimmungsmöglichkeiten über Inhalte und Methoden. Materialien übernehmen Lehr- und Übungsfunktionen, Lehrerinnen und Lehrer werden Beobachter, Berater, Helfer und machen sich gemäß dem Prinzip der minimalen Hilfe mit der Zeit überflüssig. Dazu braucht es auch eine andere Ausbildung.

- Die Lehrenden werden zu Lernmanagern; sie vermitteln nicht nur Lerninhalte, sondern zeigen auf, auf welchem Weg Lernziele am effektivsten zu erreichen sind.
- Sie unterstützen die Schülerinnen und Schüler beim Umgang mit Misserfolgen und beim positiven Denken, um so Ängste vor unangenehmen Situationen wie wichtigen Prüfungen oder vor Klassenarbeiten auf ein erträgliches Maß zu reduzieren.
- Die Lehrpersonen ziehen sich im Unterricht (zeitweise) zurück, um den eigenen Lernfluss der Schülerinnen und Schüler nicht zu unterbrechen. Diese lernen zunehmend auch in längerfristigen Projekten.

Die Lehrerinnen und Lehrer sind damit nicht mehr die Vorbilder und auch nicht mehr die Einzigen, die das Ziel kennen und die Lernenden führen. Natürlich bedeutet dies nicht, dass die Schülerinnen und Schüler nicht von ihren Kenntnissen profitieren sollen. Wichtig wird die Beratung und Begleitung, Schaffung von Gelegenheiten zum Üben und Ausprobieren, Hilfe bei Schwierigkeiten und die Koordination von Einzeltätigkeiten.

Nach Zutavern (1995) sind Lehrpersonen, die »überflüssig werden wollen«, entscheidend für das Selbstständigwerden der Lernenden. Damit meint er nicht, dass die Lehrerinnen und Lehrer nichts tun sollen, sondern dass sie beispielsweise

- »Lern- und Erfahrungsräume, die die Selbsttätigkeit von Schülerinnen und Schülern fördern, gestalten,
- das Nachdenken über Lernen anregen und begleiten,
- einzelnen Schülerinnen und Schülern individuelle Lernhilfen geben,
- Lerngemeinschaften der Schüler untereinander fördern und
- bei Konflikten für faire Lösungsprozesse und ein Miteinander-Reden sorgen« (a.a.O., S. 220).

Guldimann (1996) erläutert:

- Die Lehrenden verstehen sich selbst als Lernende, indem sie den Schülerinnen und Schülern zeigen, mit Hilfe welcher Strategien sie selber lernen und wie sie deren Einsatz steuern können.
- Die Lernenden und die Lehrpersonen reflektieren ihre Lernstrategien und tauschen ihre Fremd- und Selbstbeobachtungen regelmäßig aus. Dazu können das Arbeitsheft, die Arbeitsrückschau, die Lernpartnerschaft, das Ausführungsmodell oder die Klassenkonferenz hilfreich sein.

Auswirkungen der neuen Medien

Besonders deutlich wird der Wechsel der Lehrerrolle beim Umgang mit den neuen Medien. Zum einen haben viele Jugendliche einen wesentlich lockereren Zugang zu diesen Hilfsmitteln und können sie oft viel besser nutzen, was viele Lehrpersonen verunsichert. Zum andern lösen diese Medien die Lehrenden als Wissensvermittler ab. Computerlernen ist effizient und auf Individuen zugeschnitten; die Lernenden können im eigenen Rhythmus arbeiten, die Pausen selbst bestimmen und kommen deshalb viel schneller voran.

Der Einzug der Computer in die Klassenzimmer stellt für die Lehrerinnen und Lehrer auch eine Chance dar und setzt sie frei für ihre neuen Rollen und für individuelle Begleitung. Wichtig wird damit, dass die Lehrerinnen und Lehrer Gegengewichte setzen, indem sie die Interaktion zwischen den Lernenden und Computern ergänzen durch vermehrte soziale Kontakte und die Zusammenarbeit noch mehr fördern. Die gewonnene Zeit kann zudem für mehr Bewegung, aber auch für die Entwicklung von Strategien zur Konfliktbewältigung genutzt werden.

Gloor (2000) weist darauf hin, dass der Einsatz von Informationstechnologien die Lehrkräfte zur Anwendung von erweiterten Lehr- und Lernformen förmlich zwingt. Grundsätzlich kann jedoch nicht davon ausgegangen werden, dass der Unterricht allein schon durch die Einführung von Multimedia wirksamer wird, auch wenn deren Einsatz bei den Schülerinnen und Schülern motivationssteigernd wirkt.

Selbstbild der Lehrpersonen

Viele Lehrerinnen und Lehrer halten es für selbstverständlich, dass sie die einzige Informationsquelle ihrer Klasse sind. In ihrer neuen Rolle müssen sie auch zugeben können, dass sie nicht alles wissen, vielleicht sogar, dass in manchen Bereichen und Spezialgebieten einzelne Schülerinnen oder Schüler weiter sind. Wenn die Schülerinnen und Schüler zunehmend selbstständig lernen, selbst Informationen beschaffen, Quellen vergleichen und kritisch fragen, erfordert dies bei den Lehrenden eine Umstellung. Aktiv Lernende, die Fragen stellen, Hintergrundinformationen verlangen, vergleichen und bewerten, sind oft unbequem.

Es kann davon ausgegangen werden, dass die meisten Personen, die den Lehrberuf ergriffen haben, diesen Beruf als Schülerin oder Schüler positiv erlebt haben und ihre damaligen Lehrkräfte als Vorbild sahen. Viele Lehrerinnen und Lehrer unterrichten deshalb so, wie sie selbst unterrichtet wurden. Wenn sie bei ihrer Ausbildung Methodenvielfalt nur als Forderung, nicht aber als didaktische Realität erlebt haben, sind sie als Junglehrer bei der Umsetzung überfordert und ziehen sich auf die bereits als Schülerin und Schüler erlebten Muster zurück (Wiechmann 2000).

Viele Lehrkräfte wehren sich gegen Änderungen der Schule, die zu einer anderen Rolle führen würden. Vorschläge empfinden sie als Kritik an ihrem bisherigen Vorgehen; sie werden verunsichert und fürchten, ihre auf ihren langjährigen Erfahrungen beruhende Kompetenz zu verlieren. Sie sind deshalb kaum zu erreichen und zu überzeugen. Wenn einzelne initiative Lehrerinnen und Lehrer sich innerhalb einer etablierten Schule mit neuen Ideen durchsetzen wollen, stoßen sie deshalb oft auf Widerstand. Manche geben auf, passen sich entweder an oder wechseln den Beruf. Natürlich ist die Ausbildung der Lehrkräfte wichtig für die Entwicklung der Schulen; wenn sich aber neue Ideen wirklich durchsetzen sollen, müssen auch die bereits amtierenden Lehrkräfte erreicht werden.

Noch kaum untersucht sind Geschlechtsaspekte, unterschiedliche Rollenbilder von Lehrerinnen und Lehrern und deren Auswirkungen auf die Reformbereitschaft und die Umsetzung von Initiativen. In Deutschland, aber mehr noch in der Schweiz, ist der Männeranteil in den Schulhäusern umso größer, je höher und prestigeträchtiger die Schulstufe und der Schultypus sind. Zwar ergreifen insgesamt mehr Frauen als Männer den Lehrberuf, doch sind in den Schulleitungen aller Stufen Männer in der Überzahl.

Hindernisse bei der Umsetzung von selbstständigen Lernformen

Nach Zutavern (1995), der in der Ausbildung von Oberstufenlehrern tätig ist, ergeben Befragungen von Lehramtsstudentinnen und -studenten in den letzten Ausbildungsjahren regelmäßig, dass diese die »Selbstständigkeit der Schülerinnen und Schüler« als wichtigstes Erziehungsziel für ihre spätere Arbeit in der Schule erachten. Die spätere Beobachtung der Unterrichtslektionen der Junglehrerinnen und Junglehrer zeigt dage-

(G. Mester/Baaske Cartoons, Mühlheim)

gen fast keine Umsetzungen dieses Ziels; es dominiert das kleinschrittige, von Anweisungen geprägte Vorgehen.

Auch Lehrer und Lehrerinnen haben zentrale Bedürfnisse nach Autonomie, nach Anerkennung und Erfolg (vgl. Kapitel 1.8).

Als große psychische Belastung bezeichnet Sigel (1990) die widersprüchlichen Funktionen der Lehrenden gegenüber den Lernenden:

- Sie sollen einmal einfühlende Berater sein, individuelle Schwierigkeiten erkennen und überwinden helfen, ein andermal aber Noten und Beurteilungen abgeben, die sich auf Lebenschancen auswirken.
- Sie sind einerseits für die Leitung der Klasse selbst verantwortlich, andererseits an die Weisungen der Aufsichtsbehörde und der vorgegebenen Lehrpläne gebunden.

Reformorientierte Lehrer und Lehrerinnen müssen zudem gleichzeitig ihr Vorgehen nach außen rechtfertigen und partielle Misserfolge gegenüber sich selbst. Nach Sigel heißt Schule verändern für die Lehrenden immer auch sich selbst verändern. Belastungen und Ängste erfahren alle Lehrer und Lehrerinnen, auch jene, die etwas verändern wollen.

Viele Lehrpersonen fürchten, dass die Schüler und Schülerinnen nichts tun, wenn sie diese selbstständig arbeiten lassen. Zweifellos gibt es während der frei eingeteilten Arbeitsphasen auch Zeiten, in denen sich Lernende über anderes mit dem Nachbarn austauschen, eine Erholungspause einschalten oder die Arbeit wechseln. Damit verfestigen sich entsprechende Befürchtungen bei den Lehrenden: Ängste, alte schlechte Erfahrungen werden nach Sigel immer wieder in Situationen der Unsicherheit aktualisiert und führen zu einer Einschränkung der Wahrnehmung dessen, was wirklich abläuft. Die Folgen sind, dass die Lehrenden zu alten autoritären Handlungsstrukturen zurückkehren: Sie ermahnen die Schülerinnen und Schüler, jetzt doch endlich zu arbeiten, nehmen Entscheidungsfreiheiten für die Lernenden zurück und erhöhen den Anteil an lehrerzentrierten Aktionen. Andere reformorientierte Lehrkräfte wollen zu viel auf einmal, sind mit kleinen Schritten nicht zufrieden und erleiden Schiffbruch – was die Reformgegner als Beweis nehmen, dass die ganze Reform nichts taugt.

Das Forschungsprojekt »Weiterbildung und Schulentwicklung« (Rüegg) untersuchte im Kanton Bern die Auswirkungen von schulinterner Weiterbildung und Kollegienberatung auf die Zusammenarbeit von Lehrpersonen, ein Ziel, das im Rahmen des Lehrplans eingefordert wird. Die Ergebnisse belegen, dass staatlich verordnete Umsetzungsprogramme und Instrumente nicht einfach linear zum Erfolg führen. Einer der Haupthinderungsgründe für Zusammenarbeit in den Kollegien ist in der Kommunikations- und Konfliktkultur der Schulen zu finden. Die laufenden Reformen und Innovationen im Bildungswesen erfordern eine neue Professionalität der Lehrpersonen, die noch kaum im Berufsverständnis der Lehrpersonen verankert ist. Dieser Tatsache sollte die Lehrerweiterbildung abhelfen. Aber vielen Lehrenden bleibt unklar, wie sie die Weiterbildung planen und in den Berufsalltag einbauen können.

In einer besonderen Situation ist die im Kapitel 2.2 erwähnte Privatschule SBW (Schule für Beruf und Weiterbildung): Hier steht die ganze Schule hinter dem Konzept; neue Lehrerinnen und Lehrer müssen entweder das Konzept übernehmen oder sie verlassen die Schule wieder. In öffentlichen Schulen ist es oft umgekehrt: Initiativen und Reformvorschläge, die von einzelnen Lehrpersonen eingebracht werden und eine Änderung der Lehrerrolle zur Folge hätten, stoßen auf Widerstand und können sich nicht durchsetzen. Die Initianten passen sich entweder der bestehenden Schulkultur an oder suchen sich eine neue Stelle. Vor allem große Schulen erweisen sich in dieser Hinsicht oft als schwerfällig. Etwas einfacher ist es bei kleinen, bei Privatschulen oder bei Schulen mit einer Tradition der Zusammenarbeit und gemeinsamen Weiterentwicklung.

Unterstützung durch Zusammenarbeit

Ein Ausweg aus der Isolation kann eine Gruppe von Lehrpersonen mit ähnlichen Ideen sein, die sich regelmäßig trifft und gemeinsam weiterbildet. Sigels These ist, dass Lehrerinnen und Lehrer am ehesten voneinander lernen und detaillierte Anregungen aus der alltäglichen Praxis von gleichgestellten Kollegen und Kolleginnen brauchen. Mut zum Ausprobieren vermitteln vor allem jene, die selbst schon konkret und zumindest teilweise erfolgreich experimentiert haben.

Zutavern (1995) sieht drei Wege für Lehrpersonen, sich als Lernexperten und professionelle Helfer beim Lernen zu bewähren:

- Die Selbstständigkeit muss als Prozess verstanden werden, der ein schrittweises Sich-Zurückziehen der Lehrperson ermöglicht.
- Die Schülerinnen und Schüler müssen ihr Lernen dokumentieren lernen, damit sich einfache Informationswege für die Lehrenden eröffnen, möglichst viel über ihre Stärken und Schwächen zu erfahren.
- Die Möglichkeiten des gemeinsamen Lernens und der gegenseitigen Lernhilfe der Schülerinnen und Schüler untereinander müssen genutzt werden.

Auch Zutavern betont, wie wichtig die Zusammenarbeit im Lehrerkollegium ist, die Möglichkeit, sich gegenseitig zu entlasten, andere einzubeziehen, um Hilfe oder Rückmeldung zu bitten.

Die Zusammenarbeit zwischen den Lehrern und Lehrerinnen ist auch wichtig bei der Erarbeitung von neuen Konzepten und im Austausch von Erfahrungen. Wie bei den Schülerinnen und Schülern bieten sich Lernpartnerschaften auch unter Lehrpersonen als Möglichkeit an (Achermann u.a. 2000).

Auf die Wichtigkeit der Zusammenarbeit mit und Unterstützung durch die Eltern verweist Klippert (2000a). Zu seiner Pädagogischen Schulentwicklung (vgl. Kapitel 2.3), die den Reformprozess innerhalb einer ganzen Schule in Gang setzt, gehört auch die konsequente Information und Sensibilisierung der Eltern, Schulträger und Lehrerverbände. Ausgangspunkt ist jeweils ein einführender Vortrag, der einen Überblick über das Konzept, die Ziele und die konkreten Maßnahmen der Pädagogischen Schulentwicklung gibt. Für die Eltern werden zudem ganz spezifische methodenzentrierte Veranstaltungen angeboten, bei denen nicht nur informiert und diskutiert wird, sondern auch Gelegenheit geboten wird, praktische Beispiele, wie mit Schülern das Lernen trainiert wird, kennen zu lernen.

Zusammenfassung

Die Anforderungen an die Lehrer und Lehrerinnen haben sich geändert. Die Lehrpersonen erfahren von vielen Seiten mehr Kritik und weniger Anerkennung. Das selbstständige Lernen der Schülerinnen und Schüler bringt eine Veränderung der Lehrerrolle mit sich, die nicht dem Selbstbild vieler Lehrkräfte entspricht. Sie sind oft nicht dafür ausgebildet und haben keine entsprechenden Vorbilder. Folgen davon sind einerseits verbreitete Verunsicherung, Konflikte in den Schulen durch unterschiedliche Auffassungen in Kollegien, aber auch Rollenkonflikte zwischen den verschiedenen Aufgaben der Lehrpersonen (Beratung und Unterstützung versus Bewertung und Selektion). Angegangen werden können diese Probleme durch mehr Zusammenarbeit unter den Lehrkräften einer Schule, aber auch mit den Eltern.

2.6 Sensibilisierung der Lehrkräfte durch Auseinandersetzung mit der eigenen Lernbiografie

Wer Lehrer oder Lehrerin wird, entwickelt eine persönliche Lerntheorie. Diese persönliche Lerntheorie beeinflusst die Art des Unterrichtens und die Erwartungen den Schülern und Schülerinnen gegenüber. Es ist für die Lehrenden wichtig, dass sie sich mit ihren eigenen Lernkonzepten auseinander setzen und Folgerungen daraus zu ziehen.

Wie in Kapitel 1.5 aufgezeigt, hängt die Einstellung zum Lernen von früheren Schulerfahrungen wie auch von Prägungen aus dem Elternhaus ab. Nur wenigen Lehrerinnen und Lehrern sind diese Zusammenhänge bewusst. Viele haben noch nie über ihr eigenes Lernen und ihre Lernstrategien nachgedacht und gehen davon aus, dass ihre persönliche Einstellung zum Lernen normal ist und auch von den Kindern in ihrer Klasse und deren Eltern geteilt wird.

Im Rahmen von schulinternen Fortbildungstagen zu den Themenbereichen Lernstrategien und Unterstützung der Lernenden habe ich schon öfter als Einstieg Lehrerinnen und Lehrer den Fragebogen auf S. 78 für sich persönlich ausfüllen lassen und sie dann gebeten, sich kurz mit ihrem Nachbarn oder ihrer Nachbarin darüber auszutauschen. Dies ergibt wertvolle Impulse und Anregungen für das Thema »Unterschiedliche Lernstile und Lernbiografien der Kinder und Jugendlichen«. Folgenden Fragen wird in der anschließenden Diskussion nachgegangen:

- Welche Gemeinsamkeiten hinsichtlich Elternhaus, prägenden Lernerfahrungen und Einstellungen zum Lernen bestehen zwischen den Biografien?
- Wie viele »gradlinige« Biografien sind bei den Lehrenden zu finden, wie viel Unterstützung haben sie in ihrer Schulzeit durch das Umfeld erhalten?
- Gibt es typische Lehrer(innen)biografien?
- Wie prägen die individuellen Lerndefinitionen den Unterricht?
- Gibt es Auswirkungen der eigenen Lernbiografie auf den Lehrstil, auf das Bild des Lernens, auf das Verständnis zwischen Lehrenden und Lernenden?
- Wodurch zeichnen sich die positiven Lernerfahrungen aus?
- Welchen Einfluss hatten frühe Schulerfahrungen auf die Berufswahl und die heutigen Erwartungen gegenüber den Schülerinnen und Schülern?

Auch nach den Erfahrungen Klipperts (2000a) beginnen Reformen in den meisten Schulen durch einzelne initiative Lehrkräfte, die aber selbst oft nur vage Vorstellungen davon haben, wie sich das eigenverantwortliche Lernen und Arbeiten im Unterricht sukzessive ausbauen lässt und wie den Schülerinnen und Schülern die entsprechenden Methoden, die Kommunikations- und Teamkompetenz vermittelt werden kann. Oft können sie sich deshalb gegenüber den anderen Lehrkräften nur schwer durchsetzen. Klippert regt an, ihnen über »externe Schnuppertage« Einblicke in das Konzept und in die praktische Trainingsarbeit zu geben und damit überzeugende Argumente, Methodenkompetenz und Sicherheit zu liefern. Wenn sich geeignete Laborklassen finden lassen, können auch einzelne Hospitationen eingebaut werden.

Zusammenfassung

Die eigene Lernbiografie und wichtige Lernerfahrungen während der Schulzeit prägen die Lernkonzeptionen von Lehrerinnen und Lehrern. Die Auseinandersetzung mit solchen prägenden Lernerfahrungen erhöht das Verständnis für unterschiedliche Einstellungen bei den Schülerinnen und Schülern.

Fragebogen Lernbiografie

Erinnern Sie sich an Ihre Kindheit, an die Zeit, bevor Sie in die Schule kamen, an den ersten Schultag, an das Lernen in der Schule und zu Hause. Welche Gefühle verbinden Sie damit? Denken Sie gerne daran zurück?

_____
_____
_____
_____

Haben Sie sich auf die Schule gefreut?

_____
_____

Welche Einstellungen zum Lernen und zur Schule haben Ihnen Ihre Eltern und Geschwister vermittelt?

_____
_____
_____

Welche Bedeutung hatte das Lernen für Sie damals und heute?

_____
_____
_____

Wie lernen Sie am liebsten und erfolgreichsten?

_____
_____
_____

Welche positiven Lernerfahrungen haben Sie gemacht?
Gab es »Sternstunden«?

_____
_____
_____

Erinnern Sie sich an negative Lernerfahrungen, Blockaden?

_____
_____
_____

Wann und unter welchen Bedingungen fällt Ihnen das Lernen schwer?

_____
_____
_____

2.7 Erfahrungen mit verschiedenen Vermittlungsformen

Auf die Einsicht, dass die Anleitung zum selbstständigen Lernen und die Vermittlung von Lernstrategien zu den Aufgaben der Schule gehören, haben die Schulen und verantwortlichen Behörden unterschiedlich reagiert und sind zu verschiedenen Organisationsformen gekommen. Aus meinen Beobachtungen und Erfahrungen habe ich nachfolgend die einzelnen Vorgehensweisen zusammen mit den jeweiligen Vor- und Nachteilen dargestellt.

Kurse und Trainingsprogramme

An den Hochschulen und in der Erwachsenenbildung werden regelmäßig und erfolgreich Kurse über Lernstrategien und Lerntechniken durchgeführt. Häufig beklagen die jeweiligen Teilnehmenden, dass sie in der Schule zu wenig über Lernmethoden erfahren haben. Immer wieder wird deshalb gefordert, solche Kurse schon viel früher und für alle Lernenden einzuführen.

Die Durchführung von Kursen in »Lern- und Arbeitstechnik« für die Schülerinnen und Schüler scheint die nahe liegende Antwort auf den Vorwurf, die Schule kümmere sich zu wenig um diesen Bereich. Manche Schulen haben dieses Anliegen aufgegriffen und bieten klasseninterne oder -übergreifende Lernhilfe-Kurse an. Andere führen Angebote zur Hausaufgabenhilfe, bei der auch methodische Anleitung für deren selbstständige Erledigung zu Hause gegeben wird. Werden die Kurse auf freiwilliger Basis angeboten, haben die Teilnehmenden ihre Probleme erkannt, sind motiviert und bereit, sich umzustellen und die Methoden zu erproben.

Wichtig bei der Durchführung solcher Kurse ist das Ausgehen von einer Diagnose und damit von den aktuellen Lernproblemen. Geeignete Vermittlungsformen sind vor allem Experimente, praktische Übungen, Diskussionen, Gelegenheiten, die Teilnehmenden verschiedene Vorgehensweisen erleben und miteinander vergleichen zu lassen. Die Wissensvermittlung soll mit dem Austausch von Erfahrungen verbunden werden, beispielsweise in Gruppenarbeiten, Lerntipp-Börsen, Brainstormings, durch das Ausarbeiten von Check-Listen, auf die Kursgruppe angepasste Fragebogen und deren gemeinsame Auswertung.

Insgesamt lässt sich aber der Erfolg von Kursen für Erwachsene nicht einfach auf die Schule übertragen. Problematisch ist vor allem, dass die Kurse losgelöst vom Lernkontext des Klassenunterrichts sind; die Wirkungen lassen sich damit nicht unmittelbar feststellen. Lernhilfe-Kurse laufen Gefahr, »träges Wissen« zu schaffen, das nicht in entsprechenden Lernsituationen umgesetzt werden kann.

Bei freier Ausschreibung der Kurse melden sich zudem in der Regel vor allem die älteren Schülerinnen und Schüler, während jene, die – wie die neu eintretenden – am meisten profitieren könnten, nicht kommen.

Eine andere Möglichkeit ist die Ansetzung von einzelnen Vorträgen oder Lektionen: Schulische oder außerschulische Referenten halten – in gewissen Abständen wiederkehrende – Vorträge über einzelne Themen wie Prüfungsvorbereitung, Zeiteinteilung, Mitschreiben. An die Vorträge schließen sich Diskussionen mit den Lernenden, Übungen und Gruppenarbeiten an. Alle Klassen können daran teilnehmen, eine Verpflichtung besteht jedoch nicht. Positiv wirkt sich dabei aus, dass die Jugendlichen dann mit den Hinweisen konfrontiert werden, wenn sie Interesse daran haben und auch davon profitieren können.

Als negativ ist zu werten, dass auf diese Weise weder ein systematischer Aufbau der Kurse noch eine länger dauernde Betreuung der Lernenden möglich ist.

Neben diesen von Schulen organisierten Veranstaltungen werden auf dem freien Markt Kurse, länger dauernde Begleitprogramme oder aber Ferienveranstaltungen angeboten. Vor allem vor wichtigen Aufnahmeprüfungen (beispielsweise ins Gymnasium) oder bei gefährdeten Versetzungen sind viele Eltern bereit, teilweise auch beträchtliche Kosten für solche privaten Angebote zu übernehmen.

Bekannt und erfolgreich sind die Endres-Ferienkurse, die neben Lerntraining und Nachhilfe in bestimmten Fächern den Jugendlichen auch Sportmöglichkeiten und Freizeitprogramme anbieten.

Gerade wenn Kinder und Jugendliche bei akuten Problemen oder vor wichtigen Prüfungen von ihren Eltern in solche Kurse geschickt werden, wird auch ein sofortiger Erfolg erwartet. Ziele sind demnach nicht das selbstständige Lernen, der nachhaltige Erwerb von Lernstrategien und die Übernahme von Verantwortung für das eigene Lernen, sondern Rezepte für das Bewältigen des Schulalltags oder die Überwindung einer aktuellen Problemsituation.

Schaffung eines Faches Lernen oder Arbeitstechnik

Manche Schulen der Sekundarstufe I oder II haben sich dazu entschlossen, für die neu eintretenden Schülerinnen und Schüler ein Fach »Lernen« oder »Arbeitstechnik« zu führen. Die Dotierung dieses Faches schwankt dabei von einigen wenigen Stunden bis zu einer Jahresstunde.

Positiv zu werten ist die Thematisierung des selbstständigen Lernens, die sichtbare Präsenz im Stundenplan. Die *Vorteile* dieses Vorgehens sind zudem, dass

- der ganze Jahrgang erfasst wird,
- systematisch vorgegangen werden kann,
- alle wichtigen Themen einbezogen werden können,
- die Jugendlichen auch voneinander lernen, ihre Erfahrungen austauschen, von den Diskussionen profitieren können und
- alle Lehrpersonen davon ausgehen können, dass die Lernenden mit den Strategien vertraut sind und diese bei ihren Arbeiten umsetzen können.

Die Erfahrungen sind dennoch oft *enttäuschend*. Gründe dafür sind:

- Es gibt kaum Strategien, die allen Lernenden entsprechen. Die Jugendlichen haben auf dieser Stufe bereits einen eigenen Lernstil entwickelt, identifizieren sich mit ihrem Vorgehen und fühlen sich in ihrer Persönlichkeit angegriffen, wenn man sie ändern will. Vor allem, wenn sie gerade eine Selektion in eine neue Stufe bestanden haben und in der Schule gut mitkommen, sehen sie keine Notwendigkeit, sich umzustellen.
- Es besteht die Gefahr, dass die übrigen Lehrkräfte die Vermittlung und Thematisierung von Lernstrategien damit delegiert und erledigt haben und sie keinen Grund mehr sehen, diese Aufgabe auch in ihren eigenen Unterricht einzubeziehen.
- Ratschläge interessieren wenig, wenn sie keinen Bezug zur Gegenwart haben: Viele Lernende können beispielsweise ihre Zeit kaum längerfristig planen, weil sie die Lernziele nicht kennen und alle Aufgaben kurzfristig erteilt werden.

Besonders wichtig beim Erteilen eines Faches »Lernen« ist, dass viele Übungen eingebaut werden, die Kursleiterin oder der Leiter an die aktuellen Probleme der Klasse anknüpft und deren Erfahrungen einbezieht.

Beauftragung des Klassenlehrers/ der Klassenlehrerin

In manchen Gymnasien werden die Klassenlehrerinnen und -lehrer mit der Vermittlung von Lernstrategien an die neu eintretenden Schülerinnen und Schülern beauftragt. Oft steht ihnen dazu eine spezielle Klassenlehrerstunde zur Verfügung. Da im Fach Deutsch in der Regel besonders viele Anforderungen gestellt werden, die sinnvolle Lernstrategien erfordern, wird diese Aufgabe gelegentlich auch den Deutschlehrkräften übertragen und deren Fach für das erste Ausbildungsjahr stärker dotiert.

Als *Vorteil* dieser Organisationsform ist anzuführen, dass die Lehrerin oder der Lehrer von den konkreten und gerade anstehenden Problemen und Aufgaben der Klasse ausgehen kann. Sind beispielsweise große Prüfungen angesagt, werden Zeitplanung und Vorbereitung besprochen. Der oder die Verantwortliche kann sich zudem mit den anderen Lehrerinnen und Lehrern der Klasse hinsichtlich Aufgabenstellungen und Anwendungsmöglichkeiten absprechen und gewährleisten, dass die behandelten Methoden nicht nur im eigenen, sondern auch im Unterricht der Kollegen eingeübt werden können.

Einschränkungen bestehen vor allem bei der Umsetzung durch die Lehrkräfte. Mit der Beauftragung allein ist es nicht getan. Viele Lehrerinnen und Lehrer sind zwar für eine Klasse verantwortlich, vertreten aber die Meinung, dass sie für die Vermittlung von Lern- und Arbeitsmethoden weder zuständig noch ausgebildet sind. Die entsprechende Stunde wird deshalb oft für andere Zwecke (administrative Arbeiten, Ergänzungen zum eigenen Fach) verwendet. Wichtig ist zudem eine gute Zusammenarbeit der Lehrerinnen und Lehrer (vgl. Kapitel 2.5). Eine gezielte Vorbereitung der Verantwortlichen und ein regelmäßiger Erfahrungsaustausch müssen sichergestellt, die erforderlichen Materialien bereitgestellt werden.

Projekte, Arbeitswochen, Lerntage

Während einiger Tage fällt der normale Unterricht aus und wird durch Vorträge, Diskussionen, Gruppenarbeiten und Übungen über Arbeits- und Lernmethoden ersetzt. Im Rahmen von *Projekten* (vgl. auch Kapitel 2.8) überlegen Lehrpersonen und Lernende gemeinsam,

- wie sie ihr Wissen erweitern und an Informationen kommen können, wie diese zu gewichten, zu ordnen, zusammenzufassen und weiterzugeben sind,
- wie eine Beobachtung durchgeführt und ausgewertet, Bücher bearbeitet, Darstellungen interpretiert werden,

- wie Notizen, Skizzen, Tabellen erstellt, wichtige Auskünfte, Nachrichten, Erkenntnisse festgehalten und geordnet werden können, wie ein Überblick über Ergebnisse zu gewinnen ist,
- wie sie zusammenarbeiten, die Arbeiten aufteilen und die Ergebnisse austauschen können,
- welche Termine gesetzt werden müssen und wie sie eingehalten werden können.

Solche Gemeinschaftsprojekte wie auch Einzelarbeiten, Werkstattunterricht, selbstständige Vorträge von Schülern sind auf allen Stufen möglich. Sie können ergänzt werden durch Arbeitstage und Wochen, durch größere, die ganze Schule umfassende Themenschwerpunkte. Wichtige Voraussetzungen dafür sind nicht nur die Übereinstimmung unter den Lehrenden der Schule, dass es sich um wichtige Zielsetzungen handelt, sondern auch eine gute Koordination und Absprache.

Projektwochen bieten im Wesentlichen die gleichen Vorteile wie die Durchführung von Kursen: Es wird sichergestellt, dass alle Gebiete zur Sprache kommen, es kann systematisch aufgebaut und konzentriert dargeboten werden. Falls ganze Schülerjahrgänge beteiligt sind, können auch Experimente durchgeführt werden, um bestimmte Vorgehensweisen zu vergleichen oder Prinzipien zu veranschaulichen. Werden alle in den Klassen unterrichtenden Lehrerinnen und Lehrer einbezogen, ergibt sich auch für sie eine Weiterbildung und eine Anregung zum Einbezug der diskutierten Bereiche und Methoden in ihren künftigen Unterricht und ihre Aufgabenstellungen. Wichtige Nebeneffekte sind dabei die intensive Zusammenarbeit über die Fächergrenzen hinaus sowie die Unterbrechung des Alltags, was zu einer Verbesserung der Motivation führt.

Längerfristige Auswirkungen solcher Projekte werden sich aber nur dann ergeben, wenn entsprechende Übungsmöglichkeiten auch im normalen Schulalltag bestehen, entsprechende Aufgaben weiterhin gestellt und in zunehmender Eigenverantwortung von den Schülerinnen und Schülern bearbeitet werden.

Auch von Firmen werden Schritte unternommen, um die neu eingetretenen Lehrlinge mit Lernstrategien vertraut zu machen. So führt beispielsweise ein größeres kaufmännisches Unternehmen regelmäßig einen Blockkurs zum Thema »Freude am Lernen« durch. Gemeinsam wird eine Veranstaltung zum selbstständigen Lernen vorbereitet, an der Produkte vorgestellt werden, die im Blockkurs ausgearbeitet wurden: Videos, Tests, kleine Vorträge, Infobroschüren, Rollenspiele, Fragebogen, Wandzeitungen. Die beteiligten Lehrlinge beginnen dadurch ihre Ausbildung mit einem Erfolgserlebnis.

Einbezug in den Unterricht

Motivation für das selbstständige Lernen kann eigentlich nur entstehen, wenn die Lehrerinnen und Lehrer der verschiedenen Stufen das Thema Lernmethoden immer wieder in den Unterricht einbeziehen und die Jugendlichen die Möglichkeit der eigenen Entscheidung haben. Sinnvoll ist deshalb die Förderung von Methodenkompetenz innerhalb des Unterrichts.

Nicht nur die Lernziele, die Inhalte und Aufgaben sollten Bestandteile des Unterrichts sein, sondern es sollte auch immer wieder besprochen werden, welche Möglichkeiten es gibt, die Lernziele zu erreichen, welche Strategien sinnvoll sind und wem welcher Weg eher entspricht. Dabei werden die eigenen Vorgehensweisen überprüft, ausgetauscht und allenfalls erweitert. Beispiele: Wie können Vokabeln gelernt werden, welche Prüfungsvorbereitung ist effizient, welche Zeitplanung sinnvoll, für welche Aufgabenstellungen sind Computer und Datenbanken nützliche Hilfsmittel? Die Schülerinnen und Schüler lernen auf diese Weise innerhalb jedes Faches und jeweils dann, wenn eine neue Aufgabenstellung beginnt, die rationellste Vorgehensweise. Durch Absprache unter den Lehrkräften wird dafür gesorgt, dass fächerübergreifende Themen, wie beispielsweise die Zeiteinteilung, weder vergessen noch doppelt behandelt werden. Die bereits erwähnte Handelsschule in Basel-Land (vgl. S. 64) plant systematisch mittels einer Matrix, wer welche Strategien einführt und wer darauf aufbaut.

Im handlungsorientierten Unterricht (Vaupel 1997) kann die Methodenkompetenz weiterentwickelt werden: Die Schülerinnen und Schüler lernen, ein Problem zu bearbeiten, welche Vorgehensweisen praktikabel sind; die Lehrperson berät, begleitet, unterstützt. Eine systematische Auseinandersetzung erfolgt bei vielen neuen und offenen Unterrichtsformen, beispielsweise beim ELF-Unterricht (Erweiterte Lernformen), durch Wochenplanarbeit und Lerntagebücher (vgl. Kapitel 2.9).

Ideal ist natürlich, wenn es gelingt, das ganze Kollegium einer Schule von der Notwendigkeit des ständigen Einbezugs von Lernstrategien und der gegenseitigen Zusammenarbeit zu überzeugen. Dies würde bedeuten, dass regelmäßige Gespräche stattfinden, in denen die anstehenden Fragen geklärt werden:

- Wer macht was?
- Wie wird gewährleistet, dass die Methoden nicht nur thematisiert, sondern auch eingeübt werden?
- Was kann vorausgesetzt werden?

Von großem Vorteil ist bei diesem Vorgehen die Möglichkeit der direkten Anwendung der Methoden, der sinnvolle Einbau in die Bearbeitung der Gebiete. Es wird im jeweiligen Lernbereich gearbeitet und es entsteht kein Konflikt zwischen Inhalt und Strategievermittlung.

Ein Problem kann in den unterschiedlichen Startbedingungen der Lernenden liegen: Kindern und Jugendlichen mit guten Lernvoraussetzungen fällt es leichter, Anregungen und Ratschläge für das selbstständige Lernen umzusetzen. Der unterschiedliche Stand und die damit zusammenhängenden Einstellungen ergeben einen unterschiedlichen Trainingsbedarf und Trainingsgewinn. Wichtig ist deshalb, dass die Lernenden auch voneinander lernen und sich gegenseitig unterstützen.

Die Vermittlung von Lernmethoden durch Einbezug in den Unterricht erfordert zudem eine sehr gute Zusammenarbeit unter den Lehrenden; andernfalls kann es geschehen, dass zu viele Lehrkräfte der Ansicht sind, die entsprechende Aufgabe sei bereits von anderen übernommen worden oder es genüge, wenn sich die anderen um eine Vermittlung von Lernmethoden bemühen. Wenn es nicht gelingt, die ganze Lehrerschaft von der Notwendigkeit zu überzeugen, werden die initiativen Einzelnen stark belastet und frustriert, was leicht zu Resignation führt.

Ein weiterer Nachteil kann sein, dass durch die enge Bindung der Lernstrategien an ein Fach der Transfer auf andere Fächer und Inhalte erschwert ist.

Beratung, Sprechstunden

Wenn Schülerinnen und Schüler Probleme haben, sind verschiedene Ursachen möglich: Vielleicht sind infolge Umzugs, längerer Absenzen oder familiärer Probleme die Wissensgrundlagen mangelhaft, die Motivation fehlt, die Lernmethoden sind ungenügend oder ein Kind versagt infolge starker Prüfungsangst. Ein Gespräch der für die Klasse verantwortlichen Lehrperson mit dem Kind, gefolgt eventuell auch von einem Gespräch mit den Eltern, hilft bei der Entscheidung, welche Maßnahmen sinnvoll wären, wie das Kind unterstützt werden kann. Einem solchen Lernberatungsgespräch kann auch ein Lernvertrag folgen (Gasser 1999), in dem Lernende und Lehrperson die Lernziele, Lernwege, Erwartungen, Verpflichtungen und Zeitbudgets festlegen.

Andere Möglichkeiten sind die Einrichtung von Sprechstunden des/der Verantwortlichen für die Klasse oder für die Vermittlung von Lernmethoden oder einer Beratungsstelle für die Schüler und Schülerinnen. Die Beobachtung des Lernverhaltens und der individuellen Vorgehensweisen durch einen Berater oder eine Beraterin kann sehr aufschlussreich sein; alternative Strategien können anschließend mit den Ratsuchenden besprochen und auf ihren Lernstil abgestimmt werden.

An vielen Orten bestehen auch externe Stellen wie der schulpsychologische Dienst oder Lerntherapeutinnen und -therapeuten, die Kinder und Jugendliche in speziellen Problemsituationen beraten und begleiten können.

Als Nachteil dieser Organisationsform kann sich erweisen, dass gerade Lernende mit großen Schulproblemen oft Angst davor haben, ihre Schwierigkeiten offen zuzugeben und Hilfe zu suchen.

Arbeit mit Lerngruppen

Der Klassenlehrer, die Klassenlehrerin oder die Verantwortlichen für das Lerntraining können auch ein freiwilliges Gruppentraining anbieten.

Eine sinnvolle Gruppengröße sind 4–5 Schülerinnen und Schüler, die Probleme haben: In der Gruppe wird diskutiert, Lernstrategien werden erprobt, Tipps ausgetauscht, Übungen durchgeführt. Ein wichtiges Thema ist natürlich die Motivation. Eingestiegen werden kann beispielsweise mit Fragebögen oder Checklisten. Für interessierte Schüler und Schülerinnen können auch Arbeitsgemeinschaften mit methodischem Schwerpunkt angeboten werden.

Auch hier besteht allerdings das Problem, dass oft jene, die am meisten von einem Training profitieren würden, nicht kommen und so die Kompetenzunterschiede innerhalb einer Klasse noch größer werden.

Bücher, Nachschlagewerke, PC-Programme

Für das Selbststudium oder als Vorbereitung auf Lerngruppen, als »Feuerwehrübungen«, als Hilfe bei aktuellen Lernschwierigkeiten sind Bücher vor allem für Jugendliche und Erwachsene geeignet. Ihre Vorteile:

- Die Lernenden können sie in den entsprechenden Situationen (vor einer größeren Prüfung, bei Zeitproblemen) zur Hand nehmen und selbst nachschlagen.
- Sie können von ihren Fragen ausgehen und selbst entscheiden, welche Informationen sie benötigen, welche Ratschläge sie umsetzen wollen; mit Themen, die für sie nicht aktuell sind oder für die sie bereits zufrieden stellende Strategien gefunden haben, müssen sie sich nicht befassen.

Auf dem Markt gibt es viele bewährte Anleitungen für Lernende aller Stufen. Bücher allein bewirken jedoch kaum eine Einstellungsänderung.

Sie können vor allem Informationen vermitteln und helfen, wenn die Einsicht in das Problem, die Motivation und die Bereitschaft, sich umzustellen, neue Vorgehensweisen auszuprobieren, bereits vorhanden sind. Die Lernenden müssen selbst üben und durchhalten.

Die Tabelle gibt eine Zusammenfassung über die verschiedenen Vermittlungsformen sowie deren Vor- und Nachteile.

Übersicht über Vermittlungsarten		
Vermittlungsart	**Vorteile**	**Bemerkungen**
Kurse und Trainingsprogramme	Für Interessierte, gute Motivation	Kein Bezug zu aktuellen Problemen
Schaffung eines Faches Lernen oder Arbeitstechnik	Systematischer Aufbau, umfassend	Kein Bezug zu sonstigem Unterricht
Beauftragung Klassenlehrer/in	Bezug zu Lernsituation und zu Klasse	Nicht alle Klassenlehrkräfte vorbereitet
Projekte, Arbeitswochen, Lerntage	Systematischer Aufbau, Zusammenarbeit	Kein Bezug zu Klassen und Situation
Einbezug in den Unterricht	Direkter Bezug, gute Motivation	Setzt Zusammenarbeit im Kollegium voraus
Beratung, Sprechstunden	Individuelle Beratung, Diagnose für Einzelfälle	Vertrauen als Voraussetzung
Arbeit mit Lerngruppen	Förderung der Selbstständigkeit, individuelle Lösungen	Unterschiede in Klasse werden größer
Bücher, Nachschlagewerke, PC-Programm	Individuelle Lösungen	Motivation wichtig

Kombination verschiedener Formen

Wie Befragungen (vgl. Kapitel 2.1) zeigen, gibt es in jeder Klasse Aufgabenstellungen, mit denen viele Schülerinnen und Schüler Probleme haben, und andere, bei denen nur einzelne Lernende große oder erhebliche Probleme haben.

Ein Modell für den systematischen Einbezug von Lernstrategien in den Lehrplan könnte somit wie folgt aussehen: Eine oder mehrere Lehrpersonen sind für diesen Bereich zuständig und führen für die neu eintretenden Schüler Kurse durch, in denen je nach Altersstufe die verschiedenen Methoden und Vorgehensweisen eingeführt und erprobt werden. Später finden Einzelvorträge und Studienwochen statt; in den Unterrichtsstunden wird an das Gelernte angeknüpft. Alle Lehrenden sind über die Ziele und Inhalte des Strategietrainings orientiert und werden angeregt, die Anwendung in ihrem eigenen Unterricht zu fördern. Zudem finden regelmäßige Diskussionen unter den Lehrenden einer Klasse statt, bei denen besprochen wird, welche besonderen Schwierigkeiten auftreten und welche Aufgaben und Problemstellungen zur Einübung der behandelten Strategien sinnvoll sind.

Zu empfehlen ist zudem die Einrichtung von Sprechstunden der Beauftragten für das Lerntraining: Jugendliche, die Lernprobleme haben, können sich beraten lassen und ihre Schwierigkeiten beispielsweise in Lerngruppen oder durch die Lektüre von Ratgeber-Büchern gezielt angehen.

Ein gutes Beispiel ist die bereits mehrfach erwähnte private Schule in Romanshorn (SBW, vgl. S. 65). Die Lerntechnik gilt als Kernfach und wird ganz konsequent in die tägliche Arbeit integriert und von allen Lehrenden unterstützt.

Auch Klippert (1996) ist der Meinung, dass es nicht genügt, wenn gelegentlich im Fachunterricht methodenzentriert gearbeitet wird; es sollten auch hin und wieder »Crashkurse« stattfinden, bei denen sich die Schülerinnen und Schüler ebenso intensiv wie vielschichtig mit methodischen Fragen und Strategien auseinander setzen können. Ein solches »Sockeltraining« sollte in der Orientierungsstufe sowie in der Klasse 11 durchgeführt werden, am besten durch mehrstufiges Einüben (»Trainingsspirale«): Schrittweise werden die Schüler und Schülerinnen mit den Techniken vertraut gemacht, experimentieren, reflektieren und diskutieren.

Zusammenfassung

Es gibt viele verschiedene Formen der Vermittlung von Lerntechniken in der Schule. Sie haben alle ihre Vor- und Nachteile. Am meisten bewährt sich deshalb eine auf die Situation der jeweiligen Schule zugeschnittene Kombination mehrerer Formen.

Wenn die Schülerinnen und Schüler sich selbstständige Lernstrategien aneignen sollen, braucht es sowohl die Thematisierung und Vermittlung von sinnvollen Methoden als auch immer wiederkehrende Gelegenheiten zum Einüben und Anwenden. Das Training von Lernstrategien auf der einen Seite und Unterrichtsmethoden, die den Lernenden Freiheitsgrade für Eigenaktivität einräumen, auf der andern Seite sind nur zusammen sinnvoll. Viele Jugendliche haben eigene Techniken entwickelt. Auch diese Erfahrungen sollten einbezogen und ausgetauscht werden.

2.8 Erweiterte Lernformen: Projekte und Projektunterricht, Wochenplanarbeit, Lerntagebücher, Werkstatt

In Ergänzung zu den Übersichten über die Erfahrungen und Überlegungen zur Vermittlung von Lernstrategien in der Schule werden nachfolgend noch einige Unterrichtsmethoden dargestellt, die das selbstständige Lernen der Schülerinnen und Schüler ermöglichen und unterstützen. Diese Unterrichtsmethoden setzen bereits Methodenkompetenz voraus, ein entsprechendes Training muss deshalb vorausgehen. Die verschiedenen Lehrformen können hier nur kurz skizziert werden. Interessierte Lehrerinnen und Lehrer seien auf die entsprechende Fachliteratur verwiesen.

Projekte und Projektunterricht

Wenn Schülerinnen und Schüler in Projekten erfolgreich arbeiten sollen, benötigen sie ein ausgesprochen breites Methodenrepertoire, das eine Vielzahl elementarer Lern- und Arbeitstechniken einschließt. In Projekten werden Fragestellungen gemeinsam bearbeitet und exemplarisch verschiedene Strategien der Informationsgewinnung, Auswahl, kritischen Analyse, Aufbereitung, Gliederung und Wiedergabe eingeübt. Bei der Arbeit in Projekten können die Methoden immer wieder thematisiert und diskutiert werden. Wichtig ist, dass die Lernenden dabei selbstständig arbeiten, ihre Fähigkeiten erproben, Wege ausprobieren, Hindernisse überwinden können und nicht schon Lösungen erhalten. Das vernetzte Denken und die Kooperation der Schülerinnen und Schüler wird trainiert.

Viele Anregungen und konkrete Beispiele und Erfahrungen zum Projektunterricht enthält das von Dagmar Hänsel (1999) herausgegebene Handbuch. Sie charakterisiert Projektunterricht als »Unterricht, in dem Lehrer und Schüler ein echtes Problem in gemeinsamer Anstrengung und in handelnder Auseinandersetzung mit der Wirklichkeit zu lösen suchen, und zwar besser als dies in Schule und Gesellschaft üblicherweise geschieht« (S. 75).

Projektunterricht wird zunehmend auch an Regelschulen praktiziert. Nach den Beobachtungen Hänsels gibt es kaum mehr öffentliche Schulen, die nicht zu irgendeinem Zeitpunkt des Schuljahres Projekte realisieren. Durchgeführt werden sie meist mit großem Engagement und Motivation, insbesondere wegen der Selbsttätigkeit und didaktischen Eigenverantwortung der Lernenden.

Frey (1998) listet folgende sieben Komponenten der Projektmethode auf:

1. Projektinitiative, Sammlung von Vorschlägen: Die Lehrperson, Lernende oder auch Außenstehende äußern Ideen, eine Anregungen, Probleme oder auch einen Betätigungswunsch.
2. Auseinandersetzung mit der Initiative, Projektskizze: Ein Vorschlag wird ausgewählt, präzisiert, es werden Schwerpunkte gesetzt.
3. Entwicklung eines Projektplanes: Es wird nach Lösungsstrategien und geeigneten Verfahren gesucht, auch die Arbeitsteilung geplant.
4. Ausführung der geplanten Aktivität, des Projektplanes.
5. Abschluss der Projektes: Je nach Zielsetzung endet das Projekt mit dem geplanten Produkt, mit der Reflexion des Erreichten, mit der Einmündung in den Alltag.
6. Fixpunkte: Diese Komponente wird vor allem bei länger dauernden Projekten bei Bedarf eingeschoben und dient der Reflexion und der Abstimmung zwischen Gruppen.
7. Zwischengespräche, Metainteraktion: Nach Frey spielt diese Komponente eine zentrale Rolle. Der Verlauf wird überprüft, Probleme, auch in der Zusammenarbeit, werden aufgearbeitet.

Als Wirkungen der Projektmethode nennt Frey:

- Die Teilnehmenden werden angeregt, selber Themen, Fragestellungen und Methoden herauszufinden.
- Leistungsfähigkeit und Kooperationsfähigkeit werden gesteigert.
- Mit Schwierigkeiten kann besser umgegangen werden.

Die Grenzen liegen dort, wo Zeitdruck herrscht und wo Lernleistungen kurz nach Abschluss des Lernprozesses vorhanden sein sollen.

Bei eng gefassten Lernaufgaben mit unverrückbaren Lerngegenständen ist die Projektmethode nach Meinung Freys fehl am Platz.

In der Schweiz wird seit 1996 in der Allgemeinbildung der gewerblich-industriellen Berufsschulen nach einem neuen Rahmenlehrplan unterrichtet. Die »selbstständige Vertiefungsarbeit« (SVA) wird bereits im vorletzten Semester durchgeführt. Insgesamt stehen 8 Wochen zur Verfügung. Teils werden Themen für die ganze Schule vorgegeben (zum Beispiel Wohnen), teils klassenweise bestimmt (zum Beispiel ein Drittweltland), teils handelt die Lehrkraft mit jedem Lehrling einzeln ein Thema aus. Bei den meisten Schulen sind Einzel- und Partnerarbeiten erlaubt, bei einigen auch Gruppenarbeiten. Wenige Schulen beschränken sich auf schriftliche Arbeiten, oft sind auch andere Formen wie Video, Kreation, Comic oder gar die Organisation einer kulturellen Veranstaltung erlaubt. Die SVA kann nach Meinung von Lehrkräften eine echte Chance darstellen, da die Lehrlinge eine umfangreiche eigene Arbeit entwickeln können, statt das Kurzzeitgedächtnis mit einer Fülle von Fakten voll zu stopfen. Lehrkräfte und Lehrlinge sind grundsätzlich hoch motiviert, die Chance zu packen.

Wochenplan

Beim Wochenplan werden die Aufgaben für einen bestimmten Zeitraum (beispielsweise eine Woche) gestellt und von den Lernenden weitgehend selbstständig, allein, zu zweit oder in Gruppen bearbeitet (Vaupel 1998). Der Wochenplan setzt sich aus Pflichtaufgaben, die von allen erledigt werden müssen, und Wahlaufgaben zusammen. Vorgehensweise und Reihenfolge können selbst gewählt werden. Die Lehrerin oder der Lehrer berät, hilft, beobachtet. Vaupel unterscheidet:

- Wochenpläne für ein einzelnes Fach, zum Beispiel Deutsch.
- Wochenpläne für mehrere Fächer unter Zusammenarbeit mehrerer Lehrpersonen.
- Projektorientierte Wochenpläne, bei denen die Schüler und Schülerinnen über Ziele, Inhalte und Vorgehen mitbestimmen.
- Wochenpläne, die von den Lernenden selbst aufgestellt werden.

Der Unterricht mit Lern- und Wochenplänen ist ein wichtiger Beitrag zur Umsetzung des selbstständigen Lernens und zur Selbsttätigkeit und Eigenverantwortung. Die Lernenden teilen sich die Zeit selbst ein, können Konzentrations- und Entspannungsphasen einbauen, sich Partner zur Zusammenarbeit aussuchen und dabei Schritt für Schritt verschiedene Schlüsselqualifikationen einüben. Sie entscheiden, planen und organisieren, koordinieren, verfassen Notizen, informieren sich, dokumentieren, denken sich Übungsaufgaben aus, fassen Arbeitsergebnisse zusammen, beurteilen sie und geben sie in geeigneter Form weiter.

Seit den 70er-Jahren wurde vor allem an den Primarschulen mit Wochenplänen gearbeitet; Vaupel ist der Meinung, dass auch Schülerinnen und Schüler der Sekundarstufe, von der Hauptschule bis zum Gymnasium, daraus Gewinn ziehen können. In seinem »Wochenplanbuch für die Sekundarstufe« setzt er sich speziell mit den entsprechenden Möglichkeiten und Grenzen auseinander. In seinen zahlreichen Fortbildungsveranstaltungen stellte er fest, dass es zu dieser Unterrichtsform sehr gegensätzliche Positionen unter den Lehrkräften gibt, von großer Begeisterung bis völliger Ablehnung.

Nach Vaupels Erfahrungen bereitet der Umgang mit dem Wochenplan vielen Schülerinnen und Schülern zu Anfang noch große Probleme. Wichtig ist, dass die Aufgaben richtig formuliert und die Wahlmöglichkeiten attraktiv sind.

Bei der systematischen Einführung in die Arbeit mit dem Wochenplan wird auch eine Anleitung zu Lerntechniken wie Lernen aus Texten, Lernkarteien, Zeiteinteilung, Mind-Maps, Gruppenarbeit, Prüfungsvorbereitung und Memorieren gegeben und eingeübt. Instrumente sind Arbeitshefte, Ausführungsmodelle, Lernjournale, Lerngespräche, Lernpartnerschaften.

Der Wochenplanunterricht ist geeignet zur individuellen Förderung sowohl von schwächeren als auch von besonders begabten Schülern und Schülerinnen.

Auch der Wochenplan-Unterricht bewährt sich nicht in jedem Fall. Niggli und Kersten (1999) führten eine Untersuchung dazu durch, in die 392 Jugendliche der achten Klasse in Freiburg (Schweiz) einbezogen waren. Geprüft wurde der Einfluss auf die Leistungen in Mathematik sowie auf die Motivation, die Lernstrategien sowie die Einstellungen der Schülerinnen und Schüler. Niggli und Kersten kamen zum Schluss, dass offene Organisationsformen möglicherweise überschätzt werden; erforderlich ist eine systematische didaktische Planung. Lehrerinnen und Lehrer müssen jeweils abwägen, welche Arbeitsformen für welche Ziele und für welche Schülerinnen und Schüler am ehesten geeignet sind. Der neu zu lernende Stoff muss verstanden werden (klar, organisiert sein), damit er mit bereits bestehenden Wissensstrukturen vernetzt werden kann.

Verschiedene Formen von Lerntagebüchern

Zum Nachdenken über das eigene Lernen und damit zur Förderung der metakognitiven Kompetenzen (vgl. Kapitel 1.7) eignen sich Lerntagebücher. Die Lernenden können darin festhalten:

- Wie bin ich vorgegangen?
- Was habe ich vermutet?
- Warum bin ich so vorgegangen?
- Was habe ich schon erreicht?
- Was muss ich verändern?
- Was habe ich gut, was schlecht gemacht?
- Was kann ich beim nächsten Mal besser machen?

Die Notizen können auch in Zweiergruppen verglichen werden. Bei dieser Lernform sind Probleme keine Störungen und Hindernisse; sie bilden einen Anstoß zum Lernen und setzen Energien frei.

Als *Reisetagebuch* bezeichnen P. Gallin und U. Ruf (1990) die Protokolle, in denen sich die Schülerinnen und Schüler mit ihrem Lernprozess auseinander setzen. Beim Lernen auf eigenen Wegen geht es darum, dass alle Lernenden in einem gewissen Rahmen ihr Lerntempo und ihr Stoffniveau selbst bestimmen können. Die Stoffe sollen sich in Form von so genannten Kernideen festsetzen; die Lehrpersonen achten darauf, dass dies erfolgt.

Das *Lerntagebuch der Schule für Beruf und Weiterbildung* (SBW) Romanshorn dient nicht wie bei Gallin/ Ruf der Reflexion des eigenen Lernweges, sondern vor allem der Planung und Kontrolle des Lernens. Es soll helfen, das Lernen und Arbeiten zu optimieren, plan- und zielvoll mit dem Lernstoff umzugehen, und begleitet durch das ganze Jahr.

Die einzelnen Teile dieses Lerntagebuches bestehen aus Kalenderblättern zur Planung, zu Lernziel/Lernschritt sowie zur jeweiligen Einstufung der Lernzufriedenheit. Zudem enthält es Notenübersichten, die eigenen Reflexionen zu den erzielten Noten, die Lernzeiten, eine Gegenüberstellung von Lernzeiten und Noten, Besprechungsprotokolle, Vereinbarungen, Feedbacks von Gästen, Erwartungen und Ziele, die Bildungsvereinbarung und anderes, wie beispielsweise Fototaschen für Erinnerungen.

Sowohl Lehrer und Lehrerinnen als auch Schüler und Schülerinnen führen in der SBW ein Lerntagebuch, das sie einander zeigen können. Klassenlehrer und Berater haben ein Einsichtsrecht (das auf Gegenseitigkeit beruht) und tragen sich dann in die Gästeliste des Lerntagebuchs ein.

Im Aargau werden schon in einzelnen Grundschulen *Lernportfolios* verwendet; diese Sammlungen von Produkten der Kinder werden dort »Wichtigmappe« genannt. Die Kinder entscheiden selbst, was sie darin aufnehmen, wie sie ihre Lernfortschritte dokumentieren wollen, was ihnen wichtig ist. Das können auch Zeichnungen, Fotos zu ihrer Lebensgeschichte, Kochrezepte sein. Die Lehrpersonen geben regelmäßig Impulse und stellen im Unterricht Zeit für die Arbeit mit dem Portfolio zur Verfügung. Für Beurteilungsgespräche mit der Lehrperson und den Eltern suchen die Kinder aus ihrer Mappe die Dokumente aus, die sie vorlegen wollen.

Werkstattunterricht

Die Werkstatt ist ein vom Lehrer oder der Lehrerin vorbereitetes offenes Arrangement von Lernsituationen und Materialien; die Schüler und Schülerinnen haben Mitbestimmungsmöglichkeiten hinsichtlich der Arbeitsformen und -inhalte und viel Raum zum selbstverantwortlichen Planen, Arbeiten und Lernen.

Pallasch (2000) vergleicht diese Methode mit den handwerklichen Werkstätten, in denen viele Menschen unterschiedliche Tätigkeiten ausüben. Bei der strategieorientierten Werkstattarbeit steht das Erlernen spezifischer Methoden, Verfahren, Abfolgen und Arbeitsschritte im Zentrum, um Probleme bearbeiten zu können. Die Schülerinnen und Schüler sollen möglichst viel selbst erarbeiten, erkunden, versuchen, erkennen und schlussfolgern. Pallasch unterscheidet acht Arbeitsphasen:

1. *Themenfindung:* Das Thema, die Aufgabe, das Ziel müssen genau formuliert werden. Er empfiehlt, mit überschaubaren und leicht abgrenzbaren Themen zu beginnen.
2. *Kritikphase:* Lernziel ist hier, themenbezogen und konkret zu kritisieren und jede Kritik ernst zu nehmen.
3. *Kreativitätsübungsphase:* Die Fähigkeit zur Kreativität beim Lösen schwieriger Probleme muss erlernt werden. Geübt wird ein divergentes, ungewohntes Denken, Sehen und Handeln.
4. *Kreativitätsphase:* Für die Zielsetzung oder für die Problemlösung werden möglichst viele Ideen zunächst gesammelt und erst anschließend überprüft und bewertet.
5. *Verwirklichungsphase:* Die erarbeiteten Ideen werden hinsichtlich ihrer Realisierbarkeit überprüft.
6. *Strategietrainingsphase:* Die Vorschläge werden so konkret wie möglich durchgespielt, um mögliche Schwierigkeiten zu erkennen.
7. *Umsetzungsphase:* Die erarbeiteten Strategien werden umgesetzt.
8. *Revisionsphase:* Nicht nur das Ergebnis, sondern der ganze Prozess wird kritisch reflektiert.

Am bekanntesten ist die Methode der Zukunftswerkstatt in der Erwachsenenbildung. Auch die Werkstattarbeit muss sehr gut geplant und strukturiert durchgeführt werden. Effektiv ist sie erst, wenn die Lehrperson und die Teilnehmenden genügend Erfahrungen damit haben.

Stationenarbeit

Die Schülerinnen und Schüler erarbeiten das in verschiedene Teilaspekte differenzierte Thema im Rahmen von Lernstationen weitgehend selbstständig (Hegele, 2000). Die für die verschiedenen Stationen vorgesehenen Aufgaben und Arbeiten sind so aufeinander abgestimmt, dass die übergreifenden Lernziele des Unterrichts erreicht werden können. Jede Lernstation muss dazu neben den erforderlichen Arbeitsmaterialien auch die entsprechenden Arbeitsaufträge anbieten. Während im lehrerzentrierten Unterricht die Inhalte im zeitlich gestuften Nacheinander erarbeitet werden, wird hier alles gleichzeitig angeboten. Die Lernenden können über die Reihenfolge und die Verweildauer an jeder Lernstation weitgehend selbst bestimmen. Möglich ist es auch, die einzelnen Themen auf unterschiedlichem Schwierigkeitsgrad und für unterschiedliche Interessenschwerpunkte anzubieten. Wichtig ist dabei die Selbsttätigkeit und Selbstständigkeit.

Hegele weist darauf hin, dass bisher leider keine empirischen Befunde zur Leistungsfähigkeit von Stationenlernen vorliegen. Ergebnisse zum offenen Unterricht aus dem angloamerikanischen Raum zeigen, dass die Kreativität, die Motivation und die Selbstständigkeit positiv beeinflusst werden können, dass aber Vorbehalte hinsichtlich der Effektivität des kognitiven Lernens bestehen. Entscheidend ist eine detaillierte Planung, die Beherrschung der Arbeitstechniken durch die Lernenden und die detaillierte Erfassung des individuellen Lernstandes. Sind diese Bedingungen gegeben kann Stationenarbeit sowohl bei leistungsstarken als auch bei leistungsschwächeren Schülerinnen und Schülern zu guten Ergebnissen führen.

Zusammenfassung

Wie bereits in Kapitel 2.7 dargelegt, sollten die Vermittlung von Lernstrategien und die Möglichkeiten zum selbstständigen Arbeiten Hand in Hand gehen. Alle beschriebenen Methoden bieten Gelegenheit zur Reflexion und zur Erprobung und Anwendung selbstständiger Lernstrategien.

Selbstverständlich heißt dies nicht, dass nur noch offener Unterricht erfolgen soll. Vielmehr sollten sich die verschiedenen Formen und der frontale Unterricht ergänzen.

(Aus: E. Mattiello: »Kinder vor der Tür«) Elk Verlag, Fehraltdorf

3. Beispiele

Wie immer wieder betont, ist bei der Vermittlung von Lernstrategien die eigene Aktivität der Lernenden von zentraler Bedeutung. In diesem dritten Teil habe ich Unterlagen zusammengestellt, die Lehrerinnen und Lehrer bei der Thematisierung verschiedener Aspekte verwenden können. Ich will keine Rezepte abgeben, sondern Ideen, Materialien und Beispiele, wie sich die einzelnen Themen in einen Kurs oder in den Unterricht einbauen lassen. Damit möchte ich interessierte Lehrkräfte anregen, die verschiedenen Lernstrategien anzusprechen und die Unterlagen und Vorschläge gemeinsam mit ihren Schülerinnen und Schülern zu erproben. Mit den Checklisten und Fragebogen können die Schülerinnen und Schüler ihr bisheriges Vorgehen überprüfen. Es gibt dazu keine Auswertungen, die Schlussfolgerungen sind von den Lernenden selbst zu ziehen; sie können in der Klasse oder in Lerngruppen diskutiert werden.

Die Anforderungen der einzelnen Schulen und Schulstufen und damit auch die Art der zu vermittelnden Strategien unterscheiden sich. Auch hat jede Lehrerin und jeder Lehrer eigene Vorstellungen, Ideen und Schwerpunkte, jede Klasse ihre Besonderheiten und Vorlieben. Die Mehrzahl der Unterlagen eignet sich vor allem für die Sekundarstufe II, die anderen für die Sekundarstufe I und teilweise auch für die Primarschule. Alle Vorlagen können jedoch beliebig ergänzt, abgeändert und auf die Bedürfnisse der jeweiligen Klasse zugeschnitten werden.

Erläuterungen zu den Materialien

Die Vorlagen und Materialien sind thematisch gegliedert und mit Buchstaben bezeichnet. Nachfolgend sind zunächst die Erläuterungen zu den verschiedenen Materialien aufgeführt sowie Hinweise auf weitere Möglichkeiten, wie die einzelnen Themen in der Schule aufgriffen werden können.

A. Diagnose der Lernprobleme

Wenn sich eine Schule entschließt, Lernstrategien zu thematisieren und zu vermitteln, kann es sinnvoll sein, zur Sensibilisierung der Lehrkräfte und zur Diagnose sowohl bei den Lernenden wie bei den Lehrenden eine Befragung über die wahrgenommenen Lernprobleme durchzuführen und die Ergebnisse zu vergleichen.

Die Fragebogen A.1 und A.2 enthalten die gleichen Themen für Lehrer und Lehrerinnen sowie für Schüler und Schülerinnen. Die Lehrkräfte stufen den jeweiligen Anteil der Schüler und Schülerinnen ein, der nach ihrer Meinung das entsprechende Lernproblem hat. Die Schülerinnen und Schüler beantworten dagegen für sich, ob sie mit der jeweiligen Aufgabe große, mittlere oder keine Probleme haben. Werden die Fragebogen klassenweise beantwortet, können die Schülerinnen und Schüler die ausgefüllten Fragebogen bei sich behalten und davon ausgehend über ihre Probleme diskutieren. Zu Beginn eines Kurses kann es auch sinnvoll sein, von allen Schülerinnen und Schülern zwei Fragebogen ausfüllen zu lassen; ein Exemplar wird eingesammelt, und die Einstufungen der ganzen Klasse werden zusammengefasst, das andere Exemplar bleibt als Kontrolle bei den Lernenden, die es im Laufe des Kurses immer wieder beiziehen können.

Wenn ganze Schulen die Fragebogen beantworten, lassen sich für die Lehrenden einerseits, für die Lernenden andererseits bei jeder Frage Mittelwerte errechnen und diese einander gegenüberstellen. Dazu wird beim Fragebogen für Lehrkräfte den Einstufungen unter »alle« 4 Punkte, bei »manche« 3 Punkte, bei »einige« 2 Punkte und »keine« 1 Punkt gegeben und daraus eine mittlere Einstufung errechnet. Bei den Lernenden erfolgt die Punktevergabe analog (4 Punkte für große usw.). Die Mittelwerte sind infolge der etwas unterschiedlichen Fragestellung zwar nicht direkt vergleichbar; sie bilden aber einen guten Ausgangspunkt für Diskussionen, für Maßnahmen oder als Grundlage für die Festlegung von Kursschwerpunkten. Interessant sind auch Vergleiche mit anderen Schulen (s. S. 60).

Als Einstieg bei Kursen bewährt es sich auch, wenn die Lernenden über eine prägende eigene Lernerfahrung nachdenken. Sie werden aufgefordert, sich zu überlegen, warum diese Erfahrung für sie wichtig war und welche Faktoren damals zum Erfolg beitrugen. Die Ergebnisse dieser Reflexionen können anschließend in Gruppen diskutiert oder in Lernpartnerschaften ausgetauscht werden.

B. Motivation

Die Motivation ist für das Lernen von entscheidender Bedeutung. Hoch motivierte Schülerinnen und Schüler können auf gute Schulleistungen kommen, auch wenn ihre Lernstrategien nicht optimal sind. Desinteressierte und erfolglose Lernende sind oft nicht motiviert, neue Lerntechniken zu erproben. Die Auseinandersetzung mit den Lernzielen muss deshalb am Beginn jedes Lerntrainings stehen. Die Ziele, zu denen die Schule führt, liegen für Kinder, aber auch für Jugendliche noch in weiter Ferne. Mit dem Motivations-Fragebogen B.1 wird ein Bezug zwischen dem schulischen Alltag und den Fernzielen hergestellt. Die Aufforderung, die Zukunft in den schönsten Farben auszumalen, kann auch wörtlich genommen, und Bilder oder Collagen können gestaltet werden, die das Klassenzimmer oder den privaten Arbeitsplatz schmücken.

Wenn es gelingt, die natürliche Neugier der Kinder, die Freude am Entdecken zu wecken, werden sie Lernen als eine Bereicherung statt als lästige Pflicht ansehen. Die Schülerinnen und Schüler können lernen, sich selbst zu motivieren und sind dadurch unabhängiger von Lehrpersonen, die ihnen vielleicht nicht liegen, oder von Unterricht, der nicht so packend ist (B.2). Auch über Ängste und Blockaden muss gesprochen werden.

Kinder brauchen Ermutigung und Zuversicht, dass sie die Schule bewältigen können. Die Freude am Lernen und ihr Selbstvertrauen wird gestärkt durch das Gefühl der Kompetenz, durch sichtbare Lernerfolge und Anerkennung, wenn Fortschritte erkennbar werden. Wichtig ist deshalb, dass sie Rückmeldungen erhalten, die das Positive und nicht nur die Fehler hervorheben.

Oft hilft der Verweis auf das Training beim Sport: Auch hier muss eine Kondition aufgebaut und durch systematisches, regelmäßiges Training erhalten werden. Die Fortschritte werden dabei meist unmittelbar sichtbar. Gleichzeitig ist auch klar, dass Ruhepausen notwendig sind.

Die Checkliste zur Selbstmotivation B.3 kann einzeln bearbeitet und anschließend in Gruppen diskutiert werden.

C. Lernstil

Angesichts der unterschiedlichen Biografien, Erfahrungen und Prägungen sind die individuellen Vorlieben und Vorgehensweisen sehr vielseitig. Den Lernenden hilft die Erkenntnis, dass es nicht einfach bessere und schlechtere Techniken und Strategien gibt. Welche gewählt wird und zum Erfolg führt, hängt vor allem von den persönlichen Vorlieben ab. Keine einzelne kann für alle gültig sein.

Zum Lernstil-Fragebogen C gibt es deshalb keine Auswertung, die zu einem Lerntyp führt. Vielmehr können sich die Lernenden mit ihren bisherigen Vorgehensweisen auseinander setzen und allenfalls Lust bekommen, neue zu erproben.

Als Einstieg in die Diskussion kann es anregend sein, wenn die Lernenden einerseits die von ihnen bevorzugten Lernsituationen, andererseits Lernumgebungen, in denen sie sich nicht wohl fühlen, zeichnen. Die Zeichnungen werden aufgehängt und von den Einzelnen kommentiert. Dabei zeigt sich, wie unterschiedlich die Vorlieben und Abneigungen sind. Auch Negativerfahrungen können thematisiert und ihren Ursachen nachgegangen werden.

Anregend kann es sein, wenn die Lehrperson zu ihrem eigenen Lernstil Stellung nimmt und damit dafür sensibilisiert, dass dieser nur einer unter vielen ist.

D. Lern- und Diskussionsgruppen, Zusammenarbeit

Gruppenarbeiten sind heute Bestandteil des Unterrichts, Anleitungen dazu werden in der Aus- und Weiterbildung der Lehrer und Lehrerinnen systematisch vermittelt und sind Gegenstand zahlreicher Publikationen (vgl. beispielsweise Klippert, 2000b).

Das gemeinsame Lernen ist eine gute Lernstrategie und hilft gleichzeitig dem Austausch von Lerntipps. Zu empfehlen ist die Bildung von Lernpartnerschaften, die über längere Zeit bestehen bleiben; die beiden Lernenden können sich dabei gegenseitig abfragen, einander Unverstandenes erklären, sich Rückmeldungen zu Arbeiten und Vorgehensweisen geben.

Speziell einzugehen ist auf das Anliegen, dass die Schülerinnen und Schüler einander zuhören sollen, wenn sie Fragen stellen oder Antworten geben, vor allem aber auch bei Schülervorträgen. Die Jugendlichen müssen zudem lernen, mit Kritik umzugehen; dies bedeutet einerseits selbst so Feedback geben können, dass die anderen davon profitieren, andererseits auf Einwände nicht gekränkt reagieren, diese akzeptieren können. Übungen zum Zuhören sind beispielsweise bei Klippert (1994) beschrieben.

Ein guter Ansatz kann es auch sein, eine Diskussion in der Klasse oder in einer Gruppe auf Tonband aufzunehmen und anschließend gemeinsam zu prüfen, ob die wichtigsten Regeln beachtet wurden (Spielregeln D.1).

Schülerinnen und Schüler aller Stufen arbeiten in der Regel gerne in Gruppen und geben an, damit keine Probleme zu haben (vgl. Kapitel 2.1). Lernstil-Tests zeigen, dass das gemeinsame Erarbeiten für viele Lernende die bevorzugte Vorgehensweise ist. Aus der Sicht der Lehrpersonen werden dennoch eine Reihe von Nachteilen aufgeführt. Gerade Diskussionen müssen geübt und auftauchende Schwierigkeiten thematisiert werden. Die beiden Checklisten D.2 und D.3 können bei der Vorbereitung von Gruppenarbeiten und Diskussionen abgegeben werden. Auch hier können die Teilnehmenden selbst entscheiden, wie zufrieden sie mit ihrem Verhalten sind und welche Änderungen sie allenfalls vornehmen wollen.

E. Lernorganisation, Lernrhythmus, Umgang mit der Zeit

Zeitplanung wird auch von Erwachsenen vorwiegend als Arbeits- oder Pflichtenplanung erlebt und nicht als Organisation der eigenen Bedürfnisse. Wenn diese Bedürfnisse berücksichtigt werden, steht jedoch im Vordergrund die Frage, *wofür* ich Zeit haben will; die Planung ist dann nicht ein zusätzlicher Zwang, sondern Ausdruck der Eigenverantwortung (vgl. Schräder-Naef 1993a). Kinder und Jugendliche müssen lernen, sich zu entscheiden, ihre Zeit einzuteilen, sinnvolle Gewohnheiten zu entwickeln.

Am besten wird beim Thema Zeit von aktuellen Problemen ausgegangen. Ein Einstieg ist beispielsweise die Checkliste E.1. Mittels Fallbeispielen von verschiedenen Schülerinnen und Schülern, die sich hinsichtlich der schulischen und außerschulischen Schwerpunkte, Anforderungen und Belastungen unterscheiden, kann diskutiert werden, welche Einteilung in jedem Fall sinnvoll ist. Anregungen geben die Tipps E.2.

In Experimenten lassen sich auch verschiedene Vorgehensweisen vergleichen: Die Lernenden sollen eine größere Zahl von Vokabeln einmal als Block und einmal über mehrere Lernetappen gestaffelt lernen und die insgesamt erforderliche Zeit notieren.

In Gruppen können Argumente Pro und Contra Planung gesammelt und in einer Podiumsdiskussion gegeneinander abgewogen werden.

Ein anderes Experiment zeigt, wie trügerisch unser Zeitgefühl sein kann: Die Lernenden werden in vier Gruppen eingeteilt, alle entfernen ihre Uhren aus ihrem Blickfeld und erhalten unterschiedliche Aufgaben: Eine Gruppe löst Kreuzworträtsel, eine liest ein Buch mit Witzen, eine rechnet einfache Additionen und eine Gruppe soll nur ruhig sitzen und gar nichts tun. Nach einigen Minuten schätzen alle, wie viel Zeit verstrichen ist. Dann werden die Aufgaben gewechselt, anschließend nochmals geschätzt. Die Schätzungen werden im Allgemeinen stark voneinander abweichen. Vor allem die Gruppe ohne Beschäftigung neigt dazu, die Zeit stark zu überschätzen.

Die Ergebnisse bieten einen guten Anlass zu Diskussionen über das Zeitempfinden und die sich daraus ergebenden Folgerungen für unsere Planung: Wissen wir, wie viel Zeit wir für bestimmte Aufgaben benötigen? Wie können wir sinnvoll planen? Das Führen von Tagesrapporten (vgl. Formular E.3) kann objektivere Zahlen liefern. Das Zeitgefühl kann trainiert werden, indem regelmäßig geschätzt wird, wie lange man für eine Arbeit oder Aufgabe braucht, und die Zeit anschließend gestoppt wird.

Empfehlenswert bei umfangreichen Lernaufgaben (Vorbereitung auf große Prüfungen) ist folgendes Vorgehen:

- Aufgliederung des Stoffes in Lernetappen.
- Regelmäßiges Wiederholen.

Daraus ergibt sich der folgende Verlauf:

| Wiederholen des Stoffes der Vorwoche |
| Wiederholen des Stoffes vom Vortag |
| Neulernen |
| Kontrolle der Notizen und des Verständnisses |
| Planung der nächsten Lernetappe |

F. Konzentration und Entspannung

Konzentration ist lernbar – wir alle kennen die Bilder von Hochleistungssportlern oder Artisten, die sich vor ihrem Einsatz oder Auftritt sammeln, ihn im Geiste durchgehen und dabei die Reize von außen völlig ausschalten.

Untersuchungen zeigen, dass die aktive, zielgerichtete Konzentration durch Erlernen von Entspannungstechniken gefördert werden kann. Konzentrations- und Entspannungsübungen können in den Unterricht eingebaut oder an den Anfang gestellt werden. Manche Lehrpersonen steigen beispielsweise mit einer »Traumreise« ein: Die Kinder nehmen dabei eine bequeme Haltung ein, schließen die Augen, atmen tief und gewinnen so Distanz. Sie werden zu positivem Denken angeleitet und stellen sich vor, dass alles gelingt.

Wichtig ist ein Rhythmus und Wechsel, beispielsweise von Bewegung zu Stillstand, von Zuhören zu Sprechen, von Arbeit und Pausen. Dies gilt auch für die Planung der Hausaufgaben. Die Kinder brauchen nach der Schule zuerst Entspannung, Erholung, ein Gespräch oder Bewegungsspiel. Auch während des Lernens sind immer wieder Pausen einzuschalten, die je nach Länge für ein kurzes Abschalten, zum Trinken oder für Bewegung (um den Block rennen) genutzt werden.

Bei einem klaren Beginn und Ende ist es leichter, sich zu konzentrieren, durch das Festhalten von Anfangs- und Schlusszeiten wird die Arbeit intensiver.

Die Unterlagen dienen der Selbstbeobachtung: Das Formular zum Konzentrationsverlauf (F.1, eigene Schlussfolgerungen F.2) kann an jene Lernenden abgegeben werden, die ihren Konzentrationsproblemen nachgehen wollen. Entsprechend soll auch die Checkliste F.3 selbst ausgewertet werden.

G. Lernen, Erarbeiten und Aufbereiten

Bei den Beispielen zu diesem Kapitel handelt es sich um Möglichkeiten, Lernstrategien im engeren Sinn gemäß den Ausführungen in Kapitel 1.9 weiterzugeben und einzuüben.

Blatt G.1 enthält eine Übersicht über die verschiedenen Strategien als Anregung und Gedächtnisstütze für die Lernenden.

Das Blatt G.2 illustriert, wie ein Vortrag oder ein Text über Folgerungen aus der Lernpsychologie (vgl. Kapitel 1.4) in einer Tabelle zusammengefasst werden kann. Andere Möglichkeiten, den gleichen Text zu reduzieren oder in einem Mind-Map zu elaborieren, sind auf S. 27/28 abgebildet. Auch dies sind nur Anregungen; viele Schülerinnen und Schüler haben Spaß beim individuellen Gestalten von Zeichnungen und Mind-Maps mit Farben, Symbolen und Schriften.

Die Lerntipps (G.3) können in einem Spiel in einer Gruppe verwendet werden. Dazu werden sie einzeln ausgeschnitten und in der Klasse ausgeteilt. Die Schülerinnen und Schüler überlegen sich zu ihrem Lerntipp, ob sie ihn gut finden und ob sie ihn schon einmal ausprobiert haben. Dann tauschen sie ihre Überlegungen und ihre Kärtchen paarweise aus und wiederholen das

Ganze mit neuen Partnerschaften. In der ganzen Klasse werden dann die besten Tipps diskutiert und durch weitere Ideen ergänzt. Das Blatt eignet sich auch für eine anschließende Zusammenfassung, in der die Kinder jene Lerntipps mit grüner Farbe markieren, die ihnen gefallen, mit roter Farbe dagegen jene, die ihnen nicht entsprechen.

Blatt G.4 enthält eine Zusammenfassung der wichtigsten Punkte beim Führen eines Lerntagebuches (vgl. Kapitel 2.8). Sie kann an Schülerinnen und Schüler abgegeben werden, die über ihr Lernen nachdenken wollen.

Auch nach dem Durchlaufen verschiedener Stationen einer Werkstatt (vgl. S. 86) können Lernende ein Lernprotokoll über ihr Vorgehen, ihre Irrwege bei den einzelnen Stationen und die daraus gezogenen Schlussfolgerungen erstellen.

H. Lesen

Viele Lehrpersonen klagen über die mangelnden Fähigkeiten ihrer Schülerinnen und Schüler, schriftliche Anweisungen zu verstehen. Auch vielen Erwachsenen fällt es schwer, längere Texte zu verstehen. Wenn Studierende einen Text für eine Prüfung lernen müssen, lesen sie ihn meistens mehrfach, streichen vieles an und schreiben allenfalls einzelne Passagen heraus.

Der Lernerfolg beim Lesen hängt jedoch vor allem von der Vor- und der Nachbereitung ab. Dies wird bei den Tipps H.1 berücksichtigt. Auch wenn dieses Vorgehen auf den ersten Blick aufwändig erscheint, spart es beim Lernen durch Lesen letztlich Zeit, weil es zu besserem Verständnis und längerfristigem Behalten führt (vgl. auch Schräder-Naef 2001).

Die vorbereitenden Schritte beim Lesen können mit den Unterlagen H.2 und H.3 geübt werden: Zuerst wird nur das Blatt H.2 ausgeteilt, Aufbau und Titel werden gemeinsam geprüft und mögliche Fragen formuliert; erst anschließend erhalten die Lernenden Blatt H.3 und lesen den Text. Beispiele von Fragen, die zu dem Text »5 Lernregeln« (H.3) gestellt werden können:

- Für wen gelten diese Lernregeln?
- Wann kann ich sie anwenden?
- Was ist der Unterschied zwischen einem Sieb und einem Netz?
- Wie kann ich beim Lernen aktiv sein?

Unterlagen und Hinweise zu unterschiedlich Formen des Notierens, die auch beim Lernen durch Lesen gelten, enthält das Kapitel K.

J. Eigene Aktivität, eigene Fragen

Aus der Lernpsychologie ergibt sich, dass die eigene Aktivität der Lernenden entscheidend zum Aufnehmen und Behalten beiträgt. Nicht nur »Streber« sollten sich deshalb im Unterricht aktiv beteiligen, sondern vor allem auch jene Schülerinnen und Schüler, denen das entsprechende Fach weniger liegt oder die größere Wissenslücken aufweisen. Statt später vor Prüfungen viel Zeit damit zuzubringen, Unverstandenes zu klären versuchen, könnten sie die Zeit dazu nutzen, die sie ohnehin im Klassenzimmer verbringen. Es ist aber natürlich nicht leicht, unmotivierte oder entmutigte Schülerinnen und Schüler davon zu überzeugen. Eine Reihe von Tipps, wie Lernende am meisten vom Unterricht profitieren, enthält das Blatt J.1.

Schülerinnen und Schüler werden sich nur aktiv beteiligen, wenn ihre Meinung ernst genommen und eine positive Feedback-Kultur geübt wird. Auch die Lernenden sollten regelmäßig rückmelden können, was sie verstanden haben, was ihnen gefiel, was nicht, was sie anders machen würden. Wie bereits auf S. 92 ausgeführt, muss dazu auch das Zuhören geübt werden.

Die wichtigste eigene Aktivität ist das Fragen. Fragen sind Teil verschiedener Strategien wie Lesemethoden, Prüfungsvorbereitung, Elaborationen. Alle anderen Techniken und Strategien ergeben sich daraus: Fragen wecken das Interesse, erhalten die Motivation, fördern die eigene Aktivität und tiefenorientierte Auseinandersetzung, sind der Motor des Lernens und steuern gleichzeitig die Richtung. Leider gibt es viele Lernende, bis hin zur Universität und Erwachsenenbildung, die sich hüten, Fragen zu stellen, weil sie entweder Angst haben, als dumm zu gelten, oder weil ihnen gar keine Fragen mehr einfallen.

Das Fragen wird in der Schule kaum gezielt geübt. In der Regel fragt der Lehrer oder die Lehrerin, wobei er oder sie die Antwort natürlich kennt. Wichtig wäre, dass die Fragen der Lehrpersonen anregen und weiterführen. Die Schülerinnen und Schüler sollen lernen wahrzunehmen, was sie nicht verstanden haben, auf was sie neugierig sind, und echte Fragen zu stellen.

Interessanterweise gehören Quiz zu den beliebtesten Fernsehsendungen. Alle Menschen tüfteln gerne, lösen Rätsel, suchen Herausforderungen und freuen sich über Erfolgserlebnisse. Dies gilt auch für Schülerinnen und Schüler. Es macht ihnen Spaß, Rätsel füreinander zu erfinden, ein Quiz mit Auswahlantworten, eine »Schatzsuche«, bei der man über das Beantworten von Fragen weiterkommt.

Weitere anregende Übungen zum Fragenstellen finden sich bei Klippert (1994) und bei Endres u.a. (1994).

K. Mitschreiben, Markieren, Mind-Maps

Notizen, die Schülerinnen und Schüler im Unterricht anfertigen, helfen ihnen bei der Konzentration und bei der Verarbeitung des Stoffes. In den meisten Schulen werden jedoch immer mehr Vervielfältigungen und schriftliche Zusammenfassungen abgegeben. Natürlich ist dies auch für die Lernenden bequem. Ein wichtiger Bestandteil des Lernens geht dabei aber verloren: die eigene Auseinandersetzung, Entscheidung und Gewichtung. Die Fähigkeit, gute Notizen zu erstellen, wird zudem an den Hochschulen, in der Erwachsenenbildung und in vielen Berufssituationen gebraucht. Oft zeigt sich dann beispielsweise vor Prüfungen, dass Studierende ihren eigenen Mitschriften misstrauen und sie für unübersichtlich und unvollständig halten.

Wird das Mitschreiben in der Schule geübt, können die Lernenden aufgefordert werden, von einem gut aufgebauten Vortrag der Lehrperson oder einer Mitschülerin Notizen zu machen. Anschließend nehmen sie an Hand der Check-Liste (K.1) Stellung zu ihren Notizen. Eine Möglichkeit, die erwähnten Kriterien zu erfüllen, ist die Verwendung von losen Blättern und die Aufteilung der Blätter gemäß Abbildung:

- In die Zeile A werden auf der ersten Seite zu Beginn der Stunde das Fach und das Datum eingetragen, auf den folgenden Seiten Fach und laufende Seitenzahl.
- Während des Unterrichts wird zunächst nur der Raum B beschriftet.
- Kolonne C dient der Aufnahme von Gliederungshinweisen und Stichwörtern.
- D wird für eigene Bemerkungen, Verweise, Ergänzungen beim Überarbeiten und bei Prüfungsvorbereitungen verwendet.

Wichtig ist eine Kontrolle und Nachbereitung der Notizen möglichst bald nach dem Aufnehmen.

Jüngeren Schülerinnen und Schülern kann ein Text abschnittsweise vorgelesen werden; dabei werden sie aufgefordert, bei jedem Abschnitt das ihrer Meinung nach wichtigste Wort zu notieren. Anschließend tauschen sie sich darüber aus und schreiben dann eine Zusammenfassung.

Gemeinsam kann zudem überlegt werden, wie Informationen in einer Tabelle zusammengefasst, durch ein Mind-Map oder eine Skizze dargestellt werden können. Nach einem Vortrag über Schlussfolgerungen aus der Lernpsychologie (vgl. Kapitel 1.4) kann die Tabelle

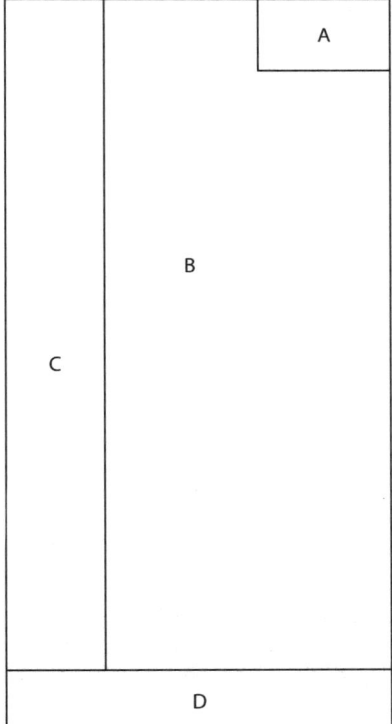
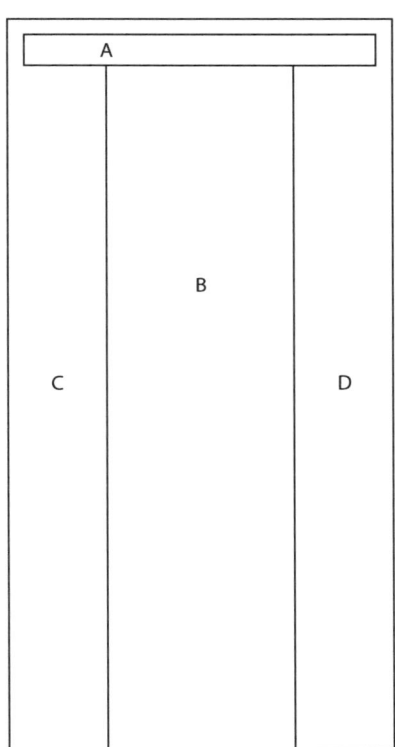

A = Name Lehrer/in, Datum
B = Notizen
C = Gliederungshinweise
D = Ergänzungen beim Überarbeiten

K.2 ausgefüllt werden. Eine mögliche Lösung ist auf dem Blatt G.2 abgebildet. Weitere Formen des Festhaltens des gleichen Vortrages stellen die Blätter auf S. 27/28 dar.

Auch andere Formen des Mitschreibens und Aufbereitens können in der Schule geübt werden. Vielen Lernenden entspricht das Zeichnen von Mind-Maps. Diese Form von Notizen wurde im Buch bereits mehrfach erwähnt; einige Beispiele zu verschiedenen Themen sind abgebildet (vgl. S. 22, 27, 45). Lehrpersonen, die gerne auf diese Weise ihre Gedanken ordnen, können beispielsweise bei einem Vortrag von Lernenden laufend ein Mind-Map auf der Wandtafel oder einem Flipchart erstellen und so Schülerinnen und Schüler zu eigenen Versuchen anregen.

Das Arbeiten mit Textmarkern kann bei geeigneten Fachartikeln diskutiert werden. Möglich sind beispielsweise Übungen mit Schlüsselwörtern: Welche Wörter sind geeignet, meine Erinnerung zurückzubringen?

Einige Tipps zum Erstellen von Mind-Maps sowie zum Markieren von Texten enthält das Blatt K.3.

L. Umgang mit Informationen

Hier geht es sowohl um die Suche, die Selektion, die kritische Auseinandersetzung als auch um die Speicherung von Informationen. Hilfestellung kann den Schülerinnen und Schülern dazu bei der Thematisierung allgemeiner Lernstrategien und bei der Anleitung zu größeren Arbeiten und Vorträgen gegeben werden. Vor allem bei der Durchführung gemeinsamer Projekte können die verschiedenen Aspekte eingeübt werden. Die Blätter L.1 und L.2 geben dazu eine Übersicht und Anregungen.

Den Umgang mit Karteien und Nachschlagewerken können Kinder schon in der Primarschule üben; die systematische Informationssuche und Speicherung kann in der Sekundarstufe vermittelt werden.

Bei der Suche in Bibliotheken (bzw. im Bibliothekskatalog) muss systematisch vorgegangen werden. Das Thema muss klar eingegrenzt werden, um nicht zu viel Zeit mit der Bearbeitung von Büchern zu verbringen, die für die Fragestellung nichts bringen.

Verlockend für Informationssuchende ist die Möglichkeit, Texte direkt aus dem Internet herunterzuladen und in ihre Arbeit einzubauen. Diese Möglichkeit scheint zunächst besser, als aus Büchern abzuschreiben oder zu kopieren.

Es besteht jedoch die Gefahr, dass viele Informationen unverbunden (und oft auch unverstanden) nebeneinander stehen, keine Gewichtung und keine eigene Verarbeitung vorgenommen werden. Auf dieses Problem sollte in der Schule und bei entsprechenden Aufgabenstellungen hingewiesen werden.

Bei allem Recherchieren ist die Fragetechnik wichtig; die richtigen Quellen müssen gefunden, die vorhandenen Informationen kritisch hinterfragt und Lücken entdeckt und geschlossen werden.

Eine vorbereitende Übung für die Informationssuche kann darin bestehen, dass sich die Schülerinnen und Schüler gegenseitig interviewen und gleichzeitig Notizen machen. Dazu müssen sie das Ziel vorher genau festlegen und während des Gesprächs nicht aus den Augen verlieren. Gleichzeitig muss schon klar sein, wie die Informationen später weiterverwendet werden.

Als Vorbereitung auf entsprechende Anforderungen an den Hochschulen dient auch die Vermittlung von Regeln für den Nachweis von Quellen, bearbeiteter Literatur und wörtlichen Zitaten. Neu hinzu kommt das Problem der Zitation von Dokumenten aus dem Internet. Alle Notizen, Karteikarten oder sonstige Dokumente, die weiterverwendet werden, müssen genau beschriftet werden (Autor/in, Titel, Verlag/Zeitschrift, Erscheinungsort und -datum). Am besten werden im Bücherregister alle Bücher erfasst, die ausgeliehen und geprüft wurden, auch wenn sie für die aktuelle Fragestellung nichts gebracht haben.

Die Checkliste L.3 kann die Diskussion über Informationsspeicherung einleiten. Viele Jugendliche sind nicht sehr ordnungsliebend. Sie sehen aber ein, dass ein auf die eigenen Bedürfnisse zugeschnittenes Ordnungssystem viel Zeit sparen kann. Ob mit Karteien gearbeitet wird oder mit Hilfe eines Computers ist weniger wichtig, als dass sowohl die Einordnung als auch der Zugriff schnell erfolgen können.

M. Prüfungen

Die Vorbereitung auf und das Verhalten während Prüfungen umfasst alle bereits dargestellten Strategien. Das Thema kann deshalb als Wiederholung und Zusammenfassung dienen: Informationen müssen zusammengetragen, die wichtigen ausgewählt, strukturiert und verankert werden. Dazu muss systematisch gelesen, auf übersichtliche Notizen zurückgegriffen werden können. Hilfreich ist ein zeitweises Lernen in Gruppen und das gegenseitige Stellen von Prüfungsfragen, entscheidend eine gute Zeitplanung sowohl vor als auch während einer großen Prüfung. Somit zeigen Prüfungen und ihr Ergebnis nicht zuletzt, ob die verwendeten Lernstrategien etwas taugen.

Anregungen und Grundlagen für Diskussionen bieten die Blätter M.1 und M.2. Wenn die Schülerinnen und Schüler schon mit Lernstrategien vertraut sind, können sie auch selbst Fragen zu wirksamen Prüfungsstrategien zusammentragen und ihre Tipps austauschen.

Effizientere Lern- und Arbeitsmethoden sind sicher bei der Vorbereitung von großen Prüfungen besonders wichtig und können dem Stressabbau dienen, beispielsweise durch ein sinnvolles Zeitmanagement. Ein Lernen »rund um die Uhr« ist nicht zu empfehlen: Nach einer bestimmten Stundenzahl wird nicht mehr viel aufgenommen; zudem muss auf Ablenkung, Bewegung und Kontakte verzichtet werden. Die Checkliste M.3/M.4 hilft bei der gezielten Vorbereitung.

Obwohl Prüfungsängste schon immer für einen Teil der Lernenden und vor allem der Studierenden ein Problem darstellten, scheinen sie in der letzten Zeit zugenommen zu haben. Trotzdem wird diesem Problem von Seiten der Schulen und der Lehrkräfte wenig Beachtung geschenkt. Das Thema Prüfungsangst kann beispielsweise mit Rollenspielen angegangen werden.

N. Vorbereiten einer größeren schriftlichen Arbeit

Die Planung und Durchführung einer größeren schriftlichen Arbeit ermöglicht den Lernenden ein selbstständiges und eigenverantwortliches Arbeiten und die Anwendung sinnvoller Lernstrategien. Semesterarbeiten waren denn auch schon immer Bestandteil eines Universitäts- oder Fachhochschulstudiums; sie gehören immer mehr auch zu den Anforderungen an den Berufsschulen und der gymnasialen Oberstufe.

Die Schülerinnen und Schüler benötigen dabei Angaben zur äußeren Form, aber auch Hilfestellung bei der Informationssuche (vgl. Kapitel L), der Gewichtung und beim Aufbau. Stichworte dazu, die von der betreuenden Lehrperson ergänzt werden müssen, enthält das Merkblatt N.1. Sehr detaillierte Angaben dazu sind bei Metzger (2000) zu finden.

Häufig unterschätzt wird vor allem der Zeitaufwand sowohl bei der Materialbeschaffung als auch beim Schreiben und sorgfältigen Überarbeiten. Das Formular N.2 kann die Lernenden dabei unterstützen. Natürlich können manche Teilarbeiten auch parallel laufen. Wichtig ist, dass die erste Fassung so rechtzeitig vorliegt, dass genügend Zeit bleibt, um selbst Abstand zu gewinnen und Rückmeldungen von andern einzuholen.

O. Vorbereiten eines Vortrages

Nicht nur Schülerinnen und Schüler, auch die meisten Erwachsenen macht die Aussicht nervös, sich vor ein Publikum hinzustellen und einen Vortrag zu halten. Auch wenn dies in den Schulen der Sekundarstufen verlangt wird, sind die Gelegenheiten für die einzelnen Lernenden zu selten, um zu Routine zu kommen. Bei der Themenwahl und Materialsuche gelten ähnliche Regeln wie bei größeren schriftlichen Arbeiten (Kapitel N). Für das Halten eines Vortrags können zusätzlich Tipps (O.1) und eine Checkliste (O.2/O.3) abgegeben werden.

Materialien und Kopiervorlagen

Fragebogen Lernprobleme für Lehrkräfte

A.1

Welche Lernprobleme haben Ihre Schülerinnen und Schüler?	Damit haben				Kann ich nicht beurteilen
	alle	manche	einige	keine	
	Probleme				
1. Aus Fachbüchern zu lernen					
2. Kritisch zu lesen, Texte zu hinterfragen und einzuordnen					
3. Regelmäßig zu lernen und nicht nur gelegentlich große Anläufe zu nehmen					
4. Mit Prüfungsangst fertig zu werden, vor oder während einer Prüfung nicht nervös zu werden					
5. Sich für die Schule oder für bestimmte Fächer zu interessieren					
6. Eigene Notizen im Unterricht anzufertigen, die übersichtlich sind und die wichtigsten Informationen enthalten					
7. Sich von Misserfolgen und schlechten Noten nicht entmutigen zu lassen					
8. Den Überblick über ihre Unterlagen zu behalten (Bücher, Hefte, Texte) und Ordnung zu halten					
9. Gelerntes längere Zeit zu behalten					
10. Mit Aufgaben dann anzufangen, wenn sie es sich vorgenommen haben					
11. Ihre Zeit so einzuteilen, dass sie gegebene Termine einhalten können					
12. Informationen in Büchern und Bibliotheken zu finden					
13. Selbstständig eine größere Arbeit zu planen und durchzuführen					
14. Eine Diskussion zu leiten oder daran teilzunehmen					
15. Vor anderen ihre Meinung zu äußern und mit Kritik umzugehen					
16. Flüchtigkeitsfehler zu vermeiden					
17. Mit EDV und Internet umzugehen					
18. In Gruppen zusammenzuarbeiten					
19. Frei zu sprechen, einen Vortrag zu halten					
20. Sich richtig auf eine Prüfung vorzubereiten					
21. Eine größere Arbeit sinnvoll zu gliedern					
22. Beim Materialsuchen so gezielt vorzugehen, dass nicht eine Fülle von irrelevanten Informationen zusammengetragen wird					
23. Selbst festzustellen, wo sie Lücken habe und was sie nicht verstanden haben					
24. Zu fragen, wenn sie etwas nicht verstanden haben					
25. Eigene Schwerpunkte beim Lernen zu setzen					
26. Einzelfakten (Vokabeln, Formeln, Daten) auswendig zu lernen					
27. Sich zu konzentrieren					

© Schräder-Naef: Lerntraining in der Schule. Beltz Verlag, Weinheim und Basel

Fragebogen für Schülerinnen und Schüler

A.2

	Damit habe ich				
	große	mittlere	einige	keine	keine Erfahrung
			Probleme		
1. Aus Fachbüchern zu lernen					
2. Kritisch zu lesen, Texte zu hinterfragen und einzuordnen					
3. Regelmäßig zu lernen und nicht nur gelegentlich große Anläufe zu nehmen					
4. Mit Prüfungsangst fertig zu werden, vor oder während einer Prüfung nicht nervös zu werden					
5. Mich für die Schule oder für bestimmte Fächer zu interessieren					
6. Eigene Notizen im Unterricht anzufertigen, die übersichtlich sind und die wichtigsten Informationen enthalten					
7. Mich von Misserfolgen und schlechten Noten nicht entmutigen zu lassen					
8. Den Überblick über meine Unterlagen zu behalten (Bücher, Hefte, Texte) und schnell zu finden, was ich gerade suche					
9. Gelerntes längere Zeit zu behalten					
10. Mit Aufgaben dann anzufangen, wenn ich es mir vorgenommen habe					
11. Meine Zeit so einzuteilen, dass ich gegebene Termine einhalten kann					
12. Informationen in Büchern und Bibliotheken zu finden					
13. Selbstständig eine größere Arbeit zu planen und durchzuführen					
14. Eine Diskussion zu leiten oder daran teilzunehmen					
15. Vor anderen meine Meinung zu äußern und mit Kritik umzugehen					
16. Flüchtigkeitsfehler zu vermeiden					
17. Mit EDV und Internet umzugehen					
18. In Gruppen zusammenzuarbeiten					
19. Frei zu sprechen, einen Vortrag zu halten					
20. Mich richtig auf eine Prüfung vorzubereiten					
21. Eine größere Arbeit sinnvoll zu gliedern					
22. Beim Materialsuchen so gezielt vorzugehen, dass nicht eine Fülle von irrelevanten Informationen zusammengetragen wird					
23. Selbst festzustellen, wo ich Lücken habe und was ich nicht verstanden habe					
24. Zu fragen, wenn ich etwas nicht verstanden habe					
25. Eigene Schwerpunkte beim Lernen zu setzen					
26. Einzelfakten (Vokabeln, Formeln, Daten) auswendig zu lernen					
27. Mich zu konzentrieren					

© Schräder-Naef: Lerntraining in der Schule. Beltz Verlag, Weinheim und Basel

Motivations-Fragebogen

Werfen Sie einen *Blick in die Zukunft:* Malen Sie sich in den schönsten Farben aus, wie Sie sich Ihr Leben, Ihre Familie, Ihren Beruf, Ihre Hobbys und Ihre Freizeit in fünf oder in zehn Jahren vorstellen. Mit welchen Situationen werden Sie umgehen, sich welchen Herausforderungen stellen, welche Aufgaben bewältigen? Was ist Ihnen besonders wichtig?

_____
_____
_____
_____
_____
_____
_____
_____
_____

Welche Wege könnten dahin führen?

_____
_____
_____
_____

Gibt es Kenntnisse und Fertigkeiten, die dafür wichtig sind?

_____
_____
_____
_____

Meine heutige Situation

Wann macht mir Lernen Spaß?

Kenne ich meine Stärken? Was kann ich gut?

Mit welchen Gebieten befasse ich mich auch in meiner Freizeit?

Auf welche Wissengebiete bin ich neugierig, worüber möchte ich mehr erfahren?

Welche Fächer liegen mir besonders?

Über welche Lernerfolge freue ich mich?

Auf welche Weise habe ich dabei gelernt?

Welches sind meine Ziele? Welche Lernziele will ich als nächste erreichen?

Gibt es Situationen, Bedingungen, die bei mir negative Gefühle auslösen? Welche?

Welche negativen Lernerfahrungen habe ich gemacht?
Was blockiert mich?

Kann ich daran etwas ändern?

Wie reagiere ich bei Schwierigkeiten? Spornen sie mich an oder gebe ich schnell auf?

Wie verhalte ich mich bei unangenehmen Aufgaben?
- ☐ Ich schiebe sie so lange wie möglich auf.
- ☐ Ich versuche, sie möglichst bald zu erledigen.

Wage ich mich an schwierige Aufgaben und bleibe ich dran?
- ☐ ja ☐ nein

Welche Fächer liegen mir nicht?

Wie könnte ich eine neue Einstellung gewinnen? Wer könnte mir dabei helfen?

Wie könnte ich meine Stärken und meine positiven Lernerfahrungen für die Überwindung von Schwierigkeiten einsetzen?

© Schräder-Naef: Lerntraining in der Schule. Beltz Verlag, Weinheim und Basel

Checkliste zur Selbstmotivation

Die vorgegebenen Aussagen können eingestuft werden.

Es bedeutet: 1 Das mache ich bereits.
       2 Das könnte ich versuchen.
       3 Das entspricht mir nicht.

	1 ☺	2	3 ☹
Ich überlege mir, was das Lernen für meine späteren Ziele bedeutet.			
Ich habe meine großen Ziele in kleinere Etappenziele aufgeteilt, die für mich in Reichweite sind.			
Ich habe das Gefühl, das zu tun, was ich tun will.			
Ich kontrolliere meine Lernfortschritte regelmäßig.			
Ich halte meine Fortschritte in einer Tabelle oder einer Grafik fest.			
Wenn ich etwas nach Plan erledigt oder ein kleines Teilziel erreicht habe, belohne ich mich.			
Ich habe eine Wunschliste für Belohnungen.			
Ich tue täglich etwas, was mir Spaß macht.			
Ich überlege am Abend, was der Tag Gutes gebracht hat.			
Ich stelle mir vor, wie es ist, wenn ich das Ziel erreicht habe.			
Ich stelle mich auf regelmäßige Lernzeiten ein.			
Ich kenne meine Stärken und setze sie in schwierigen Situationen ein.			
Ich versuche neue Lernmethoden.			
Ich prüfe, was ich an belastenden oder störenden Situationen ändern kann.			
Ich tausche Lerntipps mit anderen aus.			
Ich überlege mir, wie ich neuen Stoff anwenden kann.			
Ich fertige gerne Zeichnungen an und arbeite mit verschiedenen Farben.			
Ich bin neugierig und suche nach Antworten auf meine Fragen.			

© Schräder-Naef: Lerntraining in der Schule. Beltz Verlag, Weinheim und Basel

Fragebogen Lernstil

Es bedeutet: 1 Mache ich regelmäßig.
2 Könnte ich versuchen.
3 Liegt mir nicht.

	1 ☺	2	3 ☹
Wenn ich etwas auswendig lernen muss, gehe ich im Zimmer hin und her.			
Ich lerne gerne mit Walkman beim Laufen.			
Ich lasse mir den Lernstoff beim Joggen, Schwimmen oder Radfahren nochmals durch den Kopf gehen.			
Wenn ich nicht sicher bin, wie ein Wort geschrieben wird, schreibe ich verschiedene Versionen und erkenne dann die richtige.			
Ich höre gerne zu und kann mündlichen Erklärungen gut folgen.			
Ich schreibe mir mündliche Erklärungen auf, weil ich sie dann besser behalten kann.			
Ich mache beim Lernen immer wieder Pausen, in denen ich mich bewege.			
Ich suche beim Lernen selbst nach Beispielen und Anwendungen.			
Ich kann mich besser mit Bildern als mit Worten ausdrücken und verständlich machen.			
Ich behalte etwas viel besser, wenn ich davon Mind-Maps oder Zeichnungen mache.			
Ich gliedere umfangreichen Lernstoff oder erstelle Tabellen, um ihn in den Griff zu bekommen.			
Vieles wird mir erst klar, wenn ich meine Gedanken ausgesprochen habe.			
Im Gespräch und Austausch mit anderen lerne ich am besten.			
Ich arbeite lieber zu zweit als in größeren Gruppen.			
Ich bringe neuen Lernstoff mit meinen Erfahrungen und meinem bisherigen Wissen in Verbindung.			
Ich stelle Fragen zum Lernstoff und diskutiere ihn mit anderen.			
Ich kann gut aus Büchern und mit meinen Heften lernen.			
Am meisten lerne ich, wenn ich mir die Informationen selbst zusammensuche.			
Ich kontrolliere selbst meine Lernfortschritte.			
Ich lerne neue Begriffe oder Ideen, indem ich mir eine Situation vorstelle, in der sie von Bedeutung sind.			
Ich versuche, Beziehungen zu den Inhalten verwandter Lerngebiete herzustellen.			

Meine Schlussfolgerungen
Diese Lernsituationen entsprechen mir:
_____
_____
_____

Folgende Strategie möchte ich einmal ausprobieren:
_____
_____
_____

© Schräder-Naef: Lerntraining in der Schule. Beltz Verlag, Weinheim und Basel

10 Spielregeln für Diskussionen

1. Die Diskussion muss vorbereitet sein. Alle setzen sich vorher mit dem Thema auseinander und arbeiten die Unterlagen durch.

2. Die ideale Gruppengröße liegt bei fünf bis acht Mitgliedern. Bei größeren Gruppen ist die Beteiligung sehr unterschiedlich.

3. Alle Teilnehmenden sind gleichberechtigt. Alle können ihre Meinung vertreten und allen wird zugehört.

4. Kurz sprechen und beim Thema bleiben. Die Teilnehmenden überlegen zuerst, was sie sagen wollen, bevor sie sich zu Wort melden.

5. Höflichkeit erleichtert die Diskussion. Niemand wird unterbrochen, alle können ausreden. Keine Seitengespräche.

6. Andere Meinungen respektieren, ernst nehmen, auf Einwände sachlich reagieren.

7. Die Diskussionsleitung kontrolliert das Einhalten der Spielregeln.

8. Niemand wird zum Sprechen gezwungen, aber alle haben Gelegenheit dazu.

9. Das Thema steht im Mittelpunkt. Keine abfälligen Bemerkungen, kein Prestigedenken.

10. Kritisch bleiben. Zwischen persönlichen Meinungen, Vermutungen und gesicherten Erkenntnissen unterscheiden.

© Schräder-Naef: Lerntraining in der Schule. Beltz Verlag, Weinheim und Basel

Checkliste für Lerngruppen (Zwischenbilanz)

	Ja	Teil-weise	Nein
Sind wir uns über die Ziele einig?			
Haben wir den Ablauf und die Reihenfolge der Arbeiten geklärt?			
Ist die Rollenverteilung klar?			
Arbeiten alle aktiv mit?			
Fühlen sich alle sowohl für sich selbst als auch für die Gruppe verantwortlich?			
Fühlen wir uns in der Gruppe wohl?			
Respektieren wir einander, haben wir Vertrauen zueinander?			
Hören wir einander zu?			
Können wir mit Konflikten umgehen?			
Können wir Kritik offen aussprechen?			
Hat sich unsere Arbeitsplanung bewährt?			
Haben wir das Zwischenziel erreicht?			
Haben wir Ablenkungen vermieden?			
Sind wir beim Thema geblieben?			
Sind wir mit dem Erreichten zufrieden?			
Werden die Vereinbarungen eingehalten?			
Tragen alle die Entscheidungen mit?			

Was wollen wir verbessern?

_____

_____

Wie wollen wir dabei vorgehen?

_____

_____

© Schräder-Naef: Lerntraining in der Schule. Beltz Verlag, Weinheim und Basel

D.3

Checkliste für Gruppendiskussionen

Prüfen Sie bei Ihren Gruppendiskussionen, ob folgende Bedingungen gegeben sind:

	Ja	Teilweise	Nein
Die Diskussion ist vorbereitet, die Teilnehmenden setzen sich schon vorher mit dem Thema auseinander.			
Alle Teilnehmenden sind gleichberechtigt.			
Die Beiträge sind kurz und verständlich formuliert.			
Die Teilnehmenden hören einander zu und lassen sich ausreden.			
Die Teilnehmenden stehen zu ihren Ansichten, respektieren aber auch die Meinungen der anderen.			
Der oder die Diskussionsleitende achtet darauf, dass die geplanten Themen besprochen werden.			
Niemand wird zum Sprechen gezwungen, aber alle werden angehört.			
Der Verlauf und/oder das Ergebnis der Diskussion wird schriftlich festgehalten.			
Das Thema steht im Mittelpunkt. Es wird sachlich argumentiert und es werden keine persönlichen Angriffe unternommen.			
Die Teilnehmenden können mit Kritik umgehen und reagieren weder gekränkt noch verletzend.			
Die Teilnehmenden bleiben kritisch und prüfen, ob die vorliegenden Informationen ausreichen.			
Verletzungen und Verunsicherungen werden ausgesprochen, Störungen thematisiert.			

Bilanz: Was war positiv, wo ergaben sich Probleme?

_____
_____
_____

© Schräder-Naef: Lerntraining in der Schule. Beltz Verlag, Weinheim und Basel

Checkliste Zeiteinteilung

	Regel-mäßig	Teil-weise	Kaum
Längerfristige Arbeiten kann ich im Allgemeinen rechtzeitig fertig stellen.			
Auch vor wichtigen Prüfungen bleibt mir noch Zeit für Freizeit und Entspannung.			
Bei größeren längerfristigen Arbeiten setze ich mir selbst Zwischenziele und Zwischenfristen.			
Ich weiß zu Beginn einer Woche, welche Stunden ich für die Arbeit und welche ich für die Freizeit verwende.			
Es gelingt mir, dann mit der Arbeit zu beginnen, wenn ich es mir vorgenommen habe.			
Bei meiner Planung berücksichtige ich meinen Tagesrhythmus und erledige die anspruchsvollsten Arbeiten während der Stunden der höchsten Leistungsfähigkeit.			
Mein Planungs- und Notizsystem erlaubt mir einen Überblick über die dringendsten Aufgaben.			
Bei längeren Arbeiten schalte ich rechtzeitig Pausen ein.			
Ich plane regelmäßig kurze Wiederholungsphasen für neu erworbene Lerninhalte ein.			
Wenn ich meine Termine plane, setze ich ausreichende Reservezeiten ein.			
Es gelingt mir im Allgemeinen, jene Dinge zu tun, die mir persönlich wichtig sind.			
In meinem Tagesablauf bleibt mir genügend Zeit zur eigenen Gestaltung.			

Bin ich zufrieden mit meinem Umgang mit der Zeit?

☐ ja ☐ nein

Wenn nein, was will ich ändern? _____

_____

_____

© Schräder-Naef: Lerntraining in der Schule. Beltz Verlag, Weinheim und Basel

Tipps für die Zeiteinteilung

1. Die eigenen Bedürfnisse erkennen, vom eigenen Rhythmus ausgehen

- Finden Sie heraus, wo Ihre Zeit bleibt: Führen Sie während ein oder zwei Wochen Buch über Ihren Tagesablauf und werten Sie nachher aus.
- Überlegen Sie zu Beginn einer Woche oder beim Aufstellen eines Wochenplanes, welche planbaren Zeiten Sie für das Lernen, welche für Sport oder andere Freizeitaktivitäten reservieren und welche Sie frei halten wollen.
- Sind Sie eher ein Morgen- oder ein Abendmensch? Zu welcher Tageszeit können Sie sich am besten konzentrieren? Planen Sie anspruchsvolle Arbeiten zu den Tageszeiten, zu denen Sie am leistungsfähigsten sind.
- Führen Sie eine Agenda, in die Sie auch Ihre eigenen Pläne und selbstgesetzten Termine eintragen. Nehmen Sie Ihre eigenen Termine genau so ernst wie die von anderen vorgegebenen.
- Verplanen Sie nicht die ganze Zeit. Lassen Sie nach dem Unterricht Zeit zur Entspannung und lassen Sie auch Reservezeiten frei.

2. Zeit planen

- Gleich bleibende Lern- und Arbeitszeiten erleichtern die Planung.
- Unterteilen Sie längerfristige Arbeiten, notieren Sie die Etappen in Ihrer Agenda.
- Überlegen Sie beim Planen, welches die wichtigsten und die dringendsten Arbeiten sind, und reservieren Sie dafür die notwendige Zeit.
- Planen Sie regelmäßig kurze Wiederholungsphasen für neu erworbenen Lernstoff ein.
- Überlegen Sie auch dann, welche Stunden Sie fürs Arbeiten einsetzen wollen, wenn Sie (zum Beispiel während der Ferien) genügend Zeit zur Verfügung haben. Sonst können Sie sich weder richtig auf die Arbeit konzentrieren, noch richtig »abschalten«.

3. Bewusst mit der Zeit umgehen

- Sie vermeiden Unzufriedenheit mit sich selbst, wenn Sie dann zu lernen beginnen, wenn Sie es sich vorgenommen haben, und nicht noch lange trödeln oder auf Inspiration warten.
- Vermeiden Sie Stress und Lernmarathons, indem Sie vor Prüfungen und größeren Arbeiten rechtzeitig beginnen.
- An Anfang einer Lernetappe erledigen Sie mit Vorteil eine angenehme, kürzere Arbeit.
- Trainieren Sie Ihr Zeitgefühl: Schätzen Sie jeweils vor Beginn einer Arbeit, wie lange Sie dafür brauchen werden, und kontrollieren Sie zum Schluss.
- Vermeiden Sie es, den Beginn von größeren Arbeiten immer wieder zu verschieben und stattdessen nur die kleineren, schnell abzuhakenden durchzuführen.
- Überlange Lernetappen sind nicht rationell, weil Sie nicht mehr aufnahmefähig sind. Planen Sie vor allem beim Auswendiglernen häufigere kürzere Lernetappen.
- Schalten Sie beim Lernen und Arbeiten Pausen ein: kurze Verschnaufpausen, zwischendurch Entspannungs- oder Bewegungspausen und eine längere Mittagspause.
- Versuchen Sie auch nicht, unbedingt noch etwas fertig zu stellen, obwohl Sie bereits zu müde sind oder ein anderer Termin wartet. Setzen Sie einen anderen Termin zur Fertigstellung ein.

© Schräder-Naef: Lerntraining in der Schule. Beltz Verlag, Weinheim und Basel

Tagesrapport

Datum _____   **Wochentag** _____

Bis um	Tätigkeit	Dauer

© Schräder-Naef: Lerntraining in der Schule. Beltz Verlag, Weinheim und Basel

Konzentrationsverlauf

Um festzustellen, wann und unter welchen Bedingungen Konzentrationsprobleme auftreten, ist etwas Selbstbeobachtung erforderlich. Im nachfolgenden Ablaufplan wird festgehalten, welche Tätigkeiten ausgeführt wurden. In die Kästchen unter »Intensität« tragen wir ein, wie konzentriert wir bei der Sache waren, in welchem Verhältnis das Lernergebnis zur verstrichenen Zeit steht.

- ☐☐☐☐ = Die Zeit ist ungenutzt verstrichen.
- ■☐☐☐ = Bei konzentrierter Arbeit hätte ich das gleiche Ergebnis in einem Viertel der Zeit erreichen können.
- ■■☐☐ = Bei konzentrierter Arbeit wäre das Ergebnis in der halben Zeit zu erreichen gewesen.
- ■■■☐ = Ich habe gut gearbeitet. Bei optimalem Einsatz hätte ich nur drei Viertel der Zeit aufwenden müssen.
- ■■■■ = Ich habe so intensiv gearbeitet, dass ich in der gegebenen Zeit nicht mehr hätte erreichen können.

Die Spalte »Bemerkungen« nimmt alle Angaben auf, die für das Verständnis des Ablaufes erforderlich sind.

Konzentrationsverlauf   Datum: _____

Bis um	Dauer (Min.)	Tätigkeit	Intensität	Bemerkungen
			☐☐☐☐	
			☐☐☐☐	
			☐☐☐☐	
			☐☐☐☐	
			☐☐☐☐	
			☐☐☐☐	
			☐☐☐☐	
			☐☐☐☐	
			☐☐☐☐	
			☐☐☐☐	
			☐☐☐☐	
			☐☐☐☐	
			☐☐☐☐	

Kontrollfragen zum Konzentrationsverlauf

Wo liegen meine größten Konzentrationsprobleme?
_____
_____
_____

Zu welchen Zeiten kann ich mich am besten konzentrieren?
_____
_____
_____

Wann kann ich ungestört an anspruchsvollen Aufgaben arbeiten?
_____
_____

Welches sind die wichtigsten Störfaktoren?
- ☐ Lärm
- ☐ Andere Menschen
- ☐ Telefone
- ☐ Schlechte Arbeitsbedingungen
- ☐ Müdigkeit
- ☐ Andere Gedanken/Probleme

Wie lange kann ich mich konzentrieren?
_____
_____

Was will ich ändern?
_____
_____

© Schräder-Naef: Lerntraining in der Schule. Beltz Verlag, Weinheim und Basel

Checkliste Konzentration

	Ja	Nein
Sind meine Ziele erreichbar?		
Habe ich mir die beste Reihenfolge der Arbeiten überlegt?		
Vermeide ich es, ständig von einer Aufgabe zur andern zu wechseln?		
Schalte ich rechtzeitig Pausen ein?		
Habe ich Ablenkungen und Lärm ausgeschaltet?		
Bin ich ausgeschlafen?		
Berücksichtige ich meinen Tagesrhythmus?		
Habe ich genügend Bewegung?		
Respektieren meine Familienangehörigen meine Arbeitszeiten?		
Bin ich für die Arbeit motiviert?		
Nehme ich mir Zeit, bewusst von einer Tätigkeit zur anderen umzustellen?		
Wende ich mich immer nur einer Aufgabe zu?		
Habe ich einen festen Arbeitsplatz?		
Liegen die benötigten Unterlagen und Schreibwerkzeuge bereit?		
Steht mir genügend Zeit zur Erledigung der Arbeiten zur Verfügung?		
Bin ich von Konflikten unbelastet?		
Kann ich meine freie Zeit genießen?		

Zählen Sie anschließend Ihre Nein-Antworten zusammen, und entscheiden Sie selbst, welche der folgenden Aussagen passt:
- ☐ Kein Wunder, dass ich mich nicht konzentrieren kann – unter diesen Bedingungen kann sich kein Mensch konzentrieren.
- ☐ Die Voraussetzungen für ein konzentriertes Arbeiten sind ungünstig. Wie könnte ich sie verbessern?
- ☐ Es sind zwar nicht alle Voraussetzungen erfüllt, aber ich kann mich trotzdem gut konzentrieren.
- ☐ Ich habe alles getan, um ein konzentriertes Arbeiten zu ermöglichen.

_____

_____

_____

© Schräder-Naef: Lerntraining in der Schule. Beltz Verlag, Weinheim und Basel

Anwenden von Lernstrategien

1. Elaborationen

- Vorwissen aktivieren, vergleichen mit neuen Informationen: Sind es Ergänzungen, Widersprüche, Bestätigungen?
- Bei neuen Problemen nach Parallelen oder Ähnlichkeiten mit bereits Bekanntem suchen. Was ist gleich, was ähnlich, worin bestehen die Unterschiede?
- Nach eigenen Erfahrungen, Erlebnissen suchen.
- Fragen stellen nach Zusammenhängen, Anwendungen, Beispielen.
- Fremdwörter, neue Begriffe nachschlagen, notieren, einbeziehen.
- Bei unverbundenen Einzelinformationen selbst Verbindungen, Eselsbrücken, Assoziationen suchen.
- Schwierige Wörter oder Formeln mit einem Bild, Foto, einer Collage verbinden.
- Gedächtnistechniken (Bilder, Buchstaben für Zahlen, Geschichten, Orte) anwenden.

2. Organisationsstrategien

- Feststellen, nach welchen Prinzipien die Informationen geordnet sind.
- Eigene Struktur in einen Text einbringen, mit Titeln und Untertiteln versehen.
- Einzelinformationen zu Gruppen zusammenfassen.
- Hauptgedanken markieren, unterstützende Aussagen feststellen.
- Gemeinsame Elemente erkennen, Gruppen oder Oberbegriffe bilden.
- Überlegen, wie es sich übersichtlich darstellen lässt: durch Liste, Diagramm, Tabelle, Baum, Mind-Map.
- Überordnung/Unterordnung feststellen, Hierarchie festlegen.

3. Reduktionsstrategien

- Knappe Zusammenfassungen schreiben.
- Geschichten mit wenigen Schlüsselworten notieren.
- Bei Texten zu jedem Unterkapitel eine aussagekräftige Schlagzeile erstellen.
- Spickzettel mit den wichtigsten Informationen erstellen, falls nötig mehrmals reduzieren.
- In Tabelle zusammenfassen.
- Abkürzungen verwenden, nur Stichworte notieren.

© Schräder-Naef: Lerntraining in der Schule. Beltz Verlag, Weinheim und Basel

Acht Folgerungen aus der Lernpsychologie

Bezeichnung	Beschreibung	Schlussfolgerung
1. Signallernen	Elementare Lernform Übertragung von Gefühlen und Erwartungen von einer Situation auf zukünftige	Überprüfen von Widerständen und Abneigungen gegenüber bestimmten Fächern und Inhalten
2. Lernen am Erfolg	Austesten verschiedener Vorgehensweisen, erfolgreiche beibehalten.	Aus Fehlern lernen können, Rückbestätigung, Lernkontrolle ist wichtig
3. Einsichtiges Lernen	Einzelbeobachtungen und Erfahrungen werden in Zusammenhänge gebracht, geordnet	Bewusster Einbezug früherer Erkenntnisse, Ausgehen von Überblick
4. Soziales Lernen	Durch Nachahmung und durch positive Motivation guter Lernerfolg in Gruppen	Möglichkeiten des Austausches, der Zusammenarbeit suchen
5. Individuelle Voraussetzungen und Wege	Bester Lernerfolg bei Berücksichtigung des Wissensstands des Lernenden, Rückfragen	Aufbau, Gliederung und Tempo entsprechend dem eigenen Lernstand
6. Eigene Aktivität	Größerer Lernerfolg bei eigenem Tun, selbstständigem Lernen	Eigene Gliederung, Zusammenfassung erstellen, nach Anwendungen suchen
7. Sinnvolle Zeitplanung	Größerer Lernerfolg bei Verteilung des Lernstoffes	Öfter kürzere Lernetappen statt überlanger einzelner
8. Gedächtnis	Behalten wird, was sinnvoll verknüpft werden kann	Bewusstes Verknüpfen, Einsetzen von Gedächtnistechniken

© Schräder-Naef: Lerntraining in der Schule. Beltz Verlag, Weinheim und Basel

Lernspiel – Lerntipps

G.3

- Ich habe immer etwas, worauf ich mich nach dem Lernen freuen kann, eine Belohnung.

- *Begriffe oder Wörter, die ich mir schlecht merken kann, schreibe ich auf ein großes Plakat.*

- Ich schreibe Wörter, die ich lernen will, auf Klebezettel und hefte sie als Sprechblasen auf ein Poster meiner Fußballmannschaft.

- Bei meinen Schulaufgaben mache ich zuerst eine leichte Aufgabe und habe nachher viel mehr Schwung für die schwierigen.

- **Wenn ich längere Zeit lerne, mache ich zwischendurch eine Pause, stehe auf und trinke etwas.**

- *Ich fange frühzeitig an, für eine Prüfung zu lernen, und verteile das Lernen auf mehrere Tage.*

- Fremdsprachige Wörter lerne ich immer nur wenige aufs Mal, aber wiederhole sie immer wieder.

- **Ich arbeite mit Lernkärtchen, mit denen ich mich selbst abfragen kann, z.B. beim Lernen von Vokabeln, Formeln, Jahreszahlen.**

- Wenn ich in einer Prüfung bei einer Aufgabe nicht weiterkomme, lasse ich sie aus und versuche es am Schluss nochmals.

- *Ich habe einen Arbeitsplatz, an dem ich gut lernen kann. Was ich zum Lernen brauche, liegt dort bereit.*

- **Nach einer Prüfung bemühe ich mich, aus meinen Fehlern zu lernen und meine Lücken zu stopfen.**

- *Bei der Vorbereitung auf eine Prüfung schreibe ich Fragen auf und stelle sie dann meinen Kolleg(inn)en beim Treffen.*

- **Wenn ich einen Aufsatz schreiben muss, zeichne ich zuerst aus meinen Gedanken zum Thema ein Mind-Map.**

- **Beim Lernen bin ich gerne in Bewegung, entweder im Zimmer oder auch draußen.**

- Wenn ich fremdsprachige Wörter lernen muss, spreche ich sie mit den deutschen Übersetzungen auf Tonband.

- *Wenn ich ein Wort oder einen Begriff nicht verstehe, schlage ich im Lexikon nach oder frage den Lehrer/die Lehrerin.*

- **Ich plane die Zeiten für die Schulaufgaben und versuche, diese Zeiten einzuhalten.**

- *In meinem Lerntagebuch halte ich fest, wenn ich besonders gut gelernt habe.*

- *Ich frage Mitschüler/innen, die in meinem Problemfach besonders gut sind, was ihnen an dem Fach gefällt.*

- **Wenn ich viel auswendig lernen muss, baue ich mir Eselsbrücken.**

- *Wenn ich einen schwierigen Text lesen muss, schreibe ich zuerst alle Fremdwörter heraus und schlage im Wörterbuch nach.*

- **Bei der Vorbereitung auf eine Prüfung schaue ich bei früheren Prüfungen nach, was ich nicht verstanden habe.**

© Schräder-Naef: Lerntraining in der Schule. Beltz Verlag, Weinheim und Basel

Lerntagebuch

Ziel

Das Lerntagebuch ist ein persönlicher Begleiter. Ich halte darin fest, was mir wichtig ist. Es hilft mir, eine Bilanz zu ziehen, Rückschau zu halten, beim Nachschlagen und Repetieren. Ich kann es auch bei der Vorbereitung von Gesprächen mit Lehrern oder Lehrerinnen beiziehen.

Inhalt

Eingetragen werden sowohl Wissensstoff als auch meine Vorgehensweisen, Ideen, meine positiven und negativen Gefühle beim Lernen, Erfolge und Misserfolge, Überlegungen, Erkenntnisse und Schlussfolgerungen.

Ich trage auch Erfahrungen aus Prüfungen und Kommentare dazu ein und versuche mir eine Antwort auf folgende Fragen zu geben: Bin ich mit dem Resultat zufrieden? Warum habe ich eine schlechte Note erhalten? Habe ich genügend Zeit für die Vorbereitung aufgewendet? Habe ich das Falsche gelernt?

Ich kann es nach meinen persönlichen Vorlieben gestalten mit Notizen, Tabellen, Zeichnungen, Skizzen oder Mind-Maps.

Ich lasse mich von folgenden Fragen leiten:

- Was habe ich gelernt?
- Wie bin ich vorgegangen?
- Was ist mir gut gelungen?
- Welche Fortschritte habe ich gemacht?
- Wo hatte ich Probleme?
- Wie habe ich versucht, die Probleme zu lösen?
- Was mache ich nächstes Mal gleich?
- Was mache ich nächstes Mal anders?
- Was muss ich noch klären?
- Worauf bin ich stolz?
- Was hat mir Spaß gemacht?
- Worüber möchte ich noch mehr erfahren?

© Schräder-Naef: Lerntraining in der Schule. Beltz Verlag, Weinheim und Basel

Tipps für das Lernen aus Fachbüchern

▶ Leseziel festlegen: Was will ich wissen, was muss ich lernen?

▶ Texte und Kapitel dem Leseziel entsprechend auswählen.

▶ Überblick über den Text und seinen Aufbau gewinnen anhand von Inhaltsverzeichnis, Titel, Untertiteln, Schlagzeilen und Zusammenfassungen. Dies dient der Orientierung sowie der Entscheidung, welche Teile intensiv bearbeitet werden sollen.

▶ Fragen stellen an den Text. Worum geht es? Was ist das Kernproblem? Welche Bedeutung hat der Inhalt für mich? Was erwarte ich? Was möchte ich erfahren? Was weiß ich schon darüber? Welches Hauptanliegen hat der Autor oder die Autorin?

▶ Aktiv lesen, Tempo dem Text anpassen, von eigenen Fragen leiten lassen, Grundaussagen suchen. Auf Gliederung und Formulierungen zu Hauptgedanken achten (zum Beispiel es gibt drei wichtige Gründe für … erstens …).

▶ Anhalten, prüfen, was ich verstanden und behalten habe.

▶ Wichtigste Aussagen festhalten, dabei prüfen, welches System mir entspricht. Bei Notizen eigene Formulierungen verwenden, nicht einfach Sätze aus dem Text übernehmen (Ausnahme: wichtige Definitionen). Auf Kernaussagen beschränken. Skizzen oder Mind-Map machen, nur bei eigenen Büchern oder Texten Markierungen anbringen.

▶ Zusammenfassend wiederholen. Ganzen Text nochmals überfliegen, Zusammenhänge zwischen den einzelnen Abschnitten herstellen, Notizen im Zusammenhang lesen und ergänzen, prüfen, ob Fragen beantwortet wurden, Unklarheiten und offene Fragen notieren. Mit Lernpartner/in diskutieren.

© Schräder-Naef: Lerntraining in der Schule. Beltz Verlag, Weinheim und Basel

5 Lernregeln

xxxxxxxxxxxxxxxxxxxxxxxxxxxxxxxxxxxxxxxxxxxxxxxxxxxxxxxxxxxxxxxxxxxxxxxxxxxxxxxx
xxxxxxxxxxxxxxxxxxxxxxxxxxxxxxxxxxxxxxxxxxxxxxxxxxxxxxxxx

1. Kein Mensch lernt nur mit dem Kopf.

xxxxxxxxxxxxxxxxxxxxxxxxxxxxxxxxxxxxxxxxxxxxxxxxxxxxxxxxxxxxxxxxxxxxxxxxxxxxxxxx
xxxxxxxxxxxxxxxxxxxxxxxxxxxxxxxxxxxxxxxxxxxxxxxxxxxxxxxxxxxxxxxxxxxxxxxxxxxxxxxx
xxxxxxxxxxxxxxxxxxxxxxxxxxxxxxxxxxxxxxxxxxxxxxxxxxxxxxxxxxxxxxxxxxxxxxxxxxxxxxxx
xxxxxxxxxxxxxxxxxxxxxxxxxxxxxxxxxxxxxxxxxxxxxxxxxxxxxxxxxxxxxxxxxxxxxxxxxxxxxxxx
xxxxxxxxxxxxxxxxxxxxxxxxxxxxxxxxxxxxxxxxxxxxxxxxxxxxxxxxxxxxxxxxxxxxxxxxxxxxxxxx
xxxxxxxxxxxxxx

2. Die eigene Aktivität fördert das Lernen.

xxxxxxxxxxxxxxxxxxxxxxxxxxxxxxxxxxxxxxxxxxxxxxxxxxxxxxxxxxxxxxxxxxxxxxxxxxxxxxxx
xxxxxxxxxxxxxxxxxxxxxxxxxxxxxxxxxxxxxxxxxxxxxxxxxxxxxxxxxxxxxxxxxxxxxxxxxxxxxxxx
xxxxxxxxxxxxxxxxxxxxxxxxxxxxxxxxxxxxxxxxxxxxxxxxxxxxxxxxxxxxxxxxxxxxxxxxxxxxxxxx
xxxxxxxxxxxxxxxxxxxxxxxxxxxxxxxxxxxxxxxxxxxxxxxxxxxxxxxxxxxxxxxxxxxxxxxxxxxxxxxx
xxxxxxxxxxxxxxxxxxxxxxxxxxx

3. Das Gedächtnis ist ein Sieb – oder ein Netz.

xxxxxxxxxxxxxxxxxxxxxxxxxxxxxxxxxxxxxxxxxxxxxxxxxxxxxxxxxxxxxxxxxxxxxxxxxxxxxxxx
xxxxxxxxxxxxxxxxxxxxxxxxxxxxxxxxxxxxxxxxxxxxxxxxxxxxxxxxxxxxxxxxxxxxxxxxxxxxxxxx
xxxxxxxxxxxxxxxxxxxxxxxxxxxxxxxxxxxxxxxxxxxxxxxxxxxxxxxxxxxxxxxxxxxxxxxxxxxxxxxx
xxxxxxxxxxxxxxxxxxxxxxxxxxxxxxxxxxxxxxxxxxxxxxxxxxxxxxxxxxxxxxxxxxxxxxxxxxxxxxxx
xxxxxxxxxxxxxxxx

4. Die Zeiteinteilung ist auch beim Lernen wichtig.

xxxxxxxxxxxxxxxxxxxxxxxxxxxxxxxxxxxxxxxxxxxxxxxxxxxxxxxxxxxxxxxxxxxxxxxxxxxxxxxx
xxxxxxxxxxxxxxxxxxxxxxxxxxxxxxxxxxxxxxxxxxxxxxxxxxxxxxxxxxxxxxxxxxxxxxxxxxxxxxxx
xxxxxxxxxxxxxxxxxxxxxxxxxxxxxxxxxxxxxxxxxxxxxxxxxxxxxxxxxxxxxxxxxxxxxxxxxxxxxxxx
xxxxxxxxx

5. Fehler bringen uns weiter.

xxxxxxxxxxxxxxxxxxxxxxxxxxxxxxxxxxxxxxxxxxxxxxxxxxxxxxxxxxxxxxxxxxxxxxxxxxxxxxxx
xxxxxxxxxxxxxxxxxxxxxxxxxxxxxxxxxxxxxxxxxxxxxxxxxxxxxxxxxxxxxxxxxxxxxxxxxxxxxxxx
xxxxxxxxxxxxxxxxxxxxxxxxxxxxxxxxxxxxxxxxxxxxxxxxxxxxxxxxxxxxx

© Schräder-Naef: Lerntraining in der Schule. Beltz Verlag, Weinheim und Basel

5 Lernregeln

Zum Lernen gibt es nicht nur ein Rezept oder eine Methode. Aus vielen Untersuchungen und Forschungen können wir jedoch folgende Ratschläge ableiten:

1. Kein Mensch lernt nur mit dem Kopf.

Gefühle sind wichtig. Unsere Einstellungen, Ängste und Vorurteile entscheiden mit darüber, ob wir ein Fach oder ein Wissensgebiet gut lernen können. Wenn wir mit dem Gefühl »das liegt mir nicht, das kann ich sowieso nicht« ans Lernen gehen, lähmt dies unser Aufnahmevermögen und hindert uns am Lernen. Oft liegen die Gründe für solche Einstellungen weit zurück. In einer neuen Gruppe oder mit einem neuen Start können wir vielleicht einen anderen Zugang finden.

2. Die eigene Aktivität fördert das Lernen.

Kein Sportler lernt nur durch Zuschauen und Zuhören. Auch Wissensstoff lernen und behalten wir besser, wenn wir dabei selbst etwas tun. Je nach Lerntyp können wir beispielsweise Fragen überlegen und mit anderen diskutieren, eine Gliederung einfügen, eine Zeichnung oder eine Tabelle machen, wichtige Punkte auf einem Spickzettel notieren oder Lernkärtchen herstellen.

3. Das Gedächtnis ist ein Sieb – oder ein Netz.

Viele Leute klagen über ihr schlechtes Gedächtnis. Kein Mensch kann aber alles behalten. Wichtig ist natürlich, dass wir die richtigen Dinge behalten. Es ist jedoch schwierig, zusammenhanglose Einzelheiten zu speichern. Alle Gedächtnisstützen beruhen darauf, dass die Informationen in Beziehung zueinander gebracht werden. Diese Beziehungen können wir auch selbst herstellen.

4. Die Zeiteinteilung ist auch beim Lernen wichtig.

Viele Lernende schieben Prüfungsvorbereitungen lange auf und versuchen, in den letzten Tage (und sogar Nächten) noch möglichst viel zu lernen. Das Aufnahmevermögen ist jedoch begrenzt. Wenn wir häufigere kürzere Lernzeiten planen und das Gelernte wiederholen, benötigen wir weniger Zeit und behalten besser.

5. Fehler bringen uns weiter.

Manche Menschen haben so große Angst davor, etwas falsch zu machen, dass sie lieber nichts Neues versuchen. Besser ist es, aus den Fehlern zu lernen und zu prüfen, welche Gebiete wir nicht verstanden haben. Dann können wir die Lücken gezielt angehen.

© Schräder-Naef: Lerntraining in der Schule. Beltz Verlag, Weinheim und Basel

Tipps für die eigene Aktivität im Unterricht

▶ Wenn wir aktiv am Unterricht teilnehmen, sparen wir beim späteren Lernen viel Zeit. Nicht Streber stellen Fragen und machen mit, sondern Schülerinnen und Schüler, die mehr Freizeit haben wollen.

▶ Durch Fragen, Mitdenken und Mitdiskutieren wird jedes Thema interessant. Dies gilt sowohl beim Klassenunterricht als auch bei Gruppenarbeiten.

▶ Am besten verstehen wir den Stoff, wenn wir uns schon vor der Stunde darauf einstellen, die Unterlagen und unsere Notizen der Vorstunde ansehen und überlegen, was wir bereits wissen.

▶ Wir überlegen, was uns an dem Thema interessiert und was wir erfahren wollen.

▶ Wir hören aufmerksam zu und lassen uns nicht ablenken.

▶ Wir denken mit und suchen nach Beispielen zum Lehrstoff.

▶ Wir prüfen, ob wir alles verstanden haben. Wenn wir etwas nicht verstanden haben, fragen wir. Davon profitiert die ganze Klasse.

▶ Wir fragen nach Zusammenhängen, Beispielen, nach Definitionen von Fachausdrücken.

▶ Wir notieren die wichtigsten Aussagen. Dazu gehören die Gliederung, die Titel und Untertitel sowie Kernaussagen, die sich aus den Hinweisen und Formulierungen des Lehrers oder der Lehrerin (wie »die drei wichtigsten Gründe …«, »besteht aus folgenden Bereichen: erstens …«) ergeben.

▶ Wenn wir etwas nicht verstehen und nicht sofort fragen können, halten wir die Frage schriftlich fest und stellen sie bei der nächsten Gelegenheit.

▶ Ist uns das Thema schon bekannt und bietet der Unterricht wenig Neues, haben wir Zeit für gut strukturierte Notizen, vielleicht auch ein Mind-Map.

▶ Statt sich zu langweilen, ist es besser, sich zu melden, mitzumachen, sich mit Fragen auseinander zu setzen.

K.1

Fragebogen zur Notizentechnik

Erfüllen Ihre Notizen diese Kriterien?	Ja	Nein
1. Sie sind leserlich und ich arbeite gerne damit.		
2. Sie sind übersichtlich und enthalten die wichtigsten Inhalte.		
3. Sie lassen die Gliederung des Vortrages erkennen.		
4. Sie stellen eine gute Grundlage für eine Prüfungsvorbereitung dar.		
5. Sie bieten Raum für meine Fragen, eigene Überlegungen, Verweise und Gliederungshinweise.		
6. Sie können zusammen mit Unterlagen zum entsprechenden Fach geordnet werden.		
7. Ergänzungen, die sich aus Fragen, Diskussionsbeiträgen oder bei der Überarbeitung ergeben, können einbezogen werden.		
8. Sie sind so beschriftet, dass auch zu einem späteren Zeitpunkt erkennbar ist, von welchem Fach und Tag sie stammen.		
9. Sie trennen deutlich zwischen Ausführungen der Lehrerin oder des Lehrers, der Teilnehmenden und meinen eigenen Überlegungen.		
10. Die Form ist so flexibel, dass einzelne Teile ausgetauscht, ergänzt oder neu geschrieben werden können.		
11. Sie gehen von meinen Lernzielen aus (nur Stichworte, wenn ich andere Unterlagen habe, ausführlicher, wenn sie als Grundlage für die Lernarbeit dienen sollen).		

Meine Schlussfolgerungen

_____
_____
_____
_____
_____
_____

© Schräder-Naef: Lerntraining in der Schule. Beltz Verlag, Weinheim und Basel

Acht Folgerungen aus der Lernpsychologie

Bezeichnung	Beschreibung	Folgerung für mein Lernen
1. Signallernen		
2. Lernen am Erfolg		
3. Einsichtiges Lernen		
4. Soziales Lernen		
5. Individuelle Voraussetzungen und Wege		
6. Eigene Aktivität		
7. Sinnvolle Zeitplanung		
8. Gedächtnis		

© Schräder-Naef: Lerntraining in der Schule. Beltz Verlag, Weinheim und Basel

Tipps zum Erstellen eines Mind-Maps

- Mind-Maps sind sehr persönlich und können ganz nach eigenen Ideen und Vorlieben mit verschiedenen Schriften, Farben, Symbolen und Zeichnungen gestaltet werden.
- Mind-Maps sind wie von oben gesehene Bäume: In der Mitte steht als Stamm das Thema, nach allen Seiten gehen als Äste die Teilbereiche mit weiteren Verzweigungen.
- Begonnen wird mit einem zentralen Begriff. Anschaulich dargestellt werden die Verflechtungen und Beziehungen.
- Alle Äste und Zweige werden beschriftet. Neue Äste können jederzeit hinzugefügt werden.
- Die Beziehungen zwischen den einzelnen Teilbereichen können mit Pfeilen oder anderen Symbolen sichtbar gemacht werden.
- Wer gerne mit Mind-Maps arbeitet, kann sie vielseitig verwenden: bei der Ideensammlung bei einem Aufsatz, einer längeren Prüfungsaufgabe, beim Vorbereiten einer Semesterarbeit oder eines Referats, bei der Prüfungsvorbereitung, beim Zusammenfassen von Vorträgen oder Unterrichtsstunden.
- Es gibt auch spezielle PC-Programme für das Erstellen von Mind-Maps.

Tipps zum Markieren mit Textmarkern

- Markierungen sind Mitteilungen an uns selbst in der Zukunft: Achte darauf, das ist wichtig, das steht damit in Beziehung.
- Zuerst den Text durchlesen, nicht beim ersten Durchlesen markieren.
- Überlegen, welches die wichtigsten Aussagen sind. Zentrale Begriffe hervorheben.
- Nur wenn sparsam markiert wird, fallen die Schlüsselbegriffe noch ins Auge.
- Seitenrand verwenden, um Verweise, Symbole usw. anzubringen (Fragezeichen für Unklarheiten, Ausrufezeichen, Gliederungshinweise usw.).

© Schräder-Naef: Lerntraining in der Schule. Beltz Verlag, Weinheim und Basel

Übersicht Informationsquellen

Informationsziel	Gedruckte Unterlagen	Andere Quellen
Erarbeiten von Grundlagen, systematische Einführung	Standardwerke, Fernkurse	Ausbildungen, Lehrgänge, Kurse
Möglichst vollständiger Überblick über Spezialgebiete	Bibliografien, Kataloge, Fachbücher	Dokumentationsstellen, Datenbank-Abfragen, Informationsdienste
Erarbeiten neuer Kenntnisse	Fachbücher	Schulen, Weiterbildungen, CD-ROM, Studienreisen
Auf dem Laufenden bleiben, Wissen aktualisieren	Fachzeitschriften, Zeitungen, Profildienste, Zeitungsausschnittdienst, Referatezeitschriften	Berichte, Dokumentarsendungen in Radio und TV, Vorträge, Fortbildungsveranstaltungen, Messen, Ausstellungen, Mailinglisten,
Einzelfragen	Nachschlagewerke, Lexika, Broschüren, Archive, Fachlexika	Beratungsstellen, Fachleute, Internet-Abfragen, CD-ROM Interviews, Anfragen via E-Mail, Museen

Tipps für die Informationssuche

1. Suche in Bibliotheken

- Verschiedene Bibliotheken prüfen: große Bibliotheken, Schul- und Universitätsbibliotheken, Bibliotheken des Spezialgebietes, Bibliotheken von Fachinstituten.
- Im alphabetischen (Autoren-)Katalog jene Veröffentlichungen suchen, deren Autor und Titel bekannt sind.
- Im Sachkatalog verschiedene Schlagwörter prüfen, auch übergeordnete Begriffe und Teilaspekte des Themas prüfen. Wenn es zu viele Nachweise gibt, eingrenzen.
- Literaturverzeichnisse von Handbüchern, Lehrbüchern, Fachbüchern des Gebietes prüfen.
- Bibliografien des Fachgebietes prüfen.
- Neuerscheinungsliste der Bibliothek prüfen.
- Neueste Jahrgänge der entsprechenden Fachzeitschriften prüfen.

2. Weitere Quellen (je nach Thema)

- Archive
- Dokumentationsstellen
- Fachorganisationen
- Reisebüros, Konsulate, Pressestellen
- Zeitungen
- Interviews mit Fachleuten, Experten, Betroffenen, Behörden
- Vorträge, Beiträge in Radio oder Fernsehen

3. Internet

- Katalogabfrage von Bibliotheken
- Suche nach Neuerscheinungen über Buchhandel
- Abfrage über Suchmaschinen (zum Beispiel google, altavista, yahoo)
- Newsgroups, FAQ (Frequently Asked Questions)

© Schräder-Naef: Lerntraining in der Schule. Beltz Verlag, Weinheim und Basel

Checkliste

Entspricht mein Ordnungssystem folgenden Bedingungen?	Ja	Nein
Mein Ordnungssystem ist auf meine Bedürfnisse zugeschnitten: Ich weiß, wo ich Notizen, Vervielfältigungen, Zeitungsausschnitte usw. einordnen und später suchen muss.	☐	☐
Mein Ordnungssystem ist übersichtlich: Ich kann Unterlagen auch dann schnell finden, wenn ich beim Suchen von einer anderen Frage ausgehe als beim Einordnen.	☐	☐
Mein Ordnungssystem ist flexibel: Informationen und Unterlagen, die zu verschiedenen Zeiten und zu verschiedenen Bereichen anfallen, können nach Inhalten geordnet werden.	☐	☐
Mein Ordnungssystem ist leicht zu handhaben: Neu hinzugekommene Unterlagen können schnell eingeordnet werden.	☐	☐
Alle Unterlagen sind vollständig beschriftet: Bei allen Unterlagen ist angegeben, aus welcher Quelle sie stammen. Zwischen Informationen aus anderen Quellen und eigenen Überlegungen ist klar unterschieden.	☐	☐

Meine Schlussfolgerungen

In welchem Bereich habe ich Ordnungsprobleme?

_____

_____

Was will ich ändern?

_____

_____

_____

Tipps für Prüfungen

1. Laufende Vorbereitung

- ▶ Neuen Lernstoff regelmäßig wiederholen und auffrischen, solange er noch präsent ist.
- ▶ Notizen auch im Hinblick auf die spätere Prüfung führen und überarbeiten, Wichtiges hervorheben.
- ▶ Sicherstellen, dass der Lernstoff verstanden ist, selbst aufbereiten und strukturieren.
- ▶ Lücken rechtzeitig feststellen und sich um Schließung bemühen.

2. Countdown vor einer großen Prüfung

- ▶ Rechtzeitig klären, welche Kenntnisse an der Prüfung verlangt werden und welcher Art die Prüfung ist.
- ▶ Wenn möglich frühere Prüfungen des gleichen Faches beziehungsweise der gleichen Lehrerin, des gleichen Lehrers ansehen.
- ▶ Realistische Selbsteinschätzung: Was kann ich bereits, was muss ich auffrischen, was habe ich noch nie verstanden? Zeitaufwand für die Vorbereitung entsprechend planen.
- ▶ Nicht nur festlegen, was gelernt werden soll, sondern auch, was weggelassen werden kann: Schwerpunkte auswählen, gewichten. Einsatz für Teilgebiete entsprechend ihrer Wichtigkeit.
- ▶ Rechtzeitig mit Lernen beginnen, Lernstoff unterteilen und in Portionen lernen. Zwischenziele setzen, wiederholen, üben.
- ▶ Einen Zeitplan machen. Reservezeiten sowie Zeit für Gesamtrepetition einplanen.
- ▶ Regelmäßige Treffen mit einer Lerngruppe zu einem Teilbereich. Prüfungsfragen vorbereiten und an Lerngruppentreffen üben.
- ▶ Eigenen Stil finden, zum Beispiel mit Farben für Wichtiges, mit Lernkärtchen für das Auswendiglernen von Formeln, Namen, Jahreszahlen.
- ▶ Aktiv lernen. Für Übersichten über große Stoffgebiete mit Skizzen, Mind-Maps, Tabellen usw. arbeiten. Selbst gliedern, anreichern, ergänzen, ordnen, in Beziehung setzen, nach Anwendungen suchen, Zusammenfassungen schreiben.
- ▶ Einen Spickzettel machen: Alle wichtigen Informationen übersichtlich und mit verschiedenen Farben auf ein großes Blatt schreiben, am nächsten Tag daraus die wichtigsten Stichwörter auf ein halb so großes Blatt übernehmen und so weiter. Durch die bewusste Auswahl und das mehrfache Schreiben und Gestalten werden die Informationen zuverlässig gelernt.
- ▶ Vom Ganzen ausgehen, sich nicht in Details verbeißen.
- ▶ Auch während der härtesten Prüfungsvorbereitung pro Tag nicht länger als 8–10 Stunden lernen; dabei Pausen machen und sich Zeit für Sport und Kontakte nehmen.
- ▶ Zu Beginn einer neuen Lernetappe zuerst den am Vortag gelernten Stoff wiederholen, Vergessenes nochmals lernen; anschließend den Stoff der Vorwoche wiederholen und dann den neuen Stoff.

© Schräder-Naef: Lerntraining in der Schule. Beltz Verlag, Weinheim und Basel

- Gegen Prüfungsangst hilft eine realistische Einschätzung, was wirklich auf dem Spiel steht. Prüfung nicht überschätzen.
- Sicherheit gewinnt man auch, wenn die Prüfung vorher geübt wird: Mit Lernpartner oder für Lerngruppe gegenseitig Fragen vorbereiten und sie schriftlich beantworten. Für mündliche Prüfungen Rollenspiel machen.

3. Verhalten während der Prüfung

Bei schriftlichen Prüfungen

- Nicht sofort mit Schreiben beginnen. Fragen genau lesen, prüfen, ob klar ist, was verlangt wird.
- Ein Zeitbudget machen, das die Wichtigkeit der einzelnen Aufgaben berücksichtigt und Zeit zum Durchlesen am Schluss lässt.
- Zuerst die leichten Aufgaben lösen.
- Bei Fragen, die eine längere Antwort erfordern, diese strukturieren: zuerst Notizen zur Gliederung oder ein Mind-Map machen. Falls nötig Untertitel einführen, Zusammenfassung.
- Nicht zu viel Zeit auf eine schwierige Aufgabe verwenden, besser abbrechen, zur nächsten übergehen und zurückkommen, wenn die anderen gelöst sind.
- Nicht vorzeitig abgeben. Wenn alles beantwortet ist, kurz entspannen und nochmals sorgfältig durchlesen und überprüfen.
- *Bei mündlichen Prüfungen*
- Auch auf den äußeren Eindruck achten.
- Genau zuhören, bei Unklarheiten zurückfragen.
- Nicht vorschnell antworten, ruhig überlegen.
- Bei längeren Antworten zuerst einen Überblick geben, Gliederung aufzeigen.
- Nicht einfach schweigen, wenn man die Antwort nicht weiß. Lieber laut denken.

4. Prüfungsanalyse

- Auch auf der Prüfung lernen: Bin ich mit dem Ergebnis zufrieden?
- Was habe ich gut gemacht?
- Was habe ich nicht gewusst oder falsch gemacht?
- Habe ich genug gelernt?
- Habe ich genügend Zeit für die Vorbereitung aufgewendet?
- Habe ich die Zeit während der Prüfung richtig eingeteilt?
- Habe ich Flüchtigkeitsfehler vermieden?

Checkliste für die Prüfungsvorbereitung

Prüfungsthema _____   **Prüfungsdatum** _____

Welche Bereiche umfasst die Prüfung?
_____
_____
_____

Art der Prüfung

☐ mündlich
☐ schriftlich

Art der Fragen

☐ Auswahlantworten, die angekreuzt werden müssen
☐ Offene Fragen, die kurz beantwortet werden können
☐ Es werden längere Antworten verlangt
☐ _____

Wie ist mein Wissensstand in diesem Bereich?

☐ Ich bin bereits optimal vorbereitet.
☐ Ich bin gut vorbereitet und muss nur noch wiederholen.
☐ Ich muss mir noch Einiges erarbeiten.
☐ Ich habe vieles noch nicht verstanden/nicht gelernt.
☐ Ich muss alles neu erarbeiten.

Welche Unterlagen stehen mir für die Vorbereitung zur Verfügung?

☐ Hefte, Notizen, Kursunterlagen
☐ Schulbücher
☐ Fachbücher _____
☐ Weitere Unterlagen aus Internet, Artikeln usw.
☐ _____

© Schräder-Naef: Lerntraining in der Schule. Beltz Verlag, Weinheim und Basel

M.4

Reichen diese Unterlagen für die Vorbereitung?
☐ ja
☐ nein

Wenn nein, wie und wo will ich mir weitere Unterlagen beschaffen?
☐ Bibliothek
☐ Internet
☐ bei Kollegin/Kollegen
☐ _____

Wie hoch schätze ich den Zeitaufwand für die Vorbereitung?

_____ Stunden/Tage

Welche Zeiten plane ich für die Vorbereitung?

Datum _____   Zeit _____
       _____   _____
       _____   _____
       _____   _____
       _____   _____

Mit wem will ich mich zum Abfragen und zur Zwischenkontrolle treffen?
_____
_____

Welche Daten haben wir für diese Treffen vereinbart?

Datum _____   Teilbereich _____
       _____   _____
       _____   _____
       _____   _____
       _____   _____

© Schräder-Naef: Lerntraining in der Schule. Beltz Verlag, Weinheim und Basel

Merkblatt für größere schriftliche Arbeiten

- Themenwahl: Nicht zu weit, nicht zu eng. Persönliche Beziehung wichtig, zum Beispiel Verbindung zwischen Schulfach und privatem Erfahrungsbereich, Frage aus Lektüre oder aus Diskussionen, Querverbindung zwischen zwei Fächern.

- Vorgaben beachten: Angaben der Schule zu Umfang, Fachgebiet, Vorgehen, Fristen, Bedingungen.

- Bearbeitungsart festlegen: Literaturarbeit oder eigene Untersuchung, Beobachtung, Interviews, sachliche Darstellung oder persönliche Stellungnahme.

- Zeitplan erstellen: Für alle Teilarbeiten benötigte Zeit schätzen, Reserve einplanen, ebenso Zeiten, während denen Drittpersonen Arbeit durchlesen und Rückmeldungen geben.

- Disposition erstellen: Wichtigste Fragestellung, Arbeitshypothesen, Vorgehen, Grobgliederung mit Betreuungsperson besprechen.

- Materialsuche: Gezielt vorgehen, Suchstrategien anwenden. Informationsquellen nutzen, in Katalogen, Zeitschriftenverzeichnissen, Bibliografien verschiedene Schlagwörter prüfen (auch von übergeordneten und Spezialgebieten), Lexika und Handbücher prüfen. Büchersuche in mehreren Bibliotheken.

- Informationen aufbereiten: Beim Bearbeiten der Bücher und Auswerten von Untersuchungen gezielt von eigenen Fragestellungen ausgehen. Mit Karteikarten, systematischen Notizen oder Literaturverarbeitungsprogrammen arbeiten, laufend dokumentieren und Gliederungshinweise anbringen.

- Arbeit schreiben: Feingliederung erstellen, Informationen zuordnen, allenfalls ergänzen, kapitelweise schreiben. Illustrationen, Tabellen, grafische Darstellungen entweder übernehmen (mit Quellenangabe) oder selbst erstellen.

- Ausarbeiten: Entwurf überarbeiten, Vorwort, Schlussfolgerung, Inhalts-, Literatur- und Quellenverzeichnis erstellen. Regeln für Zitate, Literatur- und Quellenangaben beachten.

- Rückmeldung einholen: Drittpersonen zum kritischen Durchlesen geben oder aus der Distanz von mehreren Tagen selbst kritisch auf Verständlichkeit, Lesbarkeit, Darstellung prüfen.

- Fertigstellen: Rückmeldungen prüfen, Korrekturen anbringen. Äußeres Erscheinungsbild gemäß Vorgaben und optisch ansprechend gestalten.

Zeitplan für größere Arbeiten

Teilarbeit	Bemerkungen	Zeitaufwand geschätzt	Erledigen bis	Besprechen mit
Thema wählen und eingrenzen Bearbeitungsart festlegen	• Persönliche Interessen berücksichtigen • Vorgaben beachten • Ideensammlung mit Mind-Map • Umfang festlegen • Disposition erstellen			
Informationen suchen	• Lexika, Standardwerke, Bibliografien prüfen • Büchersuche in mehreren Bibliotheken • Archive, Dokumentationsstellen • Internet-Abfragen • Eigene Untersuchungen, Beobachtungen • Interviews			
Material sichten	• Mit Karteikarten (Bücher-, Schlagwort-, Quellenkarten) oder EDV-Datei arbeiten • Informationen überprüfen, gewichten, aussortieren			
Aufbau bestimmen	• Strukturieren • Titel und Untertitel festlegen			
Informationen aufbereiten	• Weitere Unterlagen suchen und zusammenstellen, offene Fragen klären, Ergänzungen • Komplexe Zusammenhänge veranschaulichen • Tabellen, Grafiken, Illustrationen erstellen			
Entwurf erstellen	• Feingliederung erstellen • Ausformulieren (wenn möglich mit PC)			
Ausarbeiten	• Vorwort, Zusammenfassung, Literatur und Inhaltsverzeichnis schreiben, Regeln für Quellenangaben einhalten • Vollständigkeit, Lesbarkeit prüfen			
Überarbeiten, Endfassung	• Rückmeldungen berücksichtigen • Logische Abfolge, Texte auf Verständlichkeit überprüfen • Detailkorrekturen anbringen • Layout, äußeres Erscheinungsbild optimieren • Abgabetermin einhalten			

© Schräder-Naef: Lerntraining in der Schule. Beltz Verlag, Weinheim und Basel

Tipps für das Halten eines Vortrages

- Bei Lampenfieber vorher üben: Vortrag vor wohlgesinnten Angehörigen oder vor dem Spiegel halten. Gute Vorbereitung, vor allem überzeugender Beginn und Schluss.

- Äußeres den Erwartungen des Publikums und dem Veranstaltungsort anpassen.

- Einstieg wählen, der die Aufmerksamkeit des Publikums sichert: Scherz, Musik ab Tonband, aktueller Bezug, unerwartetes Beispiel, spannende Frage.

- Aufbau klarstellen: Mit Folie, auf Pinnwand oder Wandtafel Gliederung des Vortrages zeigen.

- Illustrationen vorbereiten auf Folien; Bilder, Fotos auf Stecktafel.

- Unterlagen für Zuhörende vorbereiten: Zusammenfassungen, Tabellen, Grafiken abgeben.

- Publikum aktivieren: Kleine Übungen, Experimente einbauen, Aufforderung zum kurzen Austausch mit Nachbar/in, Gelegenheit zu Fragen, Kommentaren.

- Alle Leute lachen gerne: Auflockerung einbauen.

- Auf Körperhaltung achten. Weder hektisch herumzappeln, noch sich krampfhaft am Pult oder an seinen Notizen festhalten.

- Nicht alles ablesen. Notizen oder eine Folie nur als Erinnerungsstütze. Immer wieder Blickkontakt mit den Zuhörenden.

- Nicht zu schnell sprechen. Auch Pausen machen, Abwechslung einbauen.

- Auf Zeit achten, nicht überziehen, Zeit zwischendurch kontrollieren, notfalls Teilgebiet nur kurz antippen, damit nicht die Zeit für den Schluss fehlt.

- Zündender Schluss: Appell an die Zuhörenden, Ausblick, knappe Zusammenfassung, originelles Bild.

© Schräder-Naef: Lerntraining in der Schule. Beltz Verlag, Weinheim und Basel

Checkliste für die Vorbereitung eines Vortrages

Thema _____

Datum _____ **Ort** _____

Publikum: _____

Was wissen die Zuhörenden bereits von meinem Thema, was könnte für sie interessant sein, was erwarten sie von mir?

_____

_____

_____

Zeiteinteilung:

Wie viel Zeit steht mir insgesamt zur Verfügung?	_____ Min.
Eigene Redezeit	_____ Min.
Zeit für Fragen und Diskussion	_____ Min.
Zeit für Übungen, Gruppenarbeiten usw.	_____ Min.

Welchen Einstieg/Aufhänger verwende ich?

_____

_____

Welche Auflockerungen sehe ich vor?

_____

_____

Aufbau: Wie gliedere/unterteile ich den Vortrag?

_____

_____

_____

Welchen Schluss sehe ich vor?

_____

_____

O.3

Welche Methoden will ich verwenden?
- ☐ Vortrag mit Diskussion
- ☐ Übungen
- ☐ Gruppenarbeiten
- ☐ Experimente
- ☐ Spiele, Aktivierung

Ideen dazu:
_____
_____
_____
_____
_____

Welche Hilfsmittel benötige ich?
- ☐ Wandtafel
- ☐ Overheadprojektor
- ☐ Flipchart
- ☐ Karten
- ☐ Stifte
- ☐ Schere

- ☐ Pinnwand
- ☐ Plakate
- ☐ Video
- ☐ Zeichenblätter
- ☐ Klebepunkte
- ☐ _____

Welche Zusammenfassungen, Tabellen usw. will ich den Teilnehmenden abgeben?
_____
_____
_____

Welche Unterlagen muss ich vorbereiten?
- ☐ Illustrationen
- ☐ Vervielfältigungen
- ☐ Übungen
- ☐ Kassetten
- ☐ _____

- ☐ Folien
- ☐ Fragebogen
- ☐ Karten
- ☐ Texte

© Schräder-Naef: Lerntraining in der Schule. Beltz Verlag, Weinheim und Basel

Literaturverzeichnis

Achermann, Edwin/Gautschi, Peter/Rüegsegger, Ruedi: Lernpartnerschaften. Im Tandem und in Gruppen gemeinsam lernen. Erziehungsdepartement Aargau 2000.

Beck, Erwin u.a.: Lernen im Dialog – Beschreibung und Analyse von Schülerdialogen beim Lösen eines Problems in einer Lerndyade. In: Schweizerische Zeitschrift für Bildungswissenschaften 3/2000, S. 509–534.

Beck, Erwin u.a.: Eigenständiges Lernen verstehen und fördern. In: Reusser, Kurt/Reusser-Weyeneth, Marianne (Hrsg.): Verstehen. Psychologischer Prozess und didaktische Aufgabe. Huber, Bern 1994.

Beck, Erwin/Guldimann, Titus/Zutavern, Michael (Hrsg.): Eigenständig lernen. Fachverlag für Wissenschaft und Studium, St. Gallen 1995.

Büchel, Fredi P.: Das eigene Lernen verstehen. Ein Programm zur Förderung des Lernens und Denkens für Jugendliche und Erwachsene. Sauerländer, Aarau ^{2}1997.

Buff, Alex: Lernmotivation in Schweizer Schulzimmern. In: Schweizer Schule 10/1999, S. 10–20.

Csikszentmihalyi, M.: Das Flow-Erlebnis. Klett-Cotta, Stuttgart 1985.

Dalin, Per: Theorie und Praxis der Schulentwicklung. Luchterhand, Neuwied 1999.

Deci, Edward/Ryan, Richard: What is the Self in Self-Directed Learning? Findings from Recent Motivational Research. In: Straka, Gerald A. (Hrsg.): Conceptions of Self-Directed Learning. Theoretical and Conceptional Considerations. Waxmann, Münster 2000.

Deci, E.L./Ryan, R.M.: Intrinsic motivation and self-determination in human behavior. Plenum Press, New York 1985.

Eccles, John C.: Teil II. In: Popper, Karl R./Eccles, John C.: Das Ich und sein Gehirn. Piper, München ^{5}1985.

Elsner, Norbert/Lüer, Gerd (Hrsg.): Das Gehirn und sein Geist. Wallstein, Göttingen 2000.

Endres, Wolfgang/Gessler, Regula/Eichenberger, Jörg/Griss, Christian/Magerl, Ewald: Werkstatt: Lernen. Unterrichtsmaterialien und Arbeitsblätter (Sek. 1/2). Beltz, Weinheim 1994.

Frey, Karl: Die Projektmethode. Beltz, Weinheim ^{8}1998.

Gage N./Berliner, D.: Pädagogische Psychologie, Band 1: Grundlagen, Konzepte, Ergebnisse. Beltz, Weinheim 1983.

Gallin, Peter/Ruf, Urs: Individuelles Lernen mit Kernideen und Reisetagebuch. In: Bildungsforschung und Bildungspraxis 1990, S. 307–326.

Gallin, Peter/Ruf, Urs: Entwicklungsprojekt auf dem Gebiet der interdisziplinären Zusammenarbeit Deutsch/Mathematik (Lernen auf eigenen Wegen). Schlussbericht, Erziehungsdirektion Zürich 1991.

Gasser, Peter: Neue Lernkultur. Eine integrative Didaktik. Sauerländer, Aarau 1999.

Gloor, Peter: Lehren und Lernen mit Informationstechnologien. Zusammenfassung der Schweiz. Koordinationsstelle für Bildungsforschung Aarau 2000.

Goleman, Daniel: Emotionale Intelligenz. Hanser, München 1996.

Gudjons, Herbert: Handlungsorientiert lehren und lernen. Schüleraktivierung – Selbsttätigkeit – Projektarbeit. Klinkhardt, Bad Heilbrunn 1997.

Guldimann, Titus: Eigenständiger Lernen. Durch metakognitive Bewusstheit und Erweiterung des kognitiven und metakognitiven Strategierepertoires. Haupt, Bern 1996.

Hafner, Heinz/Kolb, Werner/Wyss, Monika/Jahn, Karl-Heinz: Der kleine Pestalozzi. Toolbox für Unterricht und Teamentwicklung. Sauerländer, Aarau 2000.

Hänsel, Dagmar (Hrsg.): Projektunterricht. Beltz, Weinheim ^{2}1999.

Hegele, Irmintraut: Stationenarbeit. Ein Einstieg in den offenen Unterricht. In: Wiechmann, Jürgen (Hrsg.): Zwölf Unterrichtsmethoden. Beltz, Weinheim ^{2}2000.

Helmke, Andreas/Schrader, Friedrich-Wilhelm: Procrastination im Studium. In: Schiefele, Ulrich/Wild, Klaus-Peter (Hrsg.): Interesse und Lernmotivation. Untersuchungen zu Entwicklung, Förderung und Wirkung. Waxmann, Münster 2000.

Hruza, Gerd-Alexander: Mental-Management in Lernprozessen. Dr. Kovac, Hamburg 1998.

Hüther, Gerald: Die neurobiologische Verankerung von Erfahrungen. In: Elsner, Norbert/Lüer, Gerd (Hrsg.): Das Gehirn und sein Geist. Wallstein, Göttingen 2000, S. 105–121.

Klippert, Heinz: Methoden-Training. Übungsbausteine für den Unterricht. Beltz, Weinheim ^{12}2002.

Klippert, Heinz: Methodenkompetenz durch Methodentraining – Ein Beitrag zur Fundierung des Handlungsorientierten Unterrichts. In: Arnold, Rolf (Hrsg.): Lebendiges Lernen. Schneider, Hohengehren 1996.

Klippert, Heinz: Pädagogische Schulentwicklung. Planungs- und Arbeitshilfen zur Förderung einer neuen Lernkultur. Beltz, Weinheim ^{2}2000.

Klippert, Heinz: Teamentwicklung im Klassenraum. Übungsbausteine für den Unterricht. Beltz, Weinheim ^{5}2001.

Krapp, Andreas/Prenzel, Manfred (Hrsg.): Interesse, Lernen, Leistung. Neuere Ansätze der pädagogisch-psychologischen Interessenforschung. Aschendorff, Münster 1992.

Lambert, Nadine/McCombs, Barbara (Hrsg.): How Students Learn. Reforming Schools Through Learner-Centered Education. American Psychological Association, Washington 1998.

Landwehr, Norbert: Schulentwicklungsprojekt Erweiterte Lernformen. Pädagogische Arbeitsstelle, Aarau 1995.

Landwehr, Norbert: Schritte zum selbstständigen Lernen. Eine praxisorientierte Einführung in den Lern- und Wochenplanunterricht für Lehrpersonen der Primarschule sowie der Sekundarstufe I und II. Sauerländer, Aarau 1998.

Lösel, Friedrich: Protective Effects of Social Resources in Adolescents at High Risk for Antisocial Behavior. In: Weitekamp, Elmar G./Kerner, Hans-Jürgen (Hrsg.): Cross-National Longitudinal Research on Human Development and Criminal Behavior. NATO ASI Series, Kluwer Academic Publishers, Dordrecht 1992.

Luczak, Hania: Signale aus dem Reich der Mitte. Das »zweite Gehirn«. In: GEO 11/2000, S. 136–162.

© Schräder-Naef: Lerntraining in der Schule. Beltz Verlag, Weinheim und Basel

Mandl, Heinz/Friedrich, Helmut F. (Hrsg.): Lern- und Denkstrategien. Analyse und Intervention. Hogrefe, Göttingen 1992.

Metzger, Christoph: Lern- und Arbeitsstrategien. Ein Fachbuch für Studierende an Universitäten und Fachhochschulen. Sauerländer, Aarau [3]2000.

Niggli, Alois/Kersten, Bernd: Lehrerverhalten und Wochenplanunterricht. Wirkungen auf Mathematikleistungen und nichtkognitive Merkmale von Lernenden. In: Bildungsforschung und Bildungspraxis 3/1999.

Pallasch, Waldemar: Werkstattarbeit. In: Wiechmann, Jürgen (Hrsg.): Zwölf Unterrichtsmethoden. Beltz, Weinheim [2]2000.

Pauli, Christine/Reusser, Kurt: Zur Rolle der Lehrperson beim Kooperativen Lernen. In: Schweizerische Zeitschrift für Bildungswissenschaften 3/2000, S. 421–442.

Prenzel, Manfred: Bedingungen für selbstbestimmt motiviertes und interessiertes Lernen im Studium. In: Lompscher, J./Mandl, H. (Hrsg.): Lehr- und Lernprobleme im Studium. Bedingungen und Veränderungsmöglichkeiten. Huber, Bern 1996.

Psychologie heute 8/1999: Umfrage bei Kultusministern.

Reiss, Steven: Who am I? The 16 Basic Desires that Motivate our Behavior and Define our Personality. Tarcher Putnam, New York 2000.

Reusser, Kurt/Reusser-Weyeneth, Marianne (Hrsg.): Verstehen. Psychologischer Prozess und didaktische Aufgabe. Huber, Bern 1994.

Riding, Richard/Rayner, Stephen: Cognitive Styles and Learning Strategies. Understanding Style Differences in Learning and Behaviour. David Fulton Publishers, London 1998.

Rose, Steven: Gehirn, Gedächtnis und Bewusstsein. Lübbe, Bergisch Gladbach 2000.

Rüegg, Susanne: Weiterbildung und Schulentwicklung; Eine empirische Studie zur Zusammenarbeit von Lehrpersonen. Lang, Bern 2000.

Schiefele, Ulrich: Motivation und Lernen mit Texten. Hogrefe, Göttingen 1996.

Schiefele, Ulrich/Wild, Klaus-Peter (Hrsg.): Interesse und Lernmotivation. Untersuchungen zu Entwicklung, Förderung und Wirkung. Waxmann, Münster 2000.

Schräder-Naef, Regula: Der Lerntrainer für die Oberstufe. Beltz, Weinheim [2]1992.

Schräder-Naef, Regula: Keine Zeit? Zeit-Erleben und Zeit-Planung. Beltz, Weinheim [3]1993a.

Schräder-Naef, Regula: Informationsflut. Gezielt suchen, kritisch bewerten, rationell speichern. Beltz, Weinheim [3]1993b.

Schräder-Naef, Regula: Schüler lernen Lernen. Vermittlung von Lern- und Arbeitstechniken in der Schule. Beltz, Weinheim [6]1996.

Schräder-Naef, Regula, u.a.: Warum Erwachsene (nicht) lernen. Rüegger, Chur/Zürich 1997.

Schräder-Naef, Regula: Rationeller Lernen lernen. Beltz, Weinheim [20]2001.

Sigel, Richard: Lernziel: Reformfähigkeit. Schule von unten verändern: Freinetpädagogik – Balintgruppe – Videosupervision. Klinkhardt, Bad Heilbrunn 1990.

Simons, P. Robert Jan: Selbstgesteuertes Lernen. In: Mandl, Heinz/Friedrich, Helmut F. (Hrsg.): Lern- und Denkstrategien. Analyse und Intervention. Hogrefe, Göttingen 1992, S. 251–264.

Steiner, Verena: Exploratives Lernen. Pendo, Zürich 2000.

Straka, Gerald A. (Hrsg.): Conceptions of Self-directed Learning; Theoretical and Conceptional Considerations. Waxmann, Münster 2000.

Straka, Gerald A./Delicat, Harm (Hrsg.): Selbstständiges Lernen – Konzepte und empirische Befunde. Universitätsbuchhandlung, Bremen 2000.

Struck, Peter: Erziehung von gestern, Schüler von heute, Schule von morgen. DTV, München 1997.

Vaupel, Dieter: Handeln und Lernen in der Sekundarstufe. Zehn Praxisbeispiele aus dem offenen Unterricht. Beltz, Weinheim 1997.

Vaupel, Dieter: Das Wochenplanbuch für die Sekundarstufe. Schritte zum selbstständigen Lernen. Beltz, Weinheim [3]1998.

Vester, Frederic: Denken, Lernen, Vergessen. Was geht in unserem Kopf vor, wie lernt das Gehirn, und wann lässt es uns im Stich? DTV, München [27]2000.

Weinert, Franz E.: Die fünf Irrtümer der Schulreformer. In: Psychologie heute, Juli 1999.

Wiechmann, Jürgen (Hrsg.): Zwölf Unterrichtsmethoden. Vielfalt für die Praxis. Beltz, Weinheim [2]2000.

Wild, Rebeca: Erziehung zum Sein. Erfahrungsbericht einer aktiven Schule. Arbor Verlag, Heidelberg 1992.

Wottreng, Stephan: Handbuch Handlungskompetenz. Einführung in die Selbst-, Sozial- und Methodenkompetenz. Sauerländer, Aarau 1999.

Zutavern, Michael: Des einen Freud – den anderen Leid? Über die Rolle von Lehrerinnen und Lehrern bei der Förderung von Eigenständigkeit. In: Beck, Erwin/Guldimann, Titus/Zutavern, Michael (Hrsg.): Eigenständig lernen. Fachverlag für Wissenschaft und Studium, St. Gallen 1995.